羅振玉 著
羅繼祖 主編
王同策 副主編

羅振玉學術論著集

第六集

叢文俊 王同策 張中澍 整理

第六集目次

漢兩京以來鏡銘集録

序

光緒癸未，淮安之欽工鎮耕者，得漢人古冢出柎木十餘章，瓦瓿二，儲五銖錢。予意必有他物，遣人搆之，但得古鏡一，文曰：「家常貴富。」乃以千錢易之，此爲予癖鏡之始。已而遇同好，中有藏弆者，輒手墨其文字，十年間集百餘紙。壯游四方，所至徵求，積墨本益富，藏鏡亦逾百爰。録其文字尤精雅者，擬爲古鏡銘集。校寫未竟，而國變作，流徙海外。編印《古鏡圖録》既竟，欲附刻銘文之未入録者，又以從事他業而止。去歲再徙遼東，乃出藏鏡及諸家墨本，選付長孫繼祖録之。由炎漢至於金源，得百九十餘首，爲集録一卷，並草《鏡話》數十則坿焉，以竟往志。嗚呼，平生所懷志業千百不償一二，惟文字之事，尚有從心所欲者。埋首書叢，以畢吾世。天之生我，果奚爲耶。後之覽者，當亦爲予悲也。己巳夏，上虞羅振玉書。

漢兩京以來鏡銘集録

宜子孫鏡

宜子孫。

又

長宜子孫。

又

長宜子孫，詔見貴人。

又

上有辟邪交龍道里通，長宜子孫壽無窮。

宜子鏡

長生宜子。

又

君宜官，長宜子。

宜官鏡

君宜官。

又

君宜高官。

又

君宜高官，長宜子孫。

又

君宜高官，位至公卿。

又

君宜高官，位至三公，大□利。

又

長宜高官。

又

君長宜官。

又

君宜官秩。

又

宜大官秩。

公卿鏡

君位公卿。

官位鏡

長保官位。

三公鏡

位至三公。

又

明如日月，位至三公。

千金鏡

家富千金，日利大万。

貴富鏡

家常貴富。

又

常樂貴而大富。

又

長貴富，樂毋事，宜酒食。

又

長貴富，樂毋事，日有憙，宜酒食。

又

常貴富，樂未央，長相思，毋相忘。

又

常貴富，宜酒食，竽瑟會，美人侍。

又

常貴富，樂毋事，日有憙，得所喜。

大樂貴，富毋極，與天地相翼。

又

大樂貴富得所好，千秋萬歲，延年益壽。

富貴鏡

大上富貴，長樂未央，延年益壽，幸毋見忘。

又

富貴安，樂未央，長毋相忘。

富昌鏡

大富昌，樂未央，千萬歲，宜弟兄。

常富鏡

常富未央，幸毋見忘。

常樂鏡

常樂未央。

又

常樂未央，□樂富昌。

相思鏡

願常相思。

又

愁思曾□欲見，毋説相思願毋絶。

又

君有行，妾有憂，行有日，反毋期。願君强飯多勉之，卬天大息長相思，毋久文未完。

毋相忘鏡

長毋相忘。

又

久不相見，長毋相忘。

又

見日之光，長不相忘。

又

天下大陽，幸毋見忘。

又

常樂未央，長毋相忘。

又

長樂未央，九毋相亾。

又

見日之光，長毋相忘。

又

與天無極，與美相長，驩樂未央，長毋相忘。

大吉鏡

大吉。

又

大吉，宜子。

日光鏡

見日之光。

又

見日之光，天下大明。又一鏡大明作大陽。

又

見日之光，所言必當。

又

見日之光，長樂未央。

又

見日之光，天下大陽，服者君卿。又一鏡君卿作君王。

又

見日之光，天下大□。服者富貴番昌，長相思。

又

見日之光，天下大明。而昭侯王，長生未央。又一鏡末二句作千秋萬歲，長樂未央。

延年鏡

延年益壽。

又

延年益壽，大樂未央。

延壽鏡

延壽萬年，保父母兮。

金石鏡

壽如金石，佳且好兮。

又

壽如金石，累世未央。

山石鏡

生如山石。

美人鏡

美人大王，心思毋忘。

佳人鏡

昭明鏡兮，象日月光。宜佳人兮，平樂未央。

又

清湅銅華以爲鏡，絲組雜遝以爲信。清光兮，宜佳人。

又

清湅銅華以爲鏡，昭察衣服觀容貌，絲組雜遝以爲信，清光宜佳人。

銅華鏡

湅治銅華清而明，以之爲鏡宜文章。長又一鏡作延。年益壽去不羊，無亟而日月之光，千秋萬世樂未央。又一鏡無末句。

照貌鏡

昭兒明鏡知人請，左龍右虎□天菁，朱爵玄武法列星，八子十二孫居安寧。宜酒食，樂長生。

日有憙鏡

日有憙，月有富，樂無事，常得意。美人會，竽瑟侍。商市程，萬物平。老復丁，復生寧。又一鏡商市作賈市。

又

日有憙，月有富，樂毋事，宜酒食。居必安，無憂患，竽瑟侍，心志驩。事樂已，□常□。

秋風鏡

秋風起，予志悲。久不見，侍前俙。

精白鏡

絜精白而事君，惌□驩之弇明。□玄錫之流澤，恐疏遠而日忘。懷氣美之窮□，外承驩之可説。慕窈窕而靈□，願永思而毋絶。

昭明鏡

内清質以昭明，光煇象夫日月，心忽揚而願忠，然□塞而不泄。

大山鏡

上大山，見神人。食玉英，飲澧泉。得天道，物自然。駕交龍，乘浮雲。宜官秩兮，保子孫兮。

又

駕蜚龍，乘浮雲。上大山，見神人。食玉英，餌黄金。宜官秩，葆子孫。長樂未央，大富昌。

又

上大山，見神人。食玉英，飲澧泉。駕交龍，乘浮雲。宜官秩，保子孫。又一鏡此下有壽萬年。貴富昌，樂未央兮。又一鏡末二句作樂未央，富貴昌。又一鏡至保子孫止。

又

上大山，見神人。食玉英，飲澧泉。駕交龍，乘浮雲。白虎引兮直上天。受長命，壽萬年。宜官秩，保子孫。

華山鏡

上華山，鳳皇集，見神□，保長久，壽万年。周復始，傳子孫，福禄□，日以□，食玉英，飲澧泉，駕青龍，乘浮雲，白虎□。文未完。

大神鏡

服此鏡，見大神。□□□，□□陳。長富貴，無憂患。鏡清明，保子孫。

角王巨虛鏡

角王巨虛日有憙，延年益壽去憂又一鏡作悪。事。長樂萬世宜酒食，子孫賢，又一鏡作具。家大富。

又

角王巨虛辟不詳，倉龍白虎神而明，赤鳥玄武之陰陽。國實受福家富昌，長宜子孫樂未央。

又

角王巨虛日有憙，昭此明鏡誠快意。上有龍虎四時置，長保二親樂無事。子孫順息家富熾，予天無極受大福。

朱爵玄武鏡

朱爵玄武順陰陽，八子九孫治中央。照面目，身萬全，象衣服，好可觀。君宜官秩，保子。此下當有孫字，文未完。

善銅鏡

漢有善銅出丹陽，和以銀錫清且明。左龍右虎主四彭，朱爵玄武順陰陽，八子九孫治中央。又一鏡善銅作名銅，和以作雜以。

又

漢有善銅出丹陽，用之爲鏡青如明。八子九孫治中央，千秋萬歲辟不陽。

又

漢有善銅出丹陽，湅治銀錫清而明，巧工刻之成文章。左龍右虎辟不羊，朱鳥玄武順陰陽。子孫服具居中央，長保二親樂富昌，壽如金石之侯。末少王字。

佳銅鏡

漢有佳銅出丹陽，□剛作鏡真毋傷。湅治鎮錫清且明，昭于宫室日月光。左龍右虎主四方，八子十二孫治中央。

鳳皇鏡

鳳皇翼翼在鏡則，多資□家受大福。□達時年□嘉□，官□□□□□。□保二親得天力，傳之後世樂無極。

七言鏡

來言之始自有紀，湅治銅錫去其宰。辟除不羊宜古市，長葆二親利孫子。

又

來言之紀□竟始，湅銅錫去其宰，以之爲鏡宜孫子，長葆二親樂毋□，壽幣金石西王母。棠安作。

尚方鏡

尚方作竟，富貴益昌，其師命長，買者侯王。

又

尚方作竟佳且好，白虎辟邪居中道。家室富昌宜孫子，以爲身保。

又

尚方作竟真大好，上有仙人不知老。渴飲玉泉飢食棗，徘徊神山采其艸，壽敝金石西王母。

又

尚方作竟真大好，上有仙人不知老。渴飲玉泉飢食棗，浮游天下敖四海，壽如金石爲國保。

又

尚方作竟，明如日月不已。壽如東王公、西王母。長宜子孫。位至三公。君宜高官。

又

尚方作竟自有紀，良時日。家大富。九子九孫各有喜，位至三公中常侍。上有西王母東王公，山人子喬赤由子□。

又

尚方作竟大毋傷，左龍右虎辟不羊，朱鳥玄武順陰陽。子孫備具居中央，長保二親樂富昌。又一品作竟作佳竟，辟不羊作掌四旁，順陰陽作利陰陽。

又

尚方作竟大毋傷，巧工刻之成文章。左龍右虎掌四旁，朱鳥玄武利陰陽。子孫備具居中央，上有仙人高敖羊。長保二親樂富昌，壽如金石爲侯王。

又

上方作竟佳且好，明而日月世少有，上有仙人赤松子。

又

上方作竟佳且好，明而日月世少有。大富貴，宜子孫，大吉陽兮。

青勝鏡

青勝志兮。

青蓋鏡

青蓋。

又

青蓋作鏡四夷服，多賀國家人民息。胡虜殄威天下復，風雨時節五穀孰。長保二親得天力。予藏一品與此同，惟國家作君家。又一品末多傳告後世樂無亟句。又一騶氏文同，但改青蓋作騶氏。末句亟下增兮字。

又

青蓋作竟自有紀，辟去不羊宜古市。長保二親利孫子，爲吏高官壽命久。

又

青蓋作竟自有紀，辟去不羊宜古市。□□□□壽命久，保子宜孫得好，奪一字。爲吏高官車生耳。

又

青蓋明鏡以發陽，攬覩四方昭中央。朱鳥玄武師子翔，左龍右虎辟不詳。子孫備具居中英，長保二親樂未嘗。

青龍鏡

青龍作竟自有常，□保二親宜侯王。辟去凶恶追不羊，樂未央兮。

青羊鏡

青羊作竟四夷服，多賀國家人民息，胡虜殄滅天下復。風雨時節五穀孰，傳告後世得天福。

黄羊鏡

黄羊作竟大毋傷，巧工所刻成文章，左龍。文未完。

三羊鏡

三羊作鏡大毋傷，令人富貴臬未央。

又

三羊作竟此間脱二字。紀，明而日月□未有。□大富，保此間脱父字。母。五男四女凡九子，女宜賢夫，男得好婦兮。

許氏鏡

許氏作竟自有紀，青龍白虎居左右。聖人周公魯孔子。作吏高遷車生耳，郡舉孝廉州博士。少不努力老乃悔。吉。

朱氏鏡

朱氏明鏡快人意，上有龍虎三時置。常柔二親宜酒食。君宜官秩，家大富，臬未央，宜牛羊。又一品樂未央下作富貴昌，與君相保，敝日月光兮。

李氏鏡

李氏作竟自有紀，青龍白虎居左右。神魚仙人赤松子，八时相向法古始。□長命，宜子孫，五男四女凡九子。便固章，利父母，爲吏高遷。文未完。

蔡氏鏡

蔡氏作竟自有意，良時日，家大富，七子九孫各有喜，官至三公中尚侍。上有東王公、西王母，與天相保兮。

張氏鏡

張氏作鏡四夷服，多賀君家人民息。官至三公得天福，子孫備具孝且力。

至氏鏡

至氏作鏡真大巧，上有山人子喬赤誦子，□□辟邪，左有青龍。喜怒無央咎，千秋萬歲青長久。

袁氏鏡

袁氏作竟兮真，此間闕二字。上有東王父、西王母，山人子僑侍左右。辟邪喜怒毋央咎，長保二親此間奪一字。生久。

吴氏鏡

吴□作竟時日良，左龍右虎辟不詳。二親備具子孫昌，壽如金石樂未央。

翟氏鏡

翟氏作竟，幽練三商。□德□國，配象萬彊。曾年益壽富番昌，功成事見師命長。

龍氏鏡

龍氏作竟四夷服，多賀君家人民息。胡克除滅天下復，風雨時節五。此下奪二字。官位尊顯蒙禄食，長保二親樂無已。

又

龍氏作竟大毋傷，亲有善銅出丹楊。和已昆易清且明，刻畫奇守成文章。距虛辟邪除羣凶，除子天禄會是中。長宜子孫大吉羊。

吾作鏡

吾作佳竟自有尚，工師妙像主文章。上有古守辟不羊，服之壽考宜侯王。

又

吾作明鏡真大工，世少有，明如日月。宜君子孫，至二千石。賈市得利。常樂無亟，家富貴兮。

又

吾作明竟，幽湅三剛。配象萬彊，敬奉臣良。周刻無□，衆□主陽。聖德光明，子孫蕃昌。服者大吉，生如山，不知老，其師命長。

作佳鏡

詐佳鏡弍真無傷，左龍右虎衛四彭，朱爵玄武順陰陽。子孫貴富爲侯王，傳稱萬歲樂未央。

新銀鏡

新銀治又一品作兹。竟子孫具，多賀君家受大福。位至公卿修禄食，幸得時年獲嘉德，傳之後世樂無極。又一品作亟。大吉。

新莽鏡

新興辟雍建明堂，烈于舉士比侯王，子孫服具治中央。

又

新興辟雍建明堂，烈于舉士列侯王。將□□尹民□□，諸生萬舍左□□。

又

薪起辟雍盖明堂，漢朝□于凶奴畏。薪家□起更立平，天□以下國中安。四夷□□無不□，千秋萬歲長樂。

新莽始建國鏡

唯始建國二年新家尊，詔書□下大多恩。賈人事市□，酣醬□，更□□□□官，五穀成孰天下安，有志之士得蒙恩。宜官秩，葆子孫。

元興鏡

元興元年五月丙午日，□大利廣漢造作尚方明鏡。幽湅三商，周□無亟，世得光明。樂未英，富且昌，宜侯王，師命長。生如石，位至三公。壽如東王公、西王母、仙人，子立至公侯。

建寧鏡

建寧二年正月廿七丙午，三羊作明鏡自有方，白同清明復多光。買者大利家富昌，十男五女爲侯王，父嫗相守壽命長。居世間，樂未央。宜侯王，樂未央。

中平鏡

中平六年正月丙午日，吾作明竟。幽湅三羊，自有己，除去不羊。東王公，西王母，仙人，玉女，大神，道長。吏買竟位至三公，古人買竟百倍回。家大吉，天日月。

熹平鏡

熹平二年正月丙午，吾造作尚方明竟兮。幽湅三商，州刻無亟，世得光明。買人大富貴，長宜子孫，延年兮。

又

熹平三年正月丙午，吾造作尚方明竟。廣漢西蜀，合湅白黃。自刻無亟，世得光明。買人大富，長子孫，延年益受，長樂未央兮。

建安鏡

吾作明竟，幽湅宮商。周羅容象，五帝天皇。白牙單琴，黃帝除兇。朱鳥玄武，白虎青龍。君宜高官，子孫番昌。建安十年造。大吉兮。

又

造作明竟，既清且良。□牛羊□千，家財三富。宜侯王，位至三公。長生□□□□。建安廿四年五月廿日，□□□□。

魏正始鏡

正始五年作。

景元鏡

景元四年八月七日，右尚方工作。

吴黄武鏡

黄武六年五月壬子四日癸丑造作。三□之宜王且侯，服竟之人□壽□。子孫衆多，□爲公卿，□□□百牛羊，□□□□。

太平鏡

太平元年，吾造作明鏡，百涷正銅。照者老壽，作者長生。宜公卿，樂未央。

永安鏡

永安元年十月廿日，約闕七字。清銅。□□□年，宜侯王，吉且羊，樂未央。

甘露鏡

甘露五年二月四日，右尚方師作竟清明。君宜高官，位至三公。保宜子孫。

天紀鏡

天紀二年七月七日中，九湅廿七商。□鏡□□□，吏人仕患高遷，位三公，□□延年。

晉太康鏡

太康二年三月三日日中，三工三巧，幽湅三商。三公九卿十二。下尚有十餘字，文不可通。

又

晉太康二年中秋記。

又

太康三年六月卅日，吾□□□，□□三商。四□向□，□□□□。人民安固，胡虜殄滅。時雨節，五穀豐，天下復。

元康鏡

元康元年，造作明鏡，百湅正銅。用者老壽，作者長生。家有五馬。

永康鏡

永康元年正月丙午日，幽湅三商，早作尚方明竟。買者大富且昌，長宜子孫，□壽命長。上則東王父、西王母。君宜高官，立至公侯。大吉利。

武德鏡

武德五年歲次壬午八月十五日甲子，楊州總管府造青銅鏡一面，充癸未年元正朝貢。其銘曰：上元啟祚，靈鑒飛天；一登仁壽，於萬斯年。

永徽鏡

明逾滿目，玉潤珠圓。驚鸞暈後，舞鳳臺前。生菱上壁，倒影澄蓮。清神鑑物，代代流傳。又一品倒影作倒井，下有形寧遁態，影遂能妍八字。永徽元年。分列鏡邊四隅。又二品無此四字，其一有宮造二字。

素月鏡

光流素月，質稟玄精。澂空鑒水，照迥疑清。終古永固，瑩有心靈。又一品次句作質氣含精，餘同。

照膽鏡

阿房照膽，仁壽懸宮。美藏影內，月挂壺中。看形必寫，望裏如空。山魑敢出，水質慙工。聊書玉篆，永鏤清銅。

練形鏡

練形神冶，瑩質良工。如珠出匣，似月停空。當眉寫翠，對臉傳紅。綺窗繡晃，俱含影中。博古圖又一品無末二句。有光含晋殿，影照秦宫，鐫書玉篆，永鏤青銅四句。又一品末二句作綺窓繡幌，俱照秦宫。

萬春鏡

有玉辭夏，惟金去秦。俱隨革故，共集鼎新。儀天寫質，象日開輪。率舞鸞鳳，奔走鬼神。長懸仁壽，天子萬春。

淮南鏡

淮南起照，仁壽傳名。琢玉斯□，鎔金勒成。時雍炎晋，節茂朱明。爰摸鑒徹，用擬流清。光無虧滿，葉不枯榮。圖形覽質，千載爲貞。

散影鏡

門花散影，浄月澄圓。昭仁明德，益壽延年。至理貞壹，鑒保長全。窺莊起態，辨皀增妍。

寶鏡鏡

團團寶鏡，圓月難擬。影入四隣，形超七子。菱花不落，迴風詎起。何處金波，翻來匣裏。

靈山鏡

靈山孕寶，神使觀鑪。形圓曉月，光清夜珠。玉臺希世，紅妝應圖。千嬌影，百福來扶。

盤龍鏡

盤龍麗匣，舞鳳新臺。鸞驚影見，日耀花開。團疑璧轉，月似輪迴。端形鑒遠，膽照光來。

蘭閨鏡

蘭閨腕腕，寶鏡團團。曾雙比目，經舞孤鸞。光流彩黛，采散羅紈。可憐無盡，嬌羞自看。

絶照鏡

絶照覽心，圓輝屬面。藏寶匣而光掩，掛玉臺而影見。鑒羅綺於後庭，寫衣簪乎前殿。

止水鏡

湛若止水，皎如秋月。清暉内融，菱華外發。洞照心膽，屏除妖孽。永世作珍，服之無沫。

菱花鏡

憶彼菱花，寓形惟肖。無迎以將，有明而照。今日反觀，恐公何負。嗟乎虛心，嫫者忘怒。

仙山鏡

仙山竝照，智水齊名。花朝艷采，月夜流明。龍盤五瑞，鸞舞雙情。傳聞仁壽，始驗銷兵。

美弍鏡

美弍靈監，妙極神工。明疑積水，浄若澄空。光奩晋殿，影照秦宫。防姦集祉，應物無窮。縣書玉篆，永鏤青銅。

璧水鏡

規逾璧水，綵艷蘭釭。銷兵漢殿，照膽秦宫。龍生匣裏，鳳起臺中。桂舒全白，蓮開半紅。臨莊异笑，對月分空。式固貞吉，君子攸同。

滿月鏡

明齊滿月，光類圓珠。銘鐫几杖，字刻盤盂。並存箴誡，匪爲歡娛。

回文鏡

馳光匣啟，設象臺懸。詩敦禮閱，已後人先。奇標象列，耀秉光宣。施章德懿，配合樞旋。媸妍瘁盡，飾著華鉛。熙雍合雅，約隱章篇。詞分彩會，議等簡筌。移時變代，壽益年延。規天箒地，引派分泉。池輕透影，羽翠含鮮。卑□□□，□□□全。眉分翠柳，鬢約輕蟬。摛詞掩映，鵲動聯翩。披雲拂雪，弍後瞻前。隨形動質，議衍詞編。姿凝素日，質表芳蓮。疲忘□□，□□瑕捐。枝芳表影，玉綴凝烟。儀齊罔象，道配虛員。闈闈慎守，暮蚤思虔。猗漣配色，繡錦齊妍。垂芳振藻，句引星連。湽璘異迹，徹瑩惟堅。鼇豪引照，古遠芳傳。

傳芳遠古，照引豪鼇。堅惟瑩徹，迹異璘湽。連星引句，振藻芳垂。妍齊錦繡，色配漣猗。虔思蚤暮，守慎闈闈。員虛配道，象罔齊儀。烟凝綴玉，影表芳枝。捐瑕□□，□□忘疲。蓮芳表質，日素凝姿。編詞衍議，質動形隨。前瞻後弍，雪拂雲披。翩聯動鵲，映掩詞摛。蟬輕約鬢，柳翠分眉。全□□□，□□□卑。鮮含翠羽，影透輕池。泉分派引，地箒天規。延年益壽，代變時移。筌簡等議，會彩分詞。篇章隱約，雅合雍熙。鉛華著飾，盡瘁妍媸。旋樞合配，懿德章施。宣光秉耀，列象標奇。先人後己，閲禮敦詩。懸臺象設，啟匣光馳。

又

照日冰光，耀室菱芳。
日冰光耀，室菱芳照。
冰光耀室，菱芳照日。
光耀室菱，芳照日冰。
芳菱室耀，光冰日照。
菱室耀光，冰日照芳。
室耀光冰，日照芳菱。
耀光冰日，照芳菱室。

又

月曉河澄，雪皎波清。
曉河澄雪，皎波清月。
河澄雪皎，波清月曉。
澄雪皎波，清月曉河。

清波皎雪，澄河曉月。
波皎雪澄，河曉月清。
皎雪澄河，曉月清波。
雪澄河曉，月清波皎。

又

河澄皎月，波清曉雪。
澄皎月波，清曉雪河。
皎月波清，曉月河澄。
月波清曉，雪河澄皎。
雪曉清波，月皎澄河。
曉清波月，皎澄河雪。
清波月皎，澄河雪曉。
波月皎澄，河雪曉清。

又

象物澂神，朗□澄真。

物澂神朗，□澄真象。
澂神朗□，澄真象物。
神朗□澄，真象物澂。
真澄□朗，神澂物象。
澄□朗神，澂物象真。
□朗神澂，物象真澄。
朗神澂物，象真澄□。

又

澄清花鏡，菱精華淨。
清花鏡菱，精華淨澄。
花鏡菱精，華淨澄清。
鏡菱精華，淨澄清花。
淨華精菱，鏡花清澄。
華精菱鏡，花清澄淨。
精菱鏡花，清澄淨華。

菱鏡花清，澄净華精。

花發鏡

花發無冬夏，臨臺曉夜明。偏識秦樓意，能照玉庄成。又一品玉作曉。

玉匣鏡

玉匣初開蓋，輕灰拭夜塵。光如一片月，影照兩邊人。

照日鏡

照日菱花出，臨池滿月生。官看巾帽整，妾映點莊成。

隻影鏡

隻影嗟爲客，孤鳴復幾春。初成照膽鏡，遥憶畫眉人。舞鳳歸林近，盤龍渡海新。緘封待還日，投拂鑒情親。

詩鏡

詩曰，鸞鏡曉匀粧，慢把花鈿飾。真如淥水中，一朵芙蓉出。

秦王鏡

賞得秦王鏡，判不惜千金。非關欲照膽，持是自明心。

團圞鏡

月様團圞水漾清，好將香閣伴閑身。青鸞不用羞孤影，開匣當如見故人。

梅雪詞鏡

雪共梅花，念動是，經年離拆。重會面，玉肌真態，一般標格。誰道無情應也妒，暗香埋没教誰識。却隨風偷入傍粧臺，縈簾額。驚醉眼，朱成碧，隨冷暖，分青白。嘆朱絃凍折，高山音息。悵望關河無驛使，剡溪興盡成陳迹。見似枝而喜對楊花，須相憶。

鳳凰鏡

鳳凰雙鏡南金裹，陰陽各爲配，日月恒相會。白玉芙蓉匣，翠羽瓊瑤帶。同心人心相親，照心照膽保千春。

含象鏡

天地含象，日月貞明。寓規萬物，洞鑒□靈。

規圓鏡

規而内圓，矩而外方。其體有容，其道大光。

清白鏡

質爛而清，光皎而潔。惟我子孫，永保清白。

宗弼鏡

體離之虛，得坤之方。借爾無私，驗我有常。宗弼。

玄卿鏡

日初升，月初盈，纖塵不生。肖兹萬形，是曰櫻寧。瑩乎太清。玄卿。

八卦四瀆鏡

上圓下方，象於天地。中列八卦，備著陰陽。星辰鎮之，日月貞明。周流爲水，以名四瀆。内置連山，以旌五岳。

五岳真形鏡

五岳真形，傳青鳥使。大地山河，蟠紮尺咫。寫象仙銅，明鑒萬里。

鑑心鏡

貌有正否，心有善滛。既以鑑貌，亦以鑑心。

透光鏡

透光寶鏡，僊傳煉成。八卦陽生，欺邪主正。

長庚鏡

長庚之英，白虎之精。陰陽相資，山川效靈。憲天之則，法地之靈。分列八卦，順考五行。百靈無以逃其狀，卐物不能遁其形。得而寶之，福禄來成。

鏡話

傳世古鏡有銘識者，始於炎漢，未見先秦物。然即無文字者，亦未見確可定爲漢以前物者。惟往歲於定海方氏見一鏡，其質介玉石間，黑光如漆，背平，無紐而有穿，如古玉璏，平漫無花紋，詫爲古鏡中奇品。及甲子秋予供職南齋，奉命撿定御府儲藏，又見一鏡，形制與方氏所藏正同。光瑩澄澈，明燭毫髮，尤勝於方氏藏品，殆銅鏡以前物，平生未曾見第三品也。

古鏡有年號者，率東漢物，未見西京者。惟祥符周季貺太守星詒藏新莽始建國二年鏡，出西京末季，然文字刻鏤均不精。其他無年號而確知新莽時物，如新興、辟雍、新有善銅諸鏡，制作均艸艸，僅傳世王氏鏡有佳者，殆莽宗人物或出於尚方良工之手，佗皆市鬻品耳。予嘗謂新莽時正西京文化極盛之世，故新莽之泉布、符印文字無不精絶，非莽能致是也。而鑄鏡獨不精，抑又何耶。

東漢鏡有年號者，前人僅著録元興元年一品。至近年所見，則有建寧、中平、熹平、建安諸鏡。熹平見二品，建安見四、五品，制作皆精於新莽時。惟建安則刻鏤精而文字多不清明，與新莽時諸鏡同。

三國魏鏡有年號者，僅見正始五年、景元四年各一品。惟吴鏡尚多，有黄武、赤烏、建興、太平、永安、甘露、鳳皇、天紀諸號，所見不下廿餘品，然文字漫易，求一字字明晰者，不可得也。六朝僅見齊建武五年一品而已。

唐鏡見永徽元年者二品，一見之估人手，一則藏閩江陳氏，文字製造均精。《博古圖》載武德鏡銘曰：「武德五年，歲次壬午八月十五日甲子，揚州總管府造青銅鏡一面，充癸未年元正朝貢。」知唐代元正有貢鏡之例，又知唐代鑄鏡在揚州也。《舊唐書・玄宗本紀》：開元十七年八月癸亥，百寮表請以每年八月五日爲千秋節，王公已下獻鏡及承露囊。此又一唐代獻鏡故事也。

宋鏡有年號者，廬江劉氏藏元祐壬辰鏡一，旁有五鈐。鏡之坿鈐者，往在海東曾見之，乃鏡制之特異者。此外有乾道八年湖州鏡及元祐癸酉鮑公浩造大阿羅漢鏡。元祐壬辰鏡爲陰文，乾道鏡欵識端好如南宋本書籍，鮑公浩鏡篆書，不精，且習見，不足珍也。

金代銅禁甚嚴，鏡皆官造，不得私鑄，故承安鏡傳世頗多。有三年、四年二種，背皆作雙鯉，四周皆有「陝西東路運司造」及「監造録事」與「提控運司」，銜名下押字。又有署「承安五年鏡子局造」者。予所藏有鏡側「陼陽縣造」、「肇州司使司」陰文欵者。馮氏《金石索》載汶陽、任城、韓州、歷城四鏡，亦刻字於鏡緣。

元鏡有背鑄至元四年者，制甚粗。明鏡有洪武、嘉靖，益粗劣，蓋鑄鏡之術至宋以後不足觀矣。

乾隆内務府造辦處仿造古鏡，雕鏤文字均甚精，惟色澤不能擬古人耳。予見五嶽真形鏡一，上有「乾隆年造」四楷書，外間流傳至少，其難得過於漢唐佳製也。

漢人鑄鏡多取「丙午」，與鑄鈎同。然其日不必實爲丙午，亦與鈎同。如元興鏡稱「元興元年五月丙午」，建寧鏡稱「建寧二年正月廿七日丙午」，中平鏡稱「中平六年正月丙午」，熹平鏡稱「熹平二年正月丙午」，又一品作「熹平三年正月丙午」。以長術推之，以上所紀月日皆不得丙午也。

吴黄武鏡署「黄武六年五月壬子四日癸丑」，考是月爲乙未朔，十九日始得癸丑，與鏡作「四日癸丑」亦不合。

漢人作鏡多署「正月」，建寧、中平、熹平諸鏡皆然。魏景元鏡則署「八月」，吴黄武鏡署「五月」，永安鏡署「十月」，甘露鏡署「二月」，天紀鏡署「七月」，晋太康鏡署「三月」，又一品署「中秋」，又一品署「六月」，永康鏡署「正月」，唐武德鏡署「八月十五日」，金承安鏡署「上元日」，又曾見「五月五日」四字鏡，是魏晋以後無定月矣。

漢以來鏡銘古雅可喜，字多通假。然鑄鏡者轉相傳襲，至多譌文奪字，且有限於地位，任意截云數句，或數字，或及句之半而止，至可怪也。

鏡文中通假字如：善銅鏡「千秋萬歲辟不陽」，上方鏡「大吉陽兮」，尚方鏡「朱鳥玄武順陰羊」，陽、羊通用。漢綏民校尉碑「治歐羊尚書」，「歐羊」即「歐陽」。《漢書・武帝紀》集注及《五行志上》集注並云：陽字或作「羊」。角王鏡「角王巨虛辟不詳」，詳、祥通用。《荀子・成相》：「慎墨季惠，百家之説誠不詳。」《注》：詳或爲「祥」。《易・大壯》：「不詳也。」《釋文》：王本詳作「祥」。《荀子・脩身》：「則可謂不詳少者矣。」《注》：詳當爲「祥」。《左・成十六年傳》：「德刑詳。」《疏》：詳者「祥」也，古字同耳。青盖鏡「子孫備具居中英」，大山鏡「食玉央」，英、央通用。《詩・出車》，《釋文》：央本亦作「英」。《詩・六月》：「白旆央央。」《公羊・宣十二年傳・疏》：《爾雅・釋天》孫注作「帛旆英英」。銅華鏡「湅治銅華清而明」，湅、鍊通用。《漢冀州從事郭君碑》「服職鍛湅」，鍊作「湅」。《一切經音義》十：古文鍊、潄、湅三形，今作「練」同。丹陽鏡「左龍右虎主四彭」，彭、旁通用。《易・大有》：「匪其彭。」《注》：「彭，旁也。」《釋文》：《子夏》作「旁」。辟雍鏡「子孫復具居中央」，復、備通用。《儀禮・特牲・饋食禮》：「尸備答拜焉。」《注》：古文備爲「復」。大山鏡「飲澧泉」，澧、醴通用。《禮記・禮運》：「地出澧泉。」《釋文》：澧本作「醴」。《爾雅・釋天》：「謂之醴泉。」《釋文》：醴本作「澧」。角王鏡「予天無極受大福」，予、與通用。《方言》十三埤：「予也。」《注》：予猶「與」。《一切經音義》三引《三蒼解詁》：予，此亦「與」字。《荀子・成相》：「賢者予。」《注》：予讀爲「與」。上方鏡「明而日月世少有」，善銅鏡「用之爲鏡青如明」，而、如通用。《莊子・人間世》：「宅而寓於不得已。」《釋文》而，崔本作「如」。《詩・都人士》：「垂帶而厲。」《禮記・內則・注》作「垂帶如厲」。《荀子・儒效》：「鄉是如不臧，倍是如不亡。」《注》：如讀爲「而」。角王鏡「昭此明鏡誠快意」，昭、照通用。《穀梁・僖廿七年》：「齊侯昭卒。」《釋文》：昭或作「照」。《老子》：「俗人昭昭。」《釋文》：昭一本作「照」。至氏鏡「喜怒無央咎」，央、殃通用。《漢吴仲山碑》：「而遭禍央」，《無極山碑》：「爲民來福除央。」大山鏡「駕蜚龍」，蜚、飛通用。《史記・周本紀》：「蜚鴻滿野。」《正義》、《漢書・宣帝紀》集注並云：蜚，「古飛字」。《孟子》「飛廉」,《史記・秦本紀》作「蜚廉」。王氏鏡「傳告世中樂無亟」,亟、極通用。《荀子・賦》:「出入甚極,莫知其門。」《注》:極讀爲「亟」。熹平二年鏡「州刻無亟」,州、周通用。《御覽》百五十七引《風俗通》:州,「周也」。《左傳・襄廿三年》「華周」,《漢書・古今人表》作「華州」。約舉概畧,未能備及也。

古鏡銘文多省偏旁及筆畫。七言鏡「湅治銅錫去其宰」,「滓」作「宰」。龍氏鏡「刻治今守悉皆左」,「禽狩」作「今守」。李氏鏡「八时相向法古始」,「爵」作「时」。袁氏鏡「山人子僑居左右」,「仙」作「山」。龍氏鏡「亲有善同出丹楊」,「新」作「亲」,「銅」作「同」。尚方鏡「壽如今石之國保」,「金」作「今」。建安鏡「白牙單琴」,「彈」作「單」。三羊鏡「令人富貴臬未央」,朱氏鏡「臬未央」,王氏鏡「傳告後世臬無亟」,「樂」作「臬」。中平鏡「自有己」,「紀」作「己」。

鏡文中多鄙別字。如:尚方鏡「渴次玉泉汎食棗」,「飲」作「次」,以飲爲飲水,故以水易食,非借訓「口液之次」爲飲也。至飢字,則無以水易食之理矣。又「棗」字,鏡文作「耒」,亦別字。龍氏鏡「胡羌捈滅天下復」,「胡」作「胡」,「除」作「捈」。袁氏鏡「袁氏作⿱立具真大巧」,「竟」別作「⿱立具」。

鏡文譌字多不勝舉。如:「詐佳竟哉真無傷」,「作」譌「詐」。「仕患高遷位三公」,「宦」譌「患」。「胡克除滅天下復」,「羌」譌「克」。「九母相忘」,「久」譌「九」。「辟除不羊宜古市」,「賈」譌「古」。「浮油天下敖四海」,「游」譌「油」。「壽幣金石」,「敝」譌「幣」。「便固章」,「姑」譌「固」。又袁氏鏡「千秋萬倍」，「倍」乃「歲」之譌。名銅鏡「□以□錫清具明」，「具」乃「且」之譌。新莽鏡「薪起辟雍盖明堂」及下「薪家」字，譌「新」作「薪」。曾見王莽「薪氏所作瓦」，亦加艸新上，與辟雍鏡同。

至氏鏡上有「山人子喬赤誦子」，袁氏鏡「山人子高赤容子」，尚方鏡「山人子喬赤由子」，赤誦、赤容、赤由均即「赤松」也。

漢鏡銘習見「幽湅三商」語，吾友内藤湖南博士虎引《士昏禮目疏》及《考靈曜》語「日入三商爲昏」以釋之，其説甚是。而吴天紀鏡又有「九湅二十七商」語，至中平鏡又作「幽湅三羊」，吾作鏡作「幽湅三剛」，建安鏡作「幽湅宫商」，殆皆「三商」之譌。太康鏡又有「三工四巧」語，以讚鑄鏡工事，亦不知何謂也。

鏡銘中祝宜子孫者，三羊鏡及李氏鏡曰「五男二女凡九子」，善銅鏡及朱爵鏡曰「八子九孫治中央」，尚方鏡曰「九子九孫各有喜」，佳銅鏡曰「八子十二孫治中央」，建寧鏡曰「十男五女爲侯王」，吾造鏡曰「子孫千人」，古人重多男如此。

尚方鏡有至精者，當出尚方良工之手。然亦有不精者，殆襲尚方鏡銘文，實市鬻品也。元興鏡有「廣漢造作尚方明鏡」語，豈尚方鏡有造於廣漢者耶。

漢鏡有一鏡二銘者，舊藏丹陽鏡拓本外周爲「□有善同出丹陽」八句，内周爲「角王巨虚日有憙」四句。往歲於丹徒劉氏見尚方鏡，外周爲「尚方御竟大毋鬲」七句，内周爲「王氏作鏡四夷服」四句，中央更有「宜子孫」三字，疑新莽宗人物也。

鏡銘有於句末加點、若書籍之施點讀者。文曰：「吾作明・世少有・明如日月・君宜子孫・其師命長・長樂未英兮。」明下、有下、月下、孫下、長下皆著一點，兮下著三點，然平生僅見此一品耳。

上大山鏡銘文至稚，間有作上華山者，銘文與大山鏡畧同。大山鏡傳世稍多，作華者二、三見而已。

私家鑄鏡多著姓氏，平生所見有王氏、劉氏、龍氏、朱氏、至氏、許氏、騶氏、李氏、樊氏、蔡氏、張氏、吴氏、潘氏、吕氏、馬氏、翟氏、袁氏。又有著人名者，曰「周仲」，曰「吴郡趙忠□」，曰「吴郡鄭蔓」。又嘗見七言鏡銘，末著「棠安作」三字。

漢鏡銘有稱「青蓋作鏡」、「青勝作鏡」、「青羊作鏡」、「黄羊作鏡」、「三羊作鏡」、「泰山作鏡」者，語殊不可曉。又見花紋中著「青蓋」二字者。予藏一鏡，花紋中有「青勝志兮」四字，分書至精，義亦不可解。

漢鏡銘書體有數種，若「與天無亟」、「與美相長」、「長樂未央」、「常毋相忘」諸品，篆書精整，似漢碑題額。至尚方諸鏡，則隸書，中存篆意，與兩京古器款識相似。陳簠齋藏青盖鏡首句曰「青盖明鏡以發陽」者，則隸書，局勢寬博，與碑版同，爲鏡文中所罕見。唐鏡多楷書，間有篆書，筆勢如《美原神泉詩碑》，均精雅可喜。宋以後多正書及小篆，多庸俗矣。

漢鏡花紋間有圖故事，如武梁祠畫象者。嘉定錢氏所藏騶氏鏡圖寫人物，旁書吴王及忠臣伍子胥、越王二女等字，此類甚罕見。漢季及三國吴鏡亦多圖人物，而旁無題字矣。

丹徒劉氏舊藏一鏡，無銘文，外周花紋間有「張氏作」三字，左右爲日月，日中有烏，月中有蟾蜍，上下各一泉文曰「五金」。紐之四周花紋間各有題字曰「鳳鶵」、曰「黄羊」、曰「王子僑」、曰「白虎」。又有三字曰「君宜官」。此亦古鏡中所罕覯者。

無字古鏡，花紋間著古泉形者，予所見有「五朱」、有「五五」，又有大小如「直百」，有周郭而無文字者。至金代大定錢鏡，列「大定錢五」，以代花紋。或錢文間間以花紋，則所見較少也。

宋以後有錢鏡，予篋中所藏曰「開元」、曰「大觀」、曰「端平」、曰「泰和」，此非照貌用，蓋閨人遺嫁時納懷中，以取吉利者也。

外國文字鏡曾見西夏文者，陰文中有佛象。又傳世梵文鏡，一面爲佛象，一面爲梵呪。予又藏素鏡，表裏朱書梵字，數百年未盡漫没。又曾見高麗方鏡，表面陰刻佛象至精細。以上諸鏡，皆非閨人奩中物也。

高麗京城博物館藏契丹國書及金源國書鏡各一品，往歲内藤博士曾以墨本見詒，古鏡中奇品也。

上虞往歲築鐵道於龍山之麓，得吴鏡數枚。中有漢鏡一，文曰「君宜官」，其紐大於常鏡，鏡之直徑當建初尺五寸九分，而紐徑至一寸五分，乃鏡制之特異者。

漢人作鏡，雕鏤、文字、銅質三者均精，隋唐間則湅治之術畧遜矣。宋鏡或取漢鏡爲模笵，間於花紋間加楷書印記。予所見凡數品，曰「喬」、曰「蔣」、曰「曹」、曰「馬青」、曰「李記青銅」，大率鏡工姓氏也。金鏡亦間有之，曾見有用漢人「家常富貴」銅笵而加一大定錢者。銅質粗暗，花紋亦不精明，一見可知爲仿鑄也。

宋鏡背有無花紋，而有楷書牌子如宋板書籍者。予所見有曰「海州鄭家」、曰「湖州真石家念五郎鏡子」、曰「湖州真石家念二叔照子」、曰「湖州造鑑局乾道八年鑄鍊銅監」。又見有於花紋間有陰文「河中府馬家白銅鏡」八字牌子者。

傳世無文字有花紋諸鏡，雖亦有漢製，而大率先者爲隋唐，後者爲唐宋之交。或有於花紋間加文字，如榮啟期、孔夫子及真子飛霜諸鏡，亦隋唐閒物。而阮文達公作《真子飛霜鏡考》，謂爲戴逵所作。文達博雅，乃有此語，未敢附和也。

宋鏡花紋率無可取，惟金雙魚鏡差有意致，他花紋亦間有佳者。元明鏡益無足觀矣。

明代鏡工有取古鏡加刻明代年號者。予藏一鏡，銅質花紋一見而知爲六朝以前物，而妄鏨「隆慶伍年中秋日造」八字。往歲撰《古鏡圖録》，屏棄不收，今尚存行笈中。

漢鏡之至大者，不逾建初尺九寸，尋常四、五、六、七寸耳。唐鏡有逾尺者，小鏡二寸以内者，亦難得。

古方鏡極少，予舊藏唐方鏡，徑建初尺一寸六分强，色澤極佳，四十年中才見此一品耳。宿遷黄伯雨學使以霖藏漢李氏鏡，刻鏤至精，而鏡背花紋下如敷碧紗，亦古鏡中奇品也。

《博古圖》載鐵鏡甚多，今乃無一見，疑即古鏡白色者，誤認爲鐵。往在海東，聞正倉院有鐵鏡，惜未寓目。又聞安陽殷虚出鐵鏡一，已剥蝕。予終疑鐵質粗而不瑩，不可以茹也。

古人以鏡殉葬，故古鏡多得自邱隴間。日本考古家記其國古鏡出土，一棺中有多至七、八枚者，不知爲海東之俗如此，抑我國亦然也。

近年關洛山右出三代禮器不少，有一、二百字之重器，獨古鏡不見珍品。惟數年前於都市見素鏡，漆背而貼金銀畫片者，爲以前所罕見，尋爲歐人以千金購去。估人謂是三代物，其實恐亦漢唐間物耳。

古鏡價，三十年前春明廠肆漢唐鏡不逾十金，文字、花紋、色澤佳者倍之，或再倍之。即至精之品，無逾百金者。今常品亦二、三十金，其精者至二、三百金。具年號者，即不精者，亦數百金。其精者且千金矣。

近鏡值既昂，黠工遂翻沙橅造有年號之鏡以漁利。其法以古鏡之精者爲橅範，去銘文首數字而易年號，鑄成加以色澤。嘗見太康三年欵鏡，即以此法贗造。驟視幾不能辨，然亦卒不能亂真也。

古鏡著録以錢氏《浣花拜石軒鏡銘集録》爲善，馮氏《金索》不免疏失，若梁氏《藤花亭古鏡譜》則疏舛太多，至以日本鏡爲中國古鏡，且肊定時代，荒陋至此，無足觀也。

海内藏鏡首推濰縣陳氏，予得其墨本百餘紙，遴選甚精。其中具年號者數品，其後人不能守，太半入市舶。往在海東，入吾目者三、四十品，其尤者歸亡友富岡君謙藏。君博雅好古，爲京都大學講師，聞譽甚盛，不幸早逝，良可悼也。

海内癖鏡者，三十年前有桂履真太守中行藏鏡逾百，蔣敬臣大令清翊藏鏡數十，兩君皆曾以拓本屬題，然常品爲多。嗣後丹徒劉君鐵雲鶚藏鏡雖不富，而多難得者。桂君守徐州有循聲，曾選刻《徐州詩徵》，又刻《閣古古萬年少詩》，爲徐州二遺民集；蔣君爲亾友伯斧學部黼之太翁，作令吾浙，儒雅愷悌，著《初唐四傑集注》、《緯學源流考》，藏古泉幣頗富，二君均非俗吏也。鐵雲精籌人術，善治河，顧負才氣，不拘細行，以事長流新疆，身後收藏星散，可哀也。

近日藏鏡家有南陵徐積餘觀察乃昌，廬江劉惠之部郎體智，各藏百餘品。每得佳品，必以墨本郵贈，予作《鏡話》，異日亦當寄二君請益也。

璽印姓氏徵

譜系諸書，莫先于《世本》。至漢應氏作《風俗通》，有姓氏篇。顧其書並久佚，僅散見于諸書徵引。唐林寶《元和姓纂》多引據六朝人譜牒家狀，書雖不存，而陽湖孫氏所輯，尚十得八九。此外，則《廣韻》及鄭氏《通志》、謝氏《祕笈新書》均載世族。又邵氏《姓解》、鄧氏《古今姓氏書辯證》、王氏《姓氏急就篇》。今日欲治姓氏之學，僅寥寥此數家而已。

予往在京師蒐集古璽印，以其所載姓氏多不見姓氏書，意欲會爲一編，以供學者考鏡。而諸家譜集未備，尚有所待。及避地海東，得吴愙齋中丞《續百家姓印譜》，喜其先得我心。然所收姓氏，才逾二百，其不見姓氏書者尚未及半，蓋美猶有憾焉。

歲在乙丑，予乃以五旬之力，據所藏弆及諸家譜集爲《璽印姓氏徵》二卷，得姓千餘，其不見姓氏書者，亦逾五百，以視中丞書爲略備矣。其中頗可訂證前人違失，如《廣韻》載複姓有「室中」氏，邵氏《姓解》、王氏《急就篇》並同，而徵之漢人印文，則是「窒中」，而非「室中」。印文又有「窒仲」，知中、仲古今字，「窒仲」即「窒中」。又，前人書中載「中氏」、「仲氏」，不云出自一源，以此例之，知爲一姓。推之「中孫」、「仲孫」，「中長」、「仲長」，罔不爾矣。又印文有「無妻」、「毋妻」二氏，《廣韻》引何氏《姓苑》有「母妻」，知母爲毋之譌。《急就篇》又有「无妻」，無、毋、无字殊而音則同，實爲一姓。又印文有「甘丹」、「大利甘丹」氏，蓋即「邯鄲」。古幣有「甘丹」刀，與印文正合。古以地得姓者，如《廣韻》稱「毌丘」或爲「毌氏」，是複姓得析爲單姓。以此例之，則「延陵」爲複姓，而別有「延氏」、「陵氏」，故「邯鄲」

複姓，亦別有「邯氏」、「鄲氏」。然則今有「甘氏」，印文有「丹氏」，甘與丹疑亦即邯與鄲矣。又《廣韻》稱燕爲秦滅，子孫以國爲氏，今印文「燕氏」外，別有「郾氏」，爲姓氏書所不載。今易州多出燕世古兵，皆有銘文，書國名字皆作郾，印文又有「匽氏」，殆與郾同，是燕、郾、匽一也。《姓纂》載「莒氏」，乃以國爲姓。而印文「莒氏」外，又有「筥氏」。近年洛陽所出《熹平石經》，書國名之莒从竹作筥，則莒、筥一也。

知古人一姓而異文者實繁。即是編所載，若「呼、虖」，若「女、汝」，若「五、伍」，若「弟、第」，若「工、攻、功」，若「爰、轅、榬」，若「空侗、空桐」，若「斫胥、斫須」，若「陽成、陽城」，若「大史、泰史」，若「古成、苦成、枯成」，若「綦毋、期毋、其毋」，若「申徒、申屠、勝屠、信屠」，若「於丘、魚丘、虞丘、吾丘、毌丘」，孫輯《姓纂》訛「毌丘」作「母丘」，列入厚韻，誤。並其例矣。《廣韻》據何氏《姓苑》載複姓有「經孫」、「新孫」、「古孫」、「牟孫」、「室孫」、「叔孫」等氏，謂望稱河南，皆爲虜姓。殆以諸姓爲元魏氏族。而稽之印文，已有「新孫」、一作「辛孫」。「古孫」、「窒孫」，其非虜姓可知。又，「窒孫」一姓，印文凡十五見，其十三皆作「窒孫」，其作「室孫」者才二見，知室爲窒之省。《元和姓纂》及《姓解》亦作「室孫」，與《廣韻》同，均由窒而譌也。又印文有「綦氏」、「源氏」、「蔞氏」、「普氏」、「屋氏」，《辯證》引《姓纂》，河南有「綦氏」。《廣韻》稱源、賀本禿髮氏，魏太武始賜姓源。《急就篇》，後魏改「一那蔞氏」爲「蔞氏」。《廣韻》載後魏十姓，獻帝次兄爲「普氏」。又引《魏書・官氏志》，「屋引氏」爲「屋氏」，並以此五氏爲元魏時塞種之姓，不知漢代久有此姓也。至《廣韻》以北爲高麗姓，今璽文已有「北氏」，蓋以方爲姓，東、西、南、北古已有之，非始於東夷也。至是編所載諸氏，如「蓬」、「冬」、「雙」、「餘」、「俱」、「畦」、「羌」、「庚」、「潭」、「壘」、「瑣」、「佴」、「操」、「福」、「毒」、「涅」、「筰」、「西方」、「車成」、「大史」、「侯史」二十一氏，雖已見諸家姓氏書，而多引魏晉以後至隋唐人以爲之證，蓋亦不知漢人久有此姓矣。

《姓氏急就篇》有「凡閭」氏，印文則有「瓦閭」。「凡閭」義不可通，凡與瓦形近，「凡閭」殆「瓦閭」之譌。《廣韻》及《姓解》與《急就篇》並有「蔣匠氏」，印文則有「將匠」。「蔣匠」義不可通，「將匠」當是因官得氏，乃將作大匠之省文，「蔣匠」殆「將匠」之譌。《廣韻・刁注》，俗作刀。今印文刁姓字正作刀，篆書無刁字，則作刀者是，而作刁者非。《廣韻》又有艻、芀二文，今印文有芀姓，則亦芀正而艻俗矣。《廣韻》引《魯先賢傳》，孔子妻「亓官氏」，字作亓。鄧氏《辯證》、邵氏《姓解》、王氏《急就篇》均作「并官」，今印文亦作「并官」，漢《韓勑造孔廟禮器碑》亦有「并官聖妃」語，則作并者是，而亓非矣。《廣韻・舌注》，「亦姓」。《左傳》，越大夫「舌庸」。鄧氏《辯證》謂春秋越大夫止有「后庸」，世無「舌氏」。今印文有「舌高」，六朝人書后字別作石，與舌相亂。越大夫之名爲「舌庸」、爲「后庸」雖不能遽定，而舌則實有是姓，不得遽謂世所無矣。鄧氏《辯證》載「邴氏」出自齊大夫食采於邴，以邑爲氏。又丙注，齊大夫「邴歜」，其後去邑爲「丙氏」。案，印文邴、丙並見，蓋亦古今字。漢季「邴原」字尚作邴，其非先作邴而後去邑可知矣。

古璽印之有裨益於姓氏學如此其宏，惜予於前人譜集僅得四十餘家，恐未寓目者尚多。又，山川所出日益不窮，則斯編者雖視吴中丞書爲備，不能不望後來者之補益。兒子福頤粗解六書，耆古璽印至篤，異日其能竟此業乎？乙丑八月既望，上虞羅振玉。

此編姓氏依《廣韻》爲次，每姓之下列印文，前賢姓氏書複姓均載於韻部之末。又，皆以上一字分韻，兹以複姓列單姓之後，以下一字分韻，印文有字不可識及漫滅者，則以□代焉。振玉又記。

本書徵引諸家譜集目録

松談閣印史明郭昌宗
集古印章明羅王常
印正明甘暘
印範明潘雲杰
印藪明俞彦
稽古齋印譜吴觀均
紅葯山房印譜
師意齋印譜
世德堂印集吴好禮
集古印存汪啓淑
漢銅印叢同上

鋤金堂集古印譜朱爲弼
銅鼓書堂藏印查禮
古印偶存張廷濟
古印綴存同上
聽飆樓印彙潘季彤
吉金齋古銅印譜何昆玉
古印考藏吴雲
古印存吴雲
漢印偶存姚觀元
雙虞壺齋印存吴式芬
十鐘山房印舉陳介祺
共墨齋璽印譜周鑾詒
十六金符齋印存吴大澂
齊魯古印攈高慶齡
續齊魯古印攈郭氏

頤素齋印影
觀自得齋印譜 徐康
瞻麓齋古印徵 龔心釗
齊魯古印箋 孫文楷
印郵 高氏
擷華齋古印譜 劉氏
古印集存 崔鶴圖
鐵雲藏印初二三四集 劉鶚
濱虹集印存 黄質
澂秋館印存 陳寶琛
伏廬藏印 陳漢第
周氏印存 周暹
有竹齋藏印 日本上野理一
夢庵藏印 日本太田孝太郎
遯庵印選 吴隱

磬室所藏璽印正續羅振玉

赫連泉古印存正續同上

凝清室周秦璽印同上

古陶軒秦漢印存羅福成

待時軒古印存羅福頤

璽印姓氏徵目録

卷上

上平聲

一東

二冬

三鍾

穜　逢　夆　共　從

四江

邦　⿸疒夆　雙

五支

枝　鄔　羆　眭　隨　奇　琦　錡

戲　皮　離　正離　訾　卑　椑　裨

彌　下池

六脂

夷　師　服師　右師　馬師　徒師　工師　江師

資　絺　茨　遲　衰　遺　纍　麋

伾

七之

白台　瞻台　九台　時　司　其　侍其　公其

令其　綦　騏　其　箕　祠　釐　梩

斄　醫　茲

涂 呼 虖 吾 申吾 冬吾 夷吾 烏 山都

十二齊

犁 齋 虒 兒 西 下西 谿 茥

畦

十四皆

懷 淮

十五灰

灰 玫

十六咍

開 哉

十七真

真 甄 因 亜 新 沐新 忠臣 仁

聞人 身 賓 夤 狾 鄞

十八諄

郇 淪

二十文

閿 員 君

二十二元

原 源 爰 垣 公垣 陽垣 新垣 橨垣

榬 轅 猿 番 繁 蘩 燔 ⿰角雚

言 ⿱艹言 蕃 藩

二十三魂

渾 昆 門 北門 東門 西門 闕門 單門

閤門 臧孫 賈孫 古孫 新孫 辛孫 室孫 客孫

毌孫 表孫 王孫 公孫 仲孫 中孫 正孫 敦

盆

二十五寒

寒 邯 鄲 邯鄲 丹 滄 檀 乾

但　干　段干　蘭　闌

二十六桓

丸　莀　官　并官　上官　冠　欒　讙

寬　般

二十七刪

菅

二十八山

山　仲山　蕳

下平聲

一先

先　肩　弦　畋　闐　年　燕　傎

涓　蠲　編　玄

二仙

鮮　延　緣　船　虔　卷　臞

十陽

陽　公陽　郁陽　芃陽　朝陽　西陽　樂陽　櫟陽

頻陽　江陽　柏陽　昜　亢昜　公羊　瘍　良

公良　粱　涼　椋　輬　香　鄉　東鄉

傷　場　防　坊　魴　昌　得昌　羌

長　中長　萇　西方　邡　枋　襄　箱

將　霜　槍　筐　央　強　彊

十一唐

堂　高堂　狼　亢　桒　喪　中黄　皇

光　重光　行　芒　旁　卬

十二庚

庚　更　羹　宏　榮　卿　生　浩生

告生　沐生　尾生　周生　王生

十三耕

閎　莖

十四清

清　精　嬴　嬰　治成　東成　新成　倍成

枯成　苦成　車成　陽成　城　陽城　武城　司城

睘

十五青

青　郢　荆　郱垹　陘　亭　星　靈

霝　泠　軨　令　溟　鉼　郱　洴

十六蒸

承　陵　延陵　賸　乘　徵　繒　合興

稱

十七登

增　弘　騰　滕　恆

十八尤

留　今留　秋　長秋　萩　由　脩　瘳

求周　州　讎　柔　公丘　荆丘　扱丘　杞丘

龍丘　隆丘　桑丘　商丘　梁丘　憲丘　陶丘　閭丘

吾丘　虞邱　毌丘　魚丘　於丘　且丘　謀丘　騶

陬　聚　郰

十九侯

頭侯　無婁　毋婁　僂　投　緱　句

二十幽

樛

二十一侵

臨　淫　禽　欽　絵　陰

二十二覃

覃　潭　南　公南

二十三談

郯　聃

二十四鹽

鹽　廉　襜　潛

二十五添

恬　兼

二十六咸

杉

二十九凡

凡

卷下

上聲

二腫

冗　冢　勇　鞏　拲

四紙

是　靡　委　倚　蟻　蔿　移

五旨

資比　結比　机　馬矢　雉　壘

六止

己　已　太史　泰史　王史　侯史　馬史　玄史

有史　王使　槐里　相里　東里　富里　顛里　葸

始　苢　士

七尾

鬼

八語

語　圉　旅　郘　與　汝　女　處

距　所　楚　沮　莒　筥　柜

九麌

羽　禹　栩　主父　祝父　靡父　輔

十姥

莽　土　堵　古　五　伍　第五　苦

笘　弩　户　東户　扈　怙　普　補

二十一混

衮

二十四緩

筦　滿

二十六産

簡

二十七銑

典　扁

二十八獮

公衍　展　淺　蹇　善　雋　卷　免

二十九篠

蓼

三十小

擾　藐　蟜

三十八梗

金綆　丙　邴　苻　猛

三十九耿

鮩

四十静

郢　頃　井

四十二拯

拯

四十四有

有　守

四十五厚

厚垕　母　狗　笱　偶

四十七寑

荏　枕　審

四十八感

默

四十九敢

敢

五十琰

險 陝

五十一忝

嗛 溓

五十三豏

減 斬

五十五范

軓

去聲

一送

鳳 甕 仲 窒仲 叔仲

三用

用

四絳

絳

五寘

被　義　智

六至

遂　采　類　蒲類　蘱　祕　柲　蕢

餽　衆利　治　冀　洎　次　肆　駟

器　地　自

七志

吏　異　意

八未

貴　沸　芘　⿱艹顡　公顡

十六怪

蔽　祭　芥

十七夬

噲

十八隊

内

十九代

欸　耐　佴

二十廢

薉

二十一震

信　訊　闇　閔　晉　進

二十三問

運

三十三線

戰　鄄　䜌　變　變　餞　便

三十五笑

肖

三十六效

司校　淖

三十七號

悼　到　告　操　暴　奧　臭　佐

四十禡

藉　罘夜　射　峷

四十一漾

毋量　狀　暘　匠　將匠　尚　公上　放

相　訢相

四十二宕

閬　伉　壙

五十四闞

闞

五十五豔

厭

五十九鑑

監

六十梵

氾

入聲

一屋

屋　龍屋　瀆　轂　涑　五鹿　族　木

下木　沐　福　服　困陸　鞠　粥　叔

公叔　大叔　中叔　畜　鄐　竹　竺　宿

目　牧

十二曷

達

十三末

斡

十四點

滑

十六屑

節　涅

十七薛

桀　舌　孼　威

十八藥

藥　爍　略　弱　爵

十九鐸

鐸　籍莫　洛　雒　橐　作　各　閣

搏　博　藿　東郭　南郭　西郭　北郭

二十六緝

拾　執　習　濕　汲　浥

二十八盍

盍　蓋　闔

二十九葉

椄　涉　淁

三十一洽

夾

三十三業

鄴

三十四乏

法

附文字不載《廣韻》及不見字書諸姓

錽　刑　英　筅　脽　轉　烺　𦀔

瀆　菓　翁　崩　御　鑾　泪　伐

雒 僞 䜌 輇 錍 㔷 鄐 伏
佰 僞 使 夆 嬻 䋈 訤 朊
䟽 跏 虔 訾 者 芏 茬 茉
荖 蓎 蒞 華 蕑 相 梀 枕
杠 麇 犮 烺 闡 閏 閔 畫
軫 㙉 繼 郲 郫 郮 鄄 祁
邮 郝 猶 澠 匚 㚃 擊

以上總得姓千有九十四，其未見姓氏書者五百四十有六。

璽印姓氏徵卷上

上平聲

一東

東　東憲　東季卿

《廣韻》：舜七友，有東不訾。

同　同典

邵思《姓解》：《前涼録》有同善。

桐　桐齒　桐歸　桐兕　桐德

鄧名世《古今姓氏書辯證》：出自春秋桐國之後。魯定公二年，楚滅桐，子孫以國爲氏。

空桐　空桐慧　空桐徹

《古今姓氏書辯證》：《史記》，商本子姓，其後分封，以國爲姓，故有空桐氏。

空侗　空侗訑　空侗瘋

古璽有空侗氏，殆即「空桐」。

中　中齒　中賓　中定　中舒　中相　中圉　中猛　中寄　中厨　中由　中翁　中午　中光

中福　中得　中孺　中弘　中席　中長　中曼　中涫　中翁主　中所識　中次卿　中少君

《廣韻》：漢少府卿中京，出《風俗通》。王應麟《姓氏急就篇》：《吕氏春秋》中尚，魏公子牟之後，魏得中山，以邑之。案中、仲古今字，中殆即仲。

窒中　窒中光　窒中遂　窒中□

《廣韻》：《漢書·藝文志》有室中周箸書十篇。《姓氏急就篇》：《漢功臣表》室中同。案「室中」殆「窒中」之譌。《姓解》亦誤作室。又古印又有「窒仲」，見去聲一送。中、仲同字。

衷　衷明　衷欣

茾　茾禹　茾恁　茾閔　茾倫　茾敞　茾南　茾常生

种　种昂　种資

林寶《元和姓纂》：种本仲氏，仲山甫之後，因避難，改爲种氏。

終　終元　終敞

《古今姓氏書辯證》：何文通《姓苑》曰，出自顓帝裔孫陸終，其後以王父字爲氏。

戎　戎篋　戎明　戎成　戎義　戎處　戎光　戎拾　戎能　戎當時　戎子孫　戎冬可

《古今姓氏書辯證》：出自姜姓。四嶽之後，別爲允姓。先王居檮杌于四裔，故允姓之戎居于瓜州。春秋時秦人貪其土地，迫逐諸戎，戎子吾離附于晉，晉惠公封以南鄙之田，謂之姜戎。自吾離至駒支常附庸其族，戎津仕晉爲車右大夫，始以國氏。

弓　弓贊　弓持　弓丘　弓弘　弓咸　弓林　弓加　弓基　弓齕　弓拾　弓曾　弓義　弓長君　弓中孺　弓終古

《廣韻》：魯大夫弓叔之後。

司宫　司宫長史　司宫建德　司宫兑根

南宫　南宫□

《元和姓纂》：文王四友南宫适之後。

北宫　北宫晏

《古今姓氏書辯證》：出自姬姓。衛成公曾孫括世爲衛卿，別以所居爲北宫氏。

雄　雄平安

《廣韻》：舜友有雄陶。

窮　窮詘

公　公乘　公晃　公□褒
《元和姓纂》：《左傳》魯昭公子公衍、公爲之後。《姓氏急就篇》：漢有主爵都尉公儉，見《姓苑》。
成公　成公疕　成公幸　成公廣　成公反　成公當　成公何　成公耤　成公衛　成公悅　成公勝之　成公右乘
《古今姓氏書辯證》：李利涉編《古命氏》曰，出自姬姓，昭王子成公男之後。
庚公　庚公孺
《廣韻》：《左傳》衛有庚公差，以善射聞。
功　功延　功朱縣
《古今姓氏書辯證》：《風俗通》云，晉大夫司功景子之後，或去司單爲功氏。
成功　成功諺　成功豫　成功慶　成功勝之
《廣韻》：何氏《姓苑》云，漢營陵令成功恢，禹治水成功，後爲氏。
工　工倩　工當　工胤　工當時
攻　攻角
龔　龔莫如

鴻　鴻勝　鳿幸　鳿居　鳿與光
《元和姓纂》：大鴻之後，《左傳》衛有鴻聊魋。案，印文或作鳿，與鴻同。

司鴻　司鴻福　司鳿建
《古今姓氏書辯證》：古有司鴻茍箸書，漢有諫議大夫司鴻儀。

叢　叢宗
《古今姓氏書辯證》：《姓苑》曰，南陽叢鐇爲滁州刺史。

蓬　蓬廣　蓬吉
《古今姓氏書辯證》：段成式《酉陽雜俎》北海人蓬球。舊姓書無此姓，今補入。

二冬

冬　冬譚　冬通　冬志　冬收　冬利澤　冬道得　冬□居　冬干直
《古今姓氏書辯證》：《姓苑》曰，前燕慕容皝有左司馬冬壽，晉史作佟壽。

三鍾

鐘　鐘喜　鐘宫　鐘中孺　鐘壽王　鐘青泄

鐘龍　鐘龍高

容　容護

庸　庸衍
《廣韻》：八凱仲容之後，《禮記》有徐大夫容居。

封　封喜　封宜　封筡　封多牛
《古今姓氏書辯證》：出自商諸侯之國，以國爲氏。
《廣韻》：本姜姓，炎帝之後。封鉅，爲黄帝師。

癕　癕猛

雝　雝譙　雍勝　雍合　雍回　雍安　雍光　雍了　雝敞　雝富　雝歲　雍武
《元和姓纂》：文王十二子，雍伯受封於雍，在河内山陽，子孫以國爲姓。又宋有雍氏，本子姓也。

重　重矅　重充　重記　重賈
《元和姓纂》：《風俗通》重黎之後，少昊時南正重司天，以官爲氏。

穜　穜閑

逢　逢士　逢成　逢則　逢襄　逢光　逢賢　逢辟　逢褒　逢侈　逢澤　逢禹　逢奉親　逢元里　逢未央　逢丑完
《姓氏急就篇》：古有逢蒙，又姜姓逢公伯陵封齊地。漢逢萌、逢紀。

夆　夆艸

共　共儋　共□　共未央　共子蘭

《古今姓氏書辯證》：春秋時晉有共賜，魯有共劉，鄭有共仲，皆爲大夫。

從　從霸　從有　從忠　從應　從延　從議　從賢　從臨　從利　從中時

《廣韻》：漢有將軍從公。《古今姓氏辯證》作從成公。何氏《姓苑》云，今東莞人。

四江

邦　邦遇　邦憲

《廣韻》：出何氏《姓苑》。

瘁　瘁同成

雙　雙章

《廣韻》：出《姓苑》。後魏有將軍雙仕洛。

五支

枝　枝王　枝長樂　枝宜王

《元和姓纂》：楚大夫枝如，子躬之後。《通志·氏族略》：晉欒枝或秦公孫枝之後，以名爲氏者。

鄖 鄖福

羆 羆軌

眭 眭臣 眭譚 眭臨 眭況 眭安世 眭毋故

《元和姓纂》：趙大夫食采眭邑，因以爲氏。

隨 隨賀 隨昆淪 隨壽光 隨毌害

《廣韻》：《風俗通》云，隋侯之後。《古今姓氏書辯證》：出自祁姓，陶唐氏之後。劉累孫杜伯事周宣王，無罪見殺。子隰叔奔晉，生士蔿，蔿生會，爲晉上卿，食采於隨，謂之隨會，子孫氏焉。

奇 奇□ 奇德 奇萬年 奇勝時

《元和姓纂》：見《姓苑》，云伯奇之後，以王父字爲氏。一曰魯昭公子奇之後。

琦 琦□

錡 錡衍 錡常 錡義 錡奉 錡緄 錡滕 錡都 錡士 錡滿 錡海 錡賢 錡强良 錡楊吾 錡樂世

《姓氏急就篇》：周分康叔以殷民七族，有錡氏。《戰國策》韓有錡宣。

戲 戲阬

《廣韻》：虙戲氏之後。

皮　皮聚　皮光　皮籍　皮安漢

《廣韻》：出下邳。《元和姓纂》：《風俗通》周卿士樊仲皮之後。

離　離鼂

《古今姓氏書辯證》：出自古明目者離婁，亦曰離朱，黃帝時人。

正離　正離平

訾　訾順　訾之　訾貞　訾丑　訾少孺

《古今姓氏書辯證》：其先齊大夫食邑於紀之訾城，後人因以爲氏。《姓氏急就篇》：《國語》晉范宣子家臣訾祐。

卑　卑守　卑耐　卑定　卑容　卑君都

《古今姓氏書辯證》：《風俗通》曰卑氏鄭大夫卑諶之後。

椑　椑彭　椑誤　椑朗　椑復　椑恭　椑多　椑呂

裨　裨承

《廣韻》：鄭有大夫裨竈。

彌　璽武

《廣韻》：《三輔(決)[浹]録》有新豐彌升。

下池　下池登　下池始昌

六脂

夷　夷忌　夷角　夷虞　夷賀　夷□己　夷冬國

《廣韻》：齊大夫夷仲年。《古今姓氏書辯證》：杜預曰，羿，夷姓。然則后羿姓夷，自虞夏閒已有此姓。

師　師蒼　師信　師褒　師守　師寵　師德　師毓　師過　師譚　師明　師寳　師豐　師不侵　師常居

《古今姓氏書辯證》：《風俗通》曰，樂人瞽者之稱，自晉師曠之後始以爲氏。

服師　服師定國

右師　右師寄　右師赤　右師安　右師予

《元和姓纂》：《世本》宋武公生公子中，代爲右師，因氏焉。

馬師　馬師閬　馬師脱　馬師韓　馬師山　馬師延年

《元和姓纂》：《世本》鄭穆公有馬師之官。《姓氏急就篇》：《左傳》鄭馬師頡。

徒師　徒師視　徒師嬰

工師　工師印　工師廣意　工師長孫　攻師任

《古今姓氏書辯證》：其先出自古官治水者，以官爲氏。案，印文或作攻，與工通。

江師　江師吕　江師害

資　資赦　資君仲

《元和姓纂》：黄帝之後，食采益州資中，因以爲氏。

絺　絺臨　絺少平

《姓氏急就篇》：周有絺邑，在野王縣，以邑爲氏。晉知伯臣有絺疵。

茨　茨順

《古今姓氏書辯證》：周時有茨芘，晉人。《姓氏急就篇》：後漢茨光，字子河。

遲　遲賜　遲喜　遲武　遲年　遲允成　遲中翁

《姓氏急就篇》：《商書》遲任，古賢人。

哀　衷覆遠

遺　遺登

《古今姓氏書辯證》：《姓源韻譜》曰，魯費宰南遺後。《急就章》有遺餘人。

纍　纍良　纍利親

《古今姓氏書辯證》：《風俗通》嫘祖之後，或爲纍氏。《姓氏急就篇》：晉有七輿大夫纍虎。

麋　麋丹　麋壽王　麋□順

《元和姓纂》：楚大夫受封南郡麋亭，因以爲姓。

伾　伾堪

七之

白台　白台胡

瞻台　瞻台棠

九台　九台未央

時　時姐　時産　時博　時忠　時寬　時臨　旹從　時光　時遂　時接　時由　時音　時循

時未央　時已登　時翁須

《元和姓纂》：齊有賢人時子著書，見《孟子》。《新論》有時農。

司　司閭　司樂

《廣韻》：《左傳》鄭有司臣。

其　其遺　其乘　其益壽

《古今姓氏書辯證》：《漢功臣表》有陽阿齊侯其石。

侍其　侍其弘

《姓氏急就篇》：漢廣野君之裔孫，賜氏食其。後爲武帝侍中者，因又合官與氏而稱。

公其　公其壽王

姓氏書不載此姓，惟《古今姓氏書辯證》有公綦氏，《廣韻》有公祈、公旗二氏，疑音近通用。

令其　令其遇　令其孝君　令其安漢

《廣韻》：何氏《姓苑》有令其氏。

綦　綦崇　綦順　綦大　綦常樂　綦君□

《古今姓氏書辯證》：《元和姓纂》曰，河南有綦氏今《姓纂》輯本佚此文。

騏　騏湧□

其　其真

箕　箕逐　箕慶　箕大　箕宣　箕胡臣　箕定居

《古今姓氏書辯證》：出自子姓商之季世，封其父師爲畿内諸侯，謂之箕子。其地太原陽邑縣箕城是也。武王克商，釋箕子囚，而別封於朝鮮，後人以國爲氏。

祠　祠育

釐　釐黔

《古今姓氏書辯證》：本僖氏，漢時避諱改爲釐。

梩　梩□

毉　毉弘　毉弘世　毉樂世

醫　醫從　醫聖君

兹　兹應　兹瞻

《古今姓氏書辯證》：出自姬姓，魯桓公孫曰公孫兹，其孫毌還以王父字爲氏。

八微

煇　煇買

非　非侵　非當

《廣韻》：《風俗通》有非子，伯益之後。

肥　肥駿　肥福　肥錯　肥賈　肥敞　肥仁　肥當　肥泄　肥憲　肥奚傷　肥君光　肥定國

《元和姓纂》：戰國時趙賢人肥義之後。

賁　賁過　賁建　賁臣

《元和姓纂》、《漢功臣表》賁赫擊黥布，及平，封其思侯。《通志·氏族略》：秦非子之後，魯有賁浦。賁音奔，又音肥。

祈　祈牢　祈邦

幾　幾繚

《元和姓纂》、《風俗通》宋大夫仲幾之後，以王父字爲氏。

依　依護

《姓氏急就篇》：《國語》，黄帝之子十二姓，有依。

衣　衣莫　衣□

《姓氏急就篇》：見《姓苑》、《中庸》注。齊人言殷聲如衣，今姓有衣者，殷之胄與。

九魚

魚　魚賢

《廣韻》、《風俗通》云，宋公子魚賢而有謀，以字爲(氏)[族]。

郤　郤始昌

居　居禁

《元和姓纂》：晉大夫先且居之後，以王父字爲氏。

輕車　輕車良

公車　公車賞　公車將　公車弘

《古今姓氏書辯證》：出秦公子鍼，字伯車，後世别爲公車氏。

籧　籧毅　籧護

餘　餘蒲根　餘芀蓋　餘杜唯

《元和姓纂》：晉有餘頎箸。《複姓録》：本出傅氏。

輿　輿喟

《廣韻》：周大夫伯輿之後。

胥　胥農

《元和姓纂》：晉大夫胥臣之後。

斫胥　斫胥賞

《廣韻》：漢有複姓斫胥氏。何氏《姓苑》云，今平陽人。

苴　苴鞅　苴晏

《廣韻》：《漢書·貨殖傳》有平陵苴氏。

鉏　鉏詩

《廣韻》：《左傳》有鉏麑。

荼　荼止

疏　疏達

《廣韻》：漢有太子太傅東海疏廣。

蔬　蔬章

閭虛　閭虛未央

郤　郤頡

公傢　公傢丘

於　於禹　於王孫

《姓氏急就篇》：黄帝臣於則造履。《漢功臣表》涉安侯於單。

閭　閭犨　閭青　閭建　閭馮　閭臨　閭安　閭定　閭護　閭民信　閭明遂　閭右立　閭不識

閭遂成

《廣韻》：（齊大夫閭邱嬰之後，或單姓閭氏。）［姓，出衛國頓丘二望。］

印閭　印閭莫

疾閭　疾閭成

頡閭　頡閭豊

瓦閭　𠂤閭安　𠂤閭遂　𠂤閭吉　𠂤閭樂

《姓氏急就篇》：凡閭氏出晉唐叔。賈執《英雄傳》，東莞有之。案，印文作𠂤，當是瓦字。「凡閭」疑「瓦廬」之譌。吴愙齋中丞《續百家姓印譜》又誤釋作「日閭」。

辟閭　辟閭昌　辟閭順

《廣韻》：晉有寧州刺史辟閭彬。

廬　廬舜　廬寬　廬都　廬勳　廬宫　廬禹　廬置

《姓氏急就篇》：《左傳》廬戢、黎廬戎，南蠻。《豫章志》：廬俗，字君孝，本姓匡，夏禹苗裔。《廬山記》匡俗，周威王時居山上，世稱廬君。

屋廬　屋廬霸　屋盧安

《古今姓氏書辯證》：《孟子》有屋廬子。《元和姓纂》曰，晉賢人屋盧子，箸書言彭聃之法。是「屋廬」亦作「屋盧」，故印文有作「屋盧」者。

諸　諸夷　諸蒼　諸黄　諸幸　諸忠　諸革生　諸方可　諸不粱

《姓氏急就篇》：《左傳》越有諸鞅。《説苑》，越諸發執一枝梅遺粱王。

㽕諸　㽕諸信

申屠　申屠山　申屠昌　申屠樂　申屠親　申屠則　申屠義

《元和姓纂》：周幽王后申氏兄申侯之後，支孫居安定屠原，因以爲氏。

信屠　信屠可　信屠賢

勝屠　勝屠勳　勝屠龔

《姓氏急就篇》：漢有勝屠公。《風俗通》：即申屠也。

如　如邑

《元和姓纂》：《桓譚新論》有通人如子禮。《漢書》：長安富人如氏也。《姓氏急就篇》：衛有如耳，漢有如姬。

菹　菹遂　菹不敬

十虞

禺　禺官

《元和姓纂》：禺强之後，出《姓苑》。

隅　隅常樂

蒭　蒭惲

《廣韻》：芻出何氏《姓苑》，俗作蒭。

無　無署　無崇

毋　毋地　毋化　毋勝　毋利　毋豊　毋苦□

《廣韻》：毌丘或爲毋氏。

胡毋　胡毋去　胡毋嘉　胡毋恢　胡毋何　胡毋通

《元和姓纂》：齊宣王母弟封毋鄉，遠本胡公，因曰胡毋氏。

綦毋　綦毋初　綦毋譚　綦毋何　綦毋信　綦毋他　綦毋回　綦毋逢　綦毋强　綦毋然　綦毋傴　綦毋大　綦毋孫　綦毋通　綦毋隆　綦毋從　綦毋安樂　綦毋可置　綦毋少公　綦毋次衆

《元和姓纂》：《左傳》晉大夫綦毋張。

期毋　期毋安官

其毋　其毋光

巫　巫息

《廣韻》：《風俗通》云，氏於事，巫、卜、陶、匠是也。

胥于　胥于毋智

鮮于　鮮于何　鮮于穀　鮮于橋　鮮于當時

《元和姓纂》：箕子封於朝鮮，支子食采於于，子孫因合鮮于爲氏。

盂
盂牟
《廣韻》：《左傳》晉有盂丙。《姓氏急就篇》：盂，衛、晉邑名。《左傳》衛有盂黶。

吁
吁帶
《姓氏急就篇》：阿之吁子。

朐
朐奉　朐讓　朐都　朐中伯　朐常五
《廣韻》，出《姓苑》。《姓氏急就篇》：漢東平王宇姬朐臑。《鹽鐵論》布衣有朐邴。

繻
繻況

斫須
斫須子卿

株
株參　株根

邾
邾平　邾斂　邾參　邾竝

渝
渝沐　渝沛可

區
區憲客　區安主
《廣韻》：後漢末有長沙區書。

珠
珠系

絑
絑進　絑字

蔞　蔞猛
《姓氏急就篇》：後魏改一那蔞氏爲蔞氏。
扶　扶都
《元和姓纂》：漢有廷尉扶嘉。
傷　傷齋青
専　専芒
邦　邦平
息夫　息夫隆
厨　厨穉公
《姓氏急就篇》：晉魏錡號厨武子。
俱　俱安　俱長孫
《廣韻》：《南涼録》有將軍俱延。《姓氏急就篇》：苻秦金城俱難、俱石子。
槔　槔安
十一模
曼胡　曼胡宣

壺　壺豪　壺讓　壺循　壺廣　壺齊　壺瓌　壺駿　壺青□
《姓氏急就篇》：《史記》晉文公臣壺叔莊，子壺子。漢有壺遂。
狐　狐冬古
徒　徒痏　徒得
司徒　司徒賞　司徒客　司徒宗　司徒代
《廣韻》：司徒、司寇並以官爲氏。
治徒　治徒光
申徒　申徒歐　申徒朗　申徒褒　苗徒臨
《元和姓纂》：本申屠氏，隨音改爲申徒。《姓氏急就篇》：申徒氏即司徒，印文亦作苗徒。
登徒　登徒林
涂　涂諸　涂唯
《姓氏急就篇》：見《姓苑》。
呼　呼吉　呼豊
《廣韻》：《列仙傳》有仙人呼子先。

虖　虖則　虖豎

《廣韻》：姓也。

吾　吾駕　吾良　吾成　吾武　吾毋忘

《元和姓纂》：夏諸侯昆吾之後。

申吾　申吾豪

冬吾　冬吾慶忌

夷吾　夷吾遂

烏　烏丁

《廣韻》：《左傳》齊大夫烏(枚)[枝]鳴。

山都　山都勝

十二齊

犂　犂侵　犂侒　犂歐　犂買　犂宮　犂座　犂直　犂常生　犂常居　犂常有

《姓氏急就篇》：齊有犂彌子，魯有犂鉏。

齎　齎尊　齎就　齎高　齎宗　齎道人

虒　虒褒　虒壽

兒　兒釿　兒識　兒説　兒尊　兒動　兒参　兒越　兒吉

《元和姓纂》：郳，郳犂來之後，亦爲兒氏。兒良，六國時人，見《吕氏春秋》。

西　西叚

《元和姓纂》：《姓苑》云，西門豹之後，改爲西氏。

下西　下西閔

谿　谿隱

堇　堇買　堇晨

畦　畦覩

《古今姓氏書辯證》：《晉書·載記》後燕慕容寶時魏伐并州，寶引羣臣議於東宫，中書令畦邃請深溝高壘，以困魏師。

十四皆

懷　懷期　懷千秋

《古今姓氏書辯證》：《左傳》，周成王以商民大姓封諸侯，以懷姓九宗賜唐叔。姓書曰懷姓出古帝無懷氏之後。

淮　淮遂　淮㲋

《古今姓氏書辯證》：出《姓苑》。

十五灰

灰　灰橑

玫　玫倫

十六咍

開　開山　開樂成

《廣韻》：《吕氏春秋》(曰)[云]，開方，衛公。

哉　戋充國

《漢武氏石闕銘》哉作「戋」。

十七真

真　真就　真宏　真固　真甘　真敢　真宫

《廣韻》：《風俗通》云，漢有太尉長史真祐。

甄　甄封　甄尊

《廣韻》：《陳留風俗傳》[云]，舜陶甄河濱，其後爲氏，出中山、河南二望。

因　因翁中

《廣韻》：《左傳》遂人四族，有因氏。

垔　垔惠君

新　新萯

《元和姓纂》：出自荀氏新稚穆子之後，別爲新氏。

沐新　沐新聽　沐新充根

忠臣　忠臣充國

仁　仁衆　仁盈之　仁合成

《廣韻》：《姓苑》云，彭城人也。

聞人　聞人長公

《元和姓纂》：《風俗通》，少正卯魯之聞人，其後遂以聞人爲氏。

身　身脩　身順　身相

賓　賓參　賓樂

《廣韻》：《左傳》齊有大夫賓須無。

夤　夤譊

狾　狾梁

鄞　鄞丘明

十八諄

郇　郇蒼　郇嵛

《廣韻》：周文王子封於郇，後以爲氏。王莽時有郇越。

淪　淪□

二十文

閿　閿王孫

員　員行　員談　員乘　員奢

《廣韻》：姓也。《姓氏急就篇》：前涼有員敬。

君　君醜夫

二十二元

原　原安　原年　原賀　原既　原都　原憙　原遺　原龔　原好　原亥　原未央

《元和姓纂》：周文王十六子原伯之後，封在河内，子孫氏焉。

源　源長

《廣韻》：秃髮傉檀之子賀入魏，魏太武謂之曰與卿同源，可爲源氏。

爰　爰良　爰世　爰壽　爰欣　爰龍　爰齊　爰輔　爰放　爰愛君　爰閭奴　爰君卿　爰當户
《廣韻》：出濮陽，亦舜裔，胡公之後。袁或作「爰」。
垣　垣赤　垣定　垣善　垣騰　垣翕　垣安定　垣郃中
《古今姓氏書辯證》：《後漢書》注，《風俗通》曰，垣，秦邑也，因以爲姓。
公垣　公垣不敬
陽垣　陽垣忠臣　陽垣赦之
新垣　新垣福　新垣重
《古今姓氏書辯證》：《陳留風俗傳》曰，畢公封於新垣，以爲氏。
櫎垣　櫎垣去疾
榬　榬渭　榬倉　榬勝　榬横　榬讓　榬慶　榬敞　榬温舒
《姓氏急就篇》：榬終古爲語兒侯。
轅　轅隆　轅充國
《廣韻》：《左傳》陳大夫轅濤塗之後。《姓氏急就篇》：轅氏亦作袁，陳胡公之後。
猿　猿長安
番　番賀　番聖　番忘　番黨　番奮　番復　番護　番遂　番冬古　番□夏　番擇憂

繁　繁璉
《姓氏急就篇》：番維司徒，漢右内史番係。
繁　繁市　繁枉　繁延壽
《姓氏急就篇》：《左傳》殷民七族，晉有繁羽。漢御史大夫繁延壽。
燔　燔慶
鱕　鱕病已
言　言宫　言朝　言鳳　言子長
《姓氏急就篇》：仲尼弟子言偃之後。
菅　菅成
蕃　蕃宿　蕃詡　蕃貴　蕃拾　蕃君卿
《姓氏急就篇》：《詩》「番維司徒」，《漢書》作蕃。《後漢書・黨錮傳》蕃嚮。
藩　藩息　藩世　藩弘　藩子孺　藩彭祖

二十三魂

渾　渾盛
《廣韻》：《左傳》鄭大夫渾(罕)[空]。

昆　昆昌

《廣韻》：夏諸侯昆吾之後。

門　門戎　門帶　門稼　門非子　門稡卿

《姓氏急就篇》：《周禮》，公卿之子入王端門之左，教以六藝，謂之門子，其後氏焉。《莊子》有門无鬼。

北門　北門賜

《元和姓纂》：《左傳》有北門駟，《尸子》有北門子，《莊子》有北門成。

東門　東門脱　東門意　東門席　東門樂　東門伋　東門去病

《古今姓氏書辯證》：出自姬姓，魯莊公之子遂爲卿，居魯東門，因氏焉。謂之東門襄仲。

《姓氏急就篇》：《鬻子》，湯七姓，佐有東門虚。

西門　西門詔　西門譚

《元和姓纂》：鄭大夫居西門，因氏焉。

闞門　闞門到

《廣韻》：《漢書·儒林傳》有闞門慶忌。

單門　單門吳　單門東　單門段　單門癸　單門千万

閣門　閣門漢

臧孫　臧孫聖　臧孫綸　臧孫閑　臧孫尚　臧孫可

《元和姓纂》：魯孝公子彄食采于臧，因氏焉。至武仲紇爲臧孫氏。

賈孫　賈孫崇

《廣韻》：衛有王孫賈，出自周頃王之後。王孫賈之子自以去王室久，改爲賈孫氏。

古孫　古孫充　古孫勝　古孫涂　古孫中時

新孫　新孫湣　新孫光

辛孫　辛孫終古

窒孫　窒孫係　窒孫齕　窒孫成　窒孫譚　窒孫畸　窒孫方　窒孫林　窒孫賈　窒孫湛　窒孫叟　窒孫更得　窒孫千万　窒孫孫青　窒孫勳　窒孫遂

《廣韻》：何氏《姓苑》有經孫、新孫、古孫、牟孫、室孫、長孫、叔孫等氏，望稱河南者，皆虜姓也。案，古孫、新孫、窒孫三氏漢印中習見，「新孫」亦作「辛孫」，漢已有之，非元魏時虜姓也。又，《元和姓纂》：今棣州有室孫氏。《姓解》：古有室孫子著書。均作「室孫」。印文多作「窒孫」，其作「室孫」者僅一見耳。

客孫　客孫路　客孫廣德

毌孫　毌孫通　毌孫光

表孫　表孫帶

王孫　王孫危相

《古今姓氏書辯證》：出自周王之孫，仕諸侯者別爲王孫氏。

公孫　公孫上　公孫詈　公孫諻　公孫戀　公孫嬰　公孫訢　公孫朱　公孫鄉　公孫索　公孫肩　公孫文　公孫請枯

《元和姓纂》：黄帝姓公孫，子孫因以氏焉。

仲孫　仲孫勳

《元和姓纂》：慶父子孫號仲孫氏。

中孫　中孫諸侯

殆即「仲孫」，中、仲古今字。

正孫　正孫□

敦　敦昌　敦忠　敦建德　敦輔賢

《廣韻》：敦洽，衛之醜人也。《姓氏急就篇》：《陳留風俗傳》，姞姓之後。《急就篇》注，秦文公時史敦之後。

盆　盆唐
《廣韻》：《風俗通》云，盆成括仕齊，孟軻知其必死，其子逃難，改氏成焉。

二十五寒

寒　寒永　寒桉　寒扈　寒順　寒廣　寒利　寒邑　寒譚　寒咸　寒章　寒壽王　寒扶人
《元和姓纂》：周武王子韓侯之後，避難改爲寒氏。一云夏諸侯寒浞之後。

邯　邯佗　邯政

鄲　鄲易

邯鄲　邯鄲脩　邯鄲恩　邯鄲拘　邯鄲禹　邯鄲難　邯鄲央　邯鄲勝　邯鄲沓　邯鄲貞　邯鄲堅石　邯鄲去病　邯鄲越人
《元和姓纂》：晉趙襄側室子趙穿食采邯鄲，因氏焉。

丹　丹將　丹林
《廣韻》：晉有大夫丹木，出《風俗通》。

湌　湌豣

檀　檀壽　檀褎　檀左巨
《廣韻》：太公爲灌檀宰，(因)[後]氏焉。

乾　乾禹　乾音
《廣韻》：出何氏《姓苑》。

但　但譚　但贏　但感　但晏
《廣韻》：何氏《姓苑》云，漢有但巴，爲濟陰太守。

干　干被　干饒　干安　干子都
《元和姓纂》：《左傳》宋大夫干犨之後，陳干徵師。

段干　段干他　段干庚　段干將
《古今姓氏書辯證》：出自李氏皋陶之後。混元皇帝伯陽有子曰宗，仕魏有功，封於段干，後以邑爲氏。

蘭　蘭豊　蘭成
《元和姓纂》：鄭穆公支孫，以王父字爲氏。

闌　闌咸

二十六桓

丸　丸步　丸鞅

莀　莀憙　莀忠

官　官延　官雍　官冢　官勝　官箴　官中夫　官禮□

《古今姓氏書辯證》：出《姓苑》。

并官　并官武

《廣韻》：《魯先賢傳》，孔子妻亓官氏。《姓苑》作并官氏。案，《漢韓勑造孔廟禮器碑》亦作并官氏。

上官　上官得　上官横　上官禹　上官寄　上官襄　上官從　上官匡　上官立　上官欒　上官尋　上官定　上官屈　上官建　上官未央　上官充郎　上官無且　上官它居　上官勝之　上官楚客

《廣韻》：楚莊王少子爲上官大夫，以上官爲氏。

冠　冠仁

《廣韻》：《風俗通》云，古賢者鶡冠之後。

欒　欒明　欒相　欒賀　欒縮　欒長卿

《古今姓氏書辯證》：出自姬姓，唐叔虞之後。靖侯孫賓食邑于欒，因以爲氏。

讙　讙就

寬　寬宫　寬筡

般　般成　般午　般涂　般翁山　般毋害

二十七删

菅　菅荆　菅納　菅始　菅譚　菅禹

《元和姓纂》：魯大夫食采於菅，因氏焉。

二十八山

山　山曾　山貫　山臨　山峦　山喬　山協　山安宗

《廣韻》：周有山師之官，掌山林，後以爲氏。或云古烈山氏之後，[望出河内]。

仲山　仲山賀　仲山□

蕳　蕳須　蕳安平

《姓氏急就篇》：漢有蕳忌，《儒林傳》蕳卿。

下平聲

一先

先　先尊

《廣韻》：《左傳》晉有先軫。

肩　肩從　肩遂　肩崇　肩□中

弜

《廣韻》：出《姓苑》。

弜壽　弜任　弜武　弜横　弜宫　弜越　弜豊　弜禄　弜實　弜章　弜毋來　弜熙

弜即弦，見《漢景君碑》。《古今姓氏書辯證》：《春秋》魯僖公五年，楚滅弦，弦子奔黄，以國爲氏。

畋

畋瑩　畋弃

闐

闐緩

年

年登

燕

燕饒　燕兢　燕聾　燕驩　燕隆　燕幸　燕軌　燕外　燕觭　燕安年　燕延年　燕青首

燕明友　燕宜羊　燕次翁

《廣韻》：邵公奭封燕，爲秦所滅，子孫以國爲氏。

傎

傎良

涓

涓監　涓楚勝

《廣韻》：《列仙傳》有齊人涓子。

蠲

蠲禁　蠲奴

編

編横　編黨　編行　編非　編延壽

《姓氏急就篇》：《後漢書·律曆志》編訢，《方術傳》編育。

玄　玄勝

《廣韻》：《列仙傳》有玄俗，河間人，無影。

二仙

鮮　鮮豊

《元和姓纂》：鮮于氏之後，或單姓鮮。

延　延丙　延長　延騮

《古今姓氏書辯證》：吴公子札食采延陵及州來，《左傳》作延州來季子，則已去陵稱延，延氏宜出於此。

緣　緣縱

船　船虞

《廣韻》：出《姓苑》。

虔　虔富

《廣韻》：《陳留風俗傳》云，虔氏祖於黄帝。

卷　卷安定

臛　臛得

三蕭

刀　刀何　刀褻　刀豪　刀籍　刀珍　刀更　刀澤　刀右車　刀紺君

《廣韻》：刁姓出渤海，《風俗通》云，齊大夫豎刁之後，俗作刀。案，《説文》無刁字，當作「刀」。

雕　雕區

《廣韻》：《漢武帝功臣表》有雕延年。

條　條竇

《廣韻》：殷人七族，有條氏。

艻　艻任

調　調官

《廣韻》：《周禮》有調人，其後氏焉。

聊　聊道　聊進　聊幸　聊竝　聊臣　聊彭　聊廣國　聊稺君　聊子公

《廣韻》：《風俗通》有聊倉，爲漢侍中，著子書。又有聊氏，爲潁川太守，著《萬姓譜》。

翏　翏成　翏況

幺　幺福　幺安

四宵

鼂　鼂女

《廣韻》：《風俗通》云，衛大夫史鼂之後。

朝　朝博

《古今姓氏書辯證》：出自姬姓，蔡仲裔孫曰文侯申，生子朝，子朝生聲，子公孫歸生字，子家生吴，以王父字爲氏，所謂蔡朝吴者。

驕　驕奴

椒　椒音　椒欽

《廣韻》：楚有大夫椒舉。

饒　饒脱　饒蒼　饒勝

《古今姓氏書辯證》：出自六國時齊大夫食邑於饒者，趙孝成王四年拔其邑，以封其弟長安君。齊之故臣，以邑爲氏。

昭　昭喜　昭博　昭猛　昭戎　昭普　昭解事　昭延壽　昭廣國　昭延年

《古今姓氏書辯證》：出自芈姓，楚昭王熊軫有復楚之大功，子孫蕃衍，以謚爲氏。

要　要慶忌

《廣韻》：吳人要離之後，漢有河南令要兢。

橋　橋㢸　橋效　橋澤　橋明　橋庚　橋禁　橋舒　橋況　橋槐　橋霸　橋殷　橋時　橋縮

橋凌期　橋充國　橋安國

《古今姓氏書辯證》：《史記》晉人有橋桃，畜牧塞上，馬牛千匹，粟以萬鍾計。《姓氏急就篇》，黃帝葬橋山，羣臣追羡守冢不去者，因以橋爲氏。

五肴

交　交横　交忘

茭　茭光

譊　譊姊

麃　麃承　麃剛　麃鳳　麃周光

《古今姓氏書辯證》：《風俗通》云，秦皇將軍麃公之後，漢有麃肆，魯有麃歆。

鞄　鞄毋傷

六豪

臯　臯遂　臯肥人

《廣韻》：臯陶之後。

古荅　古荅光

牛牢　牛牢賀

袍　袍古忠　袍休得　袍由澤

姑陶　姑陶寃

桃　桃唐　桃志　桃宫　桃吏　桃喜　桃得　桃護　桃永　桃市　桃壽　桃千秋　桃少卿　桃□爲　桃未央　桃安世

《古今姓氏書辯證》：其先食邑桃丘，氏焉。或曰周官攻金之工有桃氏爲劍者，以世官爲氏。

袧　袧由尚

七歌

莪　莪忠

籮　籮遂

公何　公何中

《廣韻》：《左傳》魯有公何藐。

苛　苛異　苛宫

八戈

過　過平　過釿　過禁　過順

《廣韻》：《風俗通》云，過國，夏諸侯，後因爲氏。

鄱　鄱賁

和　和福　和龍　和忠　和匡　和長孺

《廣韻》：本自羲和之後，一云卞和之後。

九麻

麻　麻曼　麻良　麻敞　麻長卿

《廣韻》：齊大夫麻嬰之後。

邪　邪千秋

賁邪　賁邪吴人

拏　拏墅　拏昌

家　家静　家請　家霸　家加　家翁中　家青跗

《古今姓氏書辯證》：周大夫家伯，爲周幽王太宰，家父爲大夫。

瑕　瑕襃　瑕豊　瑕忠　瑕利
《廣韻》：《左傳》周大夫瑕禽。

笆　笆帶　笆季

公沙　公沙任
《元和姓纂》：見《姓苑》。

牙　牙非子
《廣韻》：《風俗通》云，周大司徒君牙之後。

杷　杷革

十陽

陽　陽閭　陽戲　陽兼　陽蒼　陽紃　陽目　陽彊　陽季　陽勳　陽始昌　陽嬰齊　陽益多
陽安世　陽寄奴
《廣韻》：本自周景王封少子於陽樊，後裔避周之亂適燕，家於無終，因邑命氏。

公陽　公陽慶　公陽敖

郁陽　郁陽壽　郁陽禹

芃陽　芃陽參　芃陽博

朝陽　朝陽灣
西陽　西陽臧
樂陽　樂陽宣
櫟陽　櫟陽並　櫟陽延年
《廣韻》：後漢有櫟陽侯景丹，曾孫汾避亂隴西，因封爲氏。
頻陽　頻陽望
江陽　江陽義
柏陽　柏陽信
易　易諭　易上　易諫　易嚴　易翁子
亢易　亢易曼　亢易少孺
公羊　公羊買
《古今姓氏書辯證》：齊公羊高，子夏弟子，作《春秋傳》。
瘍　瘍赤　瘍以之
良　良平　良定　良廣　良外　良慶　良巨孟　良無殘
《廣韻》：《左傳》鄭大夫良霄，鄭穆公之子子良之後。

公良　公良調　公良長孺

梁　梁江　梁德　梁安　梁立　梁護　梁譚　梁服　梁歲　梁綰　梁過　梁成　梁房　梁年
　梁他　梁請建　梁少翁　梁毋澤　梁定廣　梁相夫

涼　涼儉　涼珍　涼□

《廣韻》：《魏志》有太子太傅山陽涼茂。

椋　椋安國　椋始國

輬　輬充

香　香澤　香隆

《古今姓氏書辯證》：劉向《新序》有香居，諫齊宣王爲大室。王召尚書書之曰，寡人不肖，爲大室，香子止寡人也。

鄉　鄉仁　鄉寔　鄉宫

《廣韻》：出《姓苑》。

東鄉　東鄉未央

《姓氏急就篇》：宋大夫東鄉爲，唐東鄉助。

傷　傷榮　傷守　傷禁　傷咸　傷棄　傷章　傷廣　傷平里

場　場圣

防　防侵　防勝　防並　防長卿

《古今姓氏書辯證》：防廣爲父報仇，見《後漢書・鍾離意傳》。姓書未有，今增入。

坊　坊禁

魴　魴火

昌　昌胡　昌拓　昌長　昌孺　昌來青　昌常利

《古今姓氏書辯證》：出自黄帝子意昌之後，支孫氏焉。

得昌　得昌將　得昌翁仲　得昌長樂

羌　羌孟　羌毋智

《廣韻》：晉有石冰將羌迪。

長　長戊　長中　長昊　長𥨪　長息　長疠　長恁　長閔　長猪　長光　長庚　長邦　長參

長語　長訢　長喜　長廣德　長長孺

《古今姓氏書辯證》：《春秋》衛大夫長牂之後，有長武子，戰國時有長息，爲費惠公臣，本公明高弟子。

中長　中長生　中長孺

萇　萇博　萇禹　萇宣　萇戎　萇彪　萇費　萇虎　萇益　萇輔　萇貞　萇地行

《廣韻》：《左傳》周大夫有萇弘。

西方　西方齒　西方宅　西方樗

《姓氏急就篇》：燕有西方虔，北平人。

邡　邡疣

枋　枋奴

襄　襄禹　襄霸　襄匡　襄右昜　襄方山

《廣韻》：魯莊公子襄仲之後，子孫以(字)[謚]爲氏。

箱　箱尊

將　將音　將欽　將强

《姓氏急就篇》：《左傳》宋將鉏，《史記》燕將渠，後趙有將容。

霜　霜紛

《古今姓氏書辯證》：出《姓苑》。

槍　槍忠　槍博

筐　筐當　筐定　筐將巨

央　央受

強　强安都　强新成　强壽王

《廣韻》：後漢有强華，奉赤伏符。《姓氏急就篇》：鄭有强鉏。

彊　彊郎寶

十一唐

堂　堂褒　堂□

《廣韻》：《風俗通》云，堂楚邑大夫五尚爲之，其後氏焉。

高堂　高堂志　高堂護　高堂纘　高堂獾　高堂滿之　高堂奉世

《元和姓纂》：齊卿高敬仲食采于堂，因氏焉。

狼　狼嘉　狼通　狼奉　狼信

《廣韻》：《左傳》晉大夫有狼瞫。

亢　亢易

桒　桒肩　桒成　桒陽　桒倉　桒漢　桒山尌　桒解事　桒吴人

《古今姓氏書辯證》：出自少皡氏，一號窮桑子，子孫以桑爲氏。《姓氏急就篇》：秦公孫枝子桑之後，齊有桑掩胥。

喪　喪章　喪賁　喪延年

《廣韻》：楚大夫喪左。

中黄　中黄壽　中黄市　中黄翁伯

《元和姓纂》：《尸子》此下殆有脱字。中黄伯。

皇　皇喜　皇延　皇建　皇遂　皇炅　皇褒　皇慶　皇藺　皇受　皇宣　皇光　皇生　皇始　皇萬年　皇毋傷

《古今姓氏書辯證》：《風俗通》云三皇之後，非也。謹案，皇氏出自子姓，宋戴公子充石，字皇父，爲宋司徒，其孫南雍缺以王父字爲氏。或去父稱皇氏。

光　光道

《廣韻》：田光之後，秦末子孫避地，以光爲氏。

重光　重光賞里

行　行羸　行鳳　行慶　行嘉　行羊子

芒　芒賞　芒勝　芒訢　芒相　芒遂

《古今姓氏書辯證》：出自商王帝芒之後，《史記》魏有芒卯。

旁　旁敞　旁賞　旁臨

印　印爰

《廣韻》：漢有御史大夫印祇。

十二庚

庚　庚角霸

《廣韻》：唐有太常博士庚季良。案，吴中丞列此入單姓，疑「庚角」爲複姓，姑列此，待考。

更　更始

《古今姓氏書辯證》：《戰國策》魏有更盈，能虚弓落雁。

羹　羹廣

寍　寍喜

榮　榮朝　榮竝　榮滿　榮餘　榮代　榮萬　榮長　榮勝　榮賀　榮寵　榮福　榮賢　榮浪　榮承　榮嘉　榮翁壹

《古今姓氏書辯證》：魯莊公時有榮叔來錫命，文公時有榮叔來歸舍，皆周大夫。又，魯宣公弟叔肸之子曰聲伯嬰齊，生榮字駕□，亦以榮爲氏，謂之榮成伯。

卿　卿明

《廣韻》：《風俗通》云，趙相虞卿之後。《古今姓氏書辯證》或云項梁將卿子冠軍之後。

生　生良　生昌　生馮　生臨　生心　生涂　生免倩

《廣韻》：出《姓苑》。

浩生　浩生慶

《古今姓氏書辯證》：《元和姓纂》以浩生不害爲複姓浩生氏。

告生　告生如意

沐生　沐生則　沐生雲　沐生喜

尾生　尾生窯　尾生依　尾生僕

周生　周生融

《古今姓氏書辯證》：《姓苑》後漢周生豐字偉防，太山南武陽人，建武七年爲豫章太守。

王生　王生達　王生□

十三耕

閎　閎度　閎光　閎仁

《古今姓氏書辯證》：《史記》周文王四友閎夭之後。

莖　莖咸　莖冒

十四清

清　清來青

精　精賢

嬴　嬴護

嬰　嬰尌　嬰閭　嬰獲　嬰咸　嬰隋　嬰涂人

《廣韻》：《風俗通》云，晉大夫季嬰之後。

治成　治成闌多

東成　東成闌　東成千秋

新成　新成武　新成堂　新成安國　新成日利

倍成　倍成延

枯成　枯成狄　枯成戊

《廣韻》：漢有廣漢太守古成雲。古音枯，「枯成」殆即「古成」。

苦成　苦成衆　苦成樂　苦成勃　苦成胡�　苦成異人

《姓氏急就篇》：晉苦成叔卻犨，《戰國策》趙有苦成常。

車成　車成則　車成闌

《廣韻》：晉戊己校尉燉煌車成將。

陽成　陽成郤　陽成信　陽成荆　陽成通　陽成堪　陽成張　陽成推　陽成鳳　陽成友　陽成遂　陽成大　陽成賀　陽成勝　陽成安　陽成牟　陽成齒

《古今姓氏書辯證》：《風俗通》漢諫議大夫陽成公衡，《功臣表》梧侯陽成延傳封四世。元康四年詔後延玄孫之子梧公士。注，王莽時獻符命。成一作「城」。

城　城買

《廣韻》：《風俗通》云，氏於事者，城、郭、園、池是也。

陽城　陽城縈　陽城詑　陽城相女

《姓氏急就篇》：《吕氏春秋》趙簡子時陽城胥渠，《漢功臣表》陽城延。

武城　武城除中　武成千秋

《元和姓纂》：《風俗通》，趙平原君勝封武城，因氏焉。印文或作武成。

司城　司城弘　司城忠臣

《元和姓纂》：《世本》云，宋戴公生東鄉克，孫樂喜爲司城氏，陳哀公子郲勝之後亦爲司城氏。

瞏　瞏偏　瞏遷

十五青

青　青世

《古今姓氏書辯證》：黄帝子青陽氏爲青氏。

郢　郢沽　郢車　郢都　郢官　郢種已

荆　荆福　荆紀　荆京　荆佳　荆廣　荆歆　荆成　荆甲　荆沮　荆衆　荆勝　荆忌　荆説

荆明　荆曼公

《姓氏急就篇》：漢匈奴用事舍人刑未央。

邢　邢武　邢佳　邢詡　邢豊　埅昌　埅思

《廣韻》：本周之胤邢侯，爲衛所滅，後遂爲氏。案，印文或增土，殆與「埅」同。

陘　陘道　陘光

《廣韻》：晉邑也，其大夫氏焉。

亭　亭家

星　星柾　星舜　星友　星有　星赤　星成

《廣韻》：《羊氏家傳》曰，南陽太守羊續娶濟北星重女。

靈　靈定君

《廣韻》：《風俗通》[云]，齊靈公之後，或云宋公子靈圍龜之後。

霝　霝城弟

泠　泠忠　泠平　泠和　泠光　泠達　泠循　泠橋　泠伯　泠竟　泠通　泠路　泠宗　泠廣漢

泠毋害　泠子翹　泠安世　泠比駕　泠吳人

《廣韻》：《左傳》周大夫泠州鳩。《元和姓纂》：泠淪氏之後，訛爲泠氏。

軨　軨臨　軨建　軨林　軨富昌

令　令將　令鍾　令陽　令子玉

溟　溟岐

缾　缾廣

《廣韻》：同瓶。《風俗通》云，漢有太子少傅瓶守。

郱　郱□

洴　洴安世

十六蒸

承　承建　承惰

《古今姓氏書辯證》：《世本》衛大夫成叔承之後。

陵　陵賞　陵畢

延陵　延陵可　延陵循

《元和姓纂》：吴王子季札居延陵，因氏焉。

滕　滕雲　滕彊

乘　乘比駕

《元和姓纂》：《風俗通》楚大夫子乘之後，以王父字爲氏。

徵　徵林　徵序

《姓氏急就篇》：吴有徵崇，王莽欲遣嚴尤、廉丹擊匈奴，皆賜姓徵氏，號二徵將軍。

繒　繒賀　繒爲　繒昌　繒崖　繒子卿

《古今姓氏書辯證》：出自姒姓鄫子之後，以國爲氏，亦作繒氏。

合與　合與閔　合與涂

稱　稱延

《廣韻》：《漢功臣表》有新山侯稱忠。

十七登

增　增寬

弘　弘忠　弘宏

《元和姓纂》：《風俗通》云，衛大夫弘演之後。

騰　騰堅

《姓氏急就篇》：本滕氏，避難改，漢長樂謁者騰是。

滕　塍賀　滕元　滕富　滕遂　滕驤　滕權　滕慶

《廣韻》：滕侯之後，以國爲氏。《姓氏急就篇》：黄帝子十二姓之一。案，印文或作塍，从火，與《塍虎敦》、《塍侯戟》同，即滕之古文。

恆　死𡥉　恆參　恆宫　恆崇

《元和姓纂》：《風俗通》楚大夫恆思公之後，見《世本》。案，璽文作死，與《説文》所載古文同。

十八尤

留　留友　留閎　留顯　留長　留成　留偃　留幸　留放　留閑　留貿　留博　留果　留禁

留安丘

《廣韻》：出會稽，本自衛大夫留封人之後，[後]漢末避地會稽。

今留　今留禹

《廣韻》：漢複姓有金留氏，出《姓苑》。殆與今留同。

秋　秋廣　秋世　秋延　秋成　秋勝　秋路人

《古今姓氏書辯證》：古有魯人秋胡。

長秋　長秋廣

萩　萩敖之

由　由褒　由吾參

《廣韻》：《史記》有由余。

脩　脩仁　脩閎　脩勝之　脩富之　脩侍功　脩次孺

《古今姓氏書辯證》：《英賢傳》曰，出自少昊氏子脩，爲帝嚳玄冥師，掌水官，其後氏焉。

瘳　瘳國　瘳福　瘳章　瘳奉　瘳長公　瘳皮戎

求周　求周勝　求周游

州　州虜　州俊　州朝　州長樂　州徵史　州解事

《元和姓纂》：《風俗通》晉州綽其先食采於州，因氏焉。《姓氏急就篇》：國名，春秋州公國在淳于縣。

雔　雔雲　雔賜　雔遂

柔　柔彊

公丘　公丘讓　公丘晏　公丘□正

《古今姓氏書辯證》：《子思子》有公丘懿子，衛人。

荆丘　荆丘忠　荆丘能始

扱丘　扱丘貴

杞丘　杞丘偏

龍丘　龍丘林

《廣韻》：漢有吳人龍丘萇，隱居不屈。

隆丘　隆丘楚人

桑丘　桑丘護　桑丘定　桑丘登

《古今姓氏書辯證》：漢有桑丘公著書五篇。《元和姓纂》曰，下邳有桑丘氏。

商丘　商丘禁　商丘護

《元和姓纂》：衛大夫食邑商丘，因氏焉。

梁丘　梁丘康　梁丘相如　梁丘渠□

《元和姓纂》：齊大夫食采梁丘，因氏焉。案，印文梁或作「粱」。

憲丘　憲丘留　憲丘宫　憲丘臣　憲丘中意

陶丘　陶丘襄

《元和姓纂》：帝堯子居陶丘，因氏焉。

閭丘　閭丘祭　閭丘賜　閭丘舜　閭丘可　閭丘寬　閭丘賀　閭丘固　閭丘賞　閭丘充　閭丘滿　閭丘義　閭丘章　閭丘姊　閭丘何　閭丘欽　閭丘桃　閭丘延　閭丘猛　閭丘秦客　閭丘少卿

《元和姓纂》：《世本》齊閭丘産生嬰，嬰生歐，歐生莖，莖生施。

吾丘　吾丘常　吾丘郃　吾丘吁　吾丘勒　吾丘偃　吾丘王子

《元和姓纂》：《吕氏春秋》中山有力者吾丘象。《姓氏急就篇》：漢有吾丘壽王，一作「虞丘」。

虞邱　虞邱偃

《元和姓纂》：晉大夫虞邱書，楚莊相虞邱子薦孫叔敖自代。

毌丘　毌丘長

《元和姓纂》：其先食邑毌丘，因氏焉。後漢末將作大匠毌丘興生儉。

魚丘　魚丘生　魚丘中公

於丘　於丘賓

《廣韻》：《祖氏家記》有太中大夫東安於丘淵。

且丘　且丘福

謀丘　謀丘延

騶　騶單　騶延　騶廣　騶郤　騶忘　騶丙　騶定居

《廣韻》：越王之後。

陬　陬諏

聚　聚魚　聚得　聚氣　聚充國

《廣韻》：《字統》云，姓也。《姓氏急就篇》：《詩》「聚子内史」。

郰　郰雩

十九侯

頭侯　頭侯癸　頭侯腹

無婁　無婁昌

毋婁　毋婁更

《廣韻》：何氏《姓苑》云，母婁氏今琅邪人。案，母即「毋」之譌，殆即「無婁」。《姓氏急就篇》：莒大夫无妻修胡，「无妻」殆亦「無妻」。

僂　僂武　僂宇　僂闕

《姓氏急就篇》：《左傳》齊有僂堙。

投　投舉　投遷

《廣韻》：郇伯周畿内侯，桓王伐鄭，投先驅以策，其後氏焉。

緱　緱右夫

《廣韻》：《孝子傳》，陳留緱氏女名玉。

句　句清

《古今姓氏書辯證》：出自少昊氏，叔子曰重，爲勾芒木正，世不失職，以官爲句氏。一云邾文公遷于勾繹，後氏焉。孔子弟子有衛人勾井疆。

二十幽

樛　樛力　樛音　樛親　樛兢　樛福　樛異　樛受　樛單　樛高居　樛長漢

《古今姓氏書辯證》：《戰國策》有樛留。

二十一侵

臨　臨義　臨忘　臨賈　臨齊　臨廣　臨飛　臨昧　臨良　臨霸　臨吉　臨昌　臨去病　臨廣

德　臨闞多　臨長孺

《古今姓氏書辯證》：出自高陽氏才子八人，其一曰大臨，子孫以王父字爲氏。或曰「林氏」譌爲「臨氏」。

淫　淫葙

禽　禽武　禽更　禽丹

《古今姓氏書辯證》：出自齊管夷吾之孫，仕魯別爲禽氏，所謂禽鄭者也。

欽　欽□

紟　紟孝

《說文解字》：紟，籀文作「紟」。

陰　陰據　陰茲　陰宗　陰如　陰憙　陰芒　陰小甲　陰夫人

《廣韻》：「姓」，出武威。《風俗通》云，管修自齊適楚，爲陰大夫，其後氏焉。

二十二覃

覃　覃喜

《姓氏急就篇》：《姓纂》，本譚氏，避難改。

潭　潭鄉

《姓氏急就篇》：《唐書·李晟傳》嵐州刺史潭元澄，後漢武陵蠻潭戎。

南　南顆　南延　南廬　南成　南延　南錯之　南冬可

《廣韻》：［姓］，魯大夫南遺［也］。《姓氏急就篇》：周雅有南仲，《春秋》有南季。

公南　公南張　公南强

《廣韻》：衛大夫公南文子。

二十三談

郯　郯昌　郯光　郯勝之

《廣韻》：國名，其後以國爲姓。春秋時，郯子入魯辯古官，與孔子相遇。

聃　聃政　聃廣　聃子都　聃翁孫

《姓氏急就篇》：周文王聃季，後以國爲氏。《左傳》周有聃啓，鄭有聃伯，鄧有聃孫。

二十四鹽

鹽　鹽毋　鹽疵　鹽達

《廣韻》：《魯國先賢傳》有北海相鹽津。

廉　廉延年　廉望之　廉廣漢

《古今姓氏書辯證》：孔子弟子廉潔，字子庸，衛人。

襘　襘長　襘守

潛　潛釋

《廣韻》：《姓苑》云，臨川人。

二十五添

恬　恬昭　恬憲

兼　兼瘍

《廣韻》：衛公子兼之後。

二十六咸

杉　杉安

二十九凡

凡　凡臧

《廣韻》：周公子凡伯之後。

璽印姓氏徵卷下

上聲

二腫

冗　冗利世

冢　冢良

勇　勇爲　勇安

《古今姓氏書辯證》：出《姓苑》。

鞏　鞏光　鞏德　鞏建　鞏博士　鞏武彊

《廣韻》：《左傳》晉大夫鞏朔。

拲　拲記

四紙

是　是嚴

《廣韻》：《吴志》[云]，是儀本姓氏，孔融嘲之曰「氏字民無上」，乃改爲是焉。

靡　靡得　靡盈　靡當時

委　委樹　委柱

《古今姓氏書辯證》：《周禮》有委人，掌歛甸稍芻薪之賦，以共委積，後以世官爲氏。

倚　倚成　倚廣　倚到

《廣韻》：楚左史倚相。

蟻　蟻逢

蔿　蔿勝　蔿綰

《元和姓纂》：士蔿之後，以王父字爲氏。《古今姓氏書辯證》：出自芊姓，楚公族大夫食邑於蔿，因以爲氏。

移　移柹　移棚　移湛　移雪得

五旨

資比　資比武　資比□

結比　結比慶

朹　朹道　朹長功　朹□閒

馬矢　馬矢喜　馬矢恢　馬矢況　馬矢杜　馬矢得　馬矢莫如

《元和姓纂》：《莊子》有馬矢子。

雉　雉崇

壘　壘永　壘□

《廣韻》：《後趙録》有壘澄，本姓裴氏。

六止

己　己强

《古今姓氏書辯證》：出自黄帝，子得姓者十四人，而青、陽、夷、鼓同爲己姓。

巳　巳匠

太史　大史侵　大史宫　大史定　大史立　大史延　大史杜　大史順　大史赤　大史錯　大史壽王

《廣韻》：吴有東萊太守太史慈。

泰史　泰史林

王史　王史應　王史堪　王史遂　王史齕　王史害　王史同　王史常喜　王史聖士

《古今姓氏書辯證》：《風俗通》曰，周先王太史，其後號王史氏。

侯史　侯史咸　侯史絈　侯史通　侯史宗　侯史射　侯史革生　侯史衆國

《廣韻》：晉有東萊侯史光。

馬史　馬史衩　馬史彊　馬史弘

玄史　玄史虎

有史　有史恁

王使　王使胡傷

槐里　槐里饒　槐里褒

相里　相里居　相里來　相里偏　相里敏　相里光　相里龍　相里右　相里庎　相里益壽　相里長君　相里定國

《廣韻》：漢複姓有相里氏。《姓氏急就篇》：《莊子》，墨者相里勤。

東里　東里葆

《元和姓纂》：鄭大夫子産居東里，因氏焉。

富里　富里長孟

顫里　顫里典

葸　葸安世

始　始昌　始光

《古今姓氏書辯證》：《項羽傳》，秦將軍章邯使軍候始成使羽。注曰：始，姓，名成。

芭　芭當　芭口

士　士應

《廣韻》：《左傳》晉大夫士蔿。

七尾

鬼　鬼骨

八語

語　語翕

圉　圉長卿

《古今姓氏書辯證》：出自《周禮·夏官》。圉師掌養馬者，後世以官爲氏。《左傳》楚大夫圉公陽以邑爲氏。

旅　旅充

《廣韻》：《漢功臣表》有旅卿，封昌平侯。

邵　邵竤　邵步

與　與來卿

汝　汝平　汝由

女　女趌　女驩　女充　女山　女彊　女賞　女喜　女猷　女用　女定處　女不侵　女延年

女季孺

《元和姓纂》：《尚書》有女鳩、女方，晉大夫汝寬、汝齊。《古今姓氏書辯證》：汝與女同，夏少后遺臣有女艾，魯大夫女賈。

處　處信　處興　處齋　處閔　處善　處德　處羊舌　處長子　處君翼　處長筡

《元和姓纂》：《藝文志》趙有辯士處子著書。

距　距粱

所　所興　所直　所立　所侑　所春　所幽　所閎　所威　所中孫

《元和姓纂》：《風俗通》，宋大夫華所事之後。

楚　楚忌　楚閔　楚廣宗　楚廣漢

《元和姓纂》：《風俗通》，芊姓，鬻熊封楚，以國爲姓。

沮　沮奫

莒　莒常　莒壽

《元和姓纂》：伯益之後封莒，爲楚所滅，以國爲姓。

筥　筥壽　筥普　筥黑　筥同　筥任　筥生　筥辛　筥光　筥幸　筥翁叔　筥解非　筥莫如

柜　柜長

九麌

羽　羽廣　羽明　羽慶　羽剛　羽憙

《元和姓纂》：《左傳》鄭大夫公孫揮之後，生羽頡。

禹　禹筍　禹安國

《元和姓纂》：夏禹之後。

栩　栩公　栩左

《古今姓氏書辯證》：《陳留先賢傳》有栩氏。又《漢書·董賢傳》有栩丹。

主父　主父宫　主父會

《元和姓纂》：趙武靈王主父之後，子孫以爲氏。

祝父　祝父盧

靡父　靡父中孺

輔　輔譚　輔勝　輔何　輔忠　輔辰　輔勳　輔武

《廣韻》：《左傳》晉大夫輔躒。又智果以智伯必亡，其宗改爲輔氏。

十姥

莽　莽胥

《姓氏急就篇》：漢馬何羅反，明德后恥與同宗，改爲莽。

土　土霸

堵　堵輔

《廣韻》：《左傳》鄭有堵叔。

古　古己　古龍

《廣韻》：周太王去邠適岐，稱古公，其後氏焉。

五　五同　五敞　五京　五定

伍　伍重　伍宗　伍博　伍翁君

《元和姓纂》：五本伍氏，避仇，去人氏焉。

第五　第五建

《元和姓纂》：出自齊諸田之後，田氏漢初徙奉園陵者，故多以次第爲氏。

苦

苦誰　苦豊

《元和姓纂》：晉郤犨亦號苦成叔子，子孫氏焉。《古今姓氏書辯證》：《莊子》有南方之墨者苦獲。

筶

筶衆

《廣韻》作「筶」，《集韻》作「筶」。

砮

砮疋

户

户徙

東户

東户登　東户政

扈

扈萬　扈憲　扈則　扈偃　扈康　扈福　扈充郎　扈長孫

《元和姓纂》：夏時姒姓國也，漢有扈輒。

怗

怗昭

普

普顔

《廣韻》：後魏十姓，獻帝次兄爲普氏。

補

補忠　補郎　補甲

《元和姓纂》：見《姓苑》。

十一薺

禮　禮讓　禮徹　禮姜　禮給

《廣韻》：《左傳》有衛大夫禮孔。

邸　邸祿　邸兑　邸弱　邸安　邸尊

《廣韻》：《風俗通》云，漢上郡太守邸杜，俗从互。

啓　啓方

《元和姓纂》：夏后啓之後，以王父字爲氏。

十二蟹

公罷　公罷章

十四賄

每　每奴　每當時

隗　隗徹　隗英　隗相　隗留　隗年　隗春　隗鉅　隗長　隗登　隗勝　隗辟兵　隗君賓

《元和姓纂》：春秋時翟國隗姓，子孫因氏焉。

十五海

宰　宰忠　宰罷軍

《元和姓纂》：周大夫周公孔之後，以官爲氏。

太宰　大宰侵　大宰安國

采　采鑾　采勝　采田　采容都

《元和姓纂》：黄帝封其子于右北平采亭，因氏焉。

十六軫

黽　黽欣　黽初宫

十七準

栒　栒傔

二十阮

偃　偃涇　偃君高

《元和姓纂》：少昊孫咎繇生於曲阜，是爲偃姓。

郾　郾筡　郾君　郾臯　郾留　郾昳

匽　匽輔　匽忠　匽翁伯　匽長安　匽之慶

《古今姓氏書辯證》：後漢孝莊母匽氏，諱明。《史記》曰，匽姓皐陶之後。

反　反少卿

苑　苑贏　苑光　苑廣　苑勝　苑博　苑賞之

《古今姓氏書辯證》：《唐人家譜》云，商武丁孫受封於苑，因氏焉。

宛　宛勝　宛敬　宛終　宛咸　宛留偃　宛幼卿

《廣韻》：《左傳》有宛春。

二十一混

袞　袞秋　袞長年

二十四緩

筦　筦梭　筦光　筦剛

《廣韻》：筦與管同，周文王子管叔之後。《姓氏急就篇》：楚有筦蘇，漢有筦路。

滿　滿堂　滿京　滿欣

《廣韻》：《風俗通》荆蠻有瞞氏，音舛變爲滿。魏有滿寵。

二十六産

簡　簡壽

《廣韻》：《左氏傳》魯大夫簡叔。《蜀志·簡雍傳》云，本幽州人，姓耿。後晉訛改爲簡。

二十七銑

典　典□

《元和姓纂》：見《風俗通》。

扁　扁調　扁翁孺

《古今姓氏書辯證》：《莊子》有扁子，爲孫休師。

二十八獮

公衍　公衍敬

姓氏書無此姓，殆魯昭公子公衍之後。

展　展朝　展就　展寬　展仁　展忠　展任　展虞　展光　展未央　展買之

《廣韻》：魯孝公之子子展之後。

淺　淺皇

蹇　蹇順

《廣韻》：秦有蹇叔。《姓氏急就篇》：《説文》，魏文侯大夫蹇重。

善　善安成

　　《廣韻》：《呂氏春秋》曰，善卷，堯師。

雋　雋得　雋壽

　　《廣韻》：漢有雋不疑。

卷　卷安世　卷安定

免　免幼公

　　《廣韻》：《左傳》衛大夫免餘。

二十九篠

蓼　蓼□

　　《元和姓纂》：咎繇之後封蓼，以國爲氏。

三十小

擾　擾□

藐　藐倚　藐鐵　藐置其

蟜　蟜遂　蟜祉　蟜馥　蟜迣　蟜當　蟜告　蟜牙

　　《元和姓纂》：顓頊元孫蟜牛之後，舜祖也。《禮記》有蟜固。

三十一巧

狡　狡҄　狡勝之

三十二晧

晧　晷光

浩　浩賢　浩記

《廣韻》：漢青州刺史浩賞。《古今姓氏書辯證》：出自六國時浩生不害之後。

老　老千秋

《元和姓纂》：《風俗通》顓頊子老童之後。

燥　燥臨

擣　擣越

槁　槁常　槁循

三十三哿

我　我錯

《廣韻》：我子，古賢者，著書。

旹　旹鳳

三十四果

菓　菓輔

瑣　瑣衷

《古今姓氏書辯證》：《唐史・奚傳》開元二十年，奚酋長李詩、瑣高等以部落五千人降，今詳瑣乃高之氏，合增入。（整理者按：見《舊唐書》卷一百九十九下。）

三十五馬

乘馬　乘馬遨　乘馬甲　乘馬元　乘馬尊　乘馬宫　乘馬武　乘馬道人　乘馬安世

《姓氏急就篇》：《史記・絳侯世家》乘馬絺。

巫馬　巫馬萬

《廣韻》：孔子弟子有巫馬期。

東野　東野剛　東野迥　東野聖　東野如意　東野步廣　東野朱姓

《姓氏急就篇》：《莊子》魯有東野稷。

公冶　公冶赤　公冶遺

《古今姓氏書辯證》：出自姬姓。季氏之族子曰季冶，字公冶，爲季氏屬大夫。魯襄公二十九年自楚還，季武子使公冶問公，公賜之冕服，子孫榮之，以字爲氏。

下　下良　下克

三十六養

掌　掌安主　掌安漢

《元和姓纂》：魯大夫黨氏之後，揚雄《與劉歆書》林閭蜀郡掌氏。

爽　爽革　爽壽王

党　党弘

公罔　公罔彊

《廣韻》有公罔之裘揚觶者，孔子弟子。

三十七蕩

廣　廣伯　廣有　廣德　廣仁　廣子卿

《元和姓纂》：《風俗通》云，廣成之後。

傷　傷咸

公傷　公傷安漢

郁傷　郁傷瞻

黨　黨臺　黨彊

《姓氏急就篇》：魯大夫有黨氏、黨奴，周公族黨氏。

朗　朗宜　朖異人

《姓氏急就篇》：出《姓苑》。

三十八梗

金綆　金綆孺

丙　丙勝　丙泄　丙笵　丙賢　丙充國

《廣韻》：《風俗通》云，齊有大夫丙歜。《古今姓氏書辯證》：齊大夫邴歜，其後去邑爲丙氏。

邴　邴博　邴調　邴弘　邴章　邴蓋　邴肥　邴肆　邴循　邴光　邴宗　邴喜　邴慶　邴咸　邴義　邴可　邴饒　邴奮　邴匽

《元和姓纂》：晉邴豫食采于邴，因氏焉。《古今姓氏書辯證》：出自齊大夫食采於邴，以邑爲氏。

荇　荇不意

猛　猛朝家

《廣韻》：《左傳》晉大夫猛獲之後。

三十九耿

鮩　鮩賀　鮩充國

四十静

郢　郢巡　郢敞　郢人

頃　頃憲

井　井親　井係　井林　井耤　井忘

《廣韻》：姜子牙之後也。《左傳》有井伯。

四十二拯

拯　晉仁　晉驩

四十四有

有　有漱　有恭　有成　有饒

《元和姓纂》：《風俗通》，有巢氏之後。孔子弟子有若，魯人。

守　守踦

《廣韻》：出《姓苑》。

四十五厚

厚　厚光　厚翁叔　垕文

《古今姓氏書辯證》：出自姬姓。魯孝公八世孫瘠食采於厚，謂之厚成叔，因氏焉。印文或作「垕」。

母　母治

古文母、毋一字，疑即「毋」。

狗　狗未央

筍　筍兢　筍康　筍燮　筍起　筍勝　筍芒　筍遮多　筍安樂　筍勝之

偶　偶涂人

四十七寑

荏　荏閎　荏況　荏禹

枕　枕蒼

《廣韻》：［姓］，出下邳。

審　審有　審友　審登　審竟　審毋　審康　審喜　審陽　審定　審明　審長　審禮都　審脩成　審逢時

《廣韻》：漢有辟陽侯審食其。《姓氏急就篇》：出周司空屬官主審曲面勢者。

四十八感

黕　黕訢　黕定

四十九敢

敢　敢將

五十琰

險　險欻

陜　陜親　陜誰　陜信

五十一忝

嗛　嗛武　嗛涼

溓　溓纍　溓遂　溓地

五十三豏

減　減充　減安　減交　減彊

《姓氏急就篇》：漢有減宣。

斬　斬城　斬延年

五十五范

軓　軓朝　軓益　軓得　軓譚　軓舍之　軓少孺

去聲

一送

鳳　鳳光

《姓氏急就篇》：《神仙傳》有鳳綱。

饔　饔益耳

仲　仲禁　仲槫　仲常　仲都　仲通　仲罷軍

《廣韻》：「《風俗通》云，凡氏於字，伯、仲、叔、季是也。湯左相有仲虺。」

窒仲　窒仲登　窒仲宣

即「窒中」，注見東韻。

叔仲　叔中賢

《古今姓氏書辯證》：出自姬姓。魯桓公子叔牙爲叔孫氏，牙孫叔彭生別爲叔仲氏，是爲叔仲惠伯。

三用

用　用忠　用利　用閔

《元和姓纂》：《風俗通》，古有用國，見《毛詩》。漢有高唐令用虯。

四絳

絳　絳譚　絳昌　絳閔

《元和姓纂》：絳縣老人之後。《姓氏急就篇》晉都絳，以邑爲氏。

五寘

被　被充　被祿　被毋人

《古今姓氏書辯證》：《吕氏春秋》晉有大夫被瞻。

義　義奴　義緩　義續　義何　義郤　義止　義光　義充　義直禺　義益壽　義子仲

《廣韻》：漢有義縱。

智　智瘣　知竝

《古今姓氏書辯證》：出自荀氏林父之弟荀首，食邑於知，謂之智莊子，以邑爲氏。印文或作「知」，知、智古今字。

六至

遂　遂則　遂安　遂明卿

《元和姓纂》：《左傳》有遂國，齊人殲于遂，因氏焉。

采　采巡　采禁　采建

類　類芒　類畸

蒲類　蒲類子羽

蘱　蘱賞

祕　祕壽　祕女足

《元和姓纂》：《漢功臣表》戴侯祕彭祖。

柲　柲尊

蕢　蕢它　蕢建　蕢王孫　蕢□止

《姓氏急就篇》：《禮記》魯有蕢尚。

餽　餽奉親

衆利　衆利王

治　治卯

冀

冀樂公　冀便世　冀□守

《元和姓纂》：《左傳》冀國，今冀州冀氏。又，晉大夫郤芮食采冀邑，亦爲冀氏。

洎

洎嚴

次

次慶　次固　次竝　次遂　次紆有

《廣韻》：《呂氏春秋》，荆有勇士次非。

肆

肆右賢

《元和姓纂》：《風俗通》，宋大夫肆臣之後。

駟

駟扶　駟渭　駟恁　駟胡　駟忠　駟長翁　駟忠臣

《元和姓纂》：《左傳》鄭穆公子騑字子駟之後，以王父字爲姓。

器

器助　器臨

《廣韻》：出《姓苑》。

地

地世

自

自何齊　自當時

《古今姓氏書辯證》：《姓苑》有此氏。

七志

吏　吏宗

異　異最　異擥　異報　異應　異鴹　異田　異長伯

《元和姓纂》：今温州白水有此姓。

意　意誅　意諸己

《元和姓纂》：出《姓苑》。

八未

貴　貴明　貴縓　貴宰　貴譚

《廣韻》：出自陸終之後。《風俗通》有貴遷，爲廬江太守。

沸　沸況

䈍　䈍多

蘱　蘱竟□

公頟　公頟加　公頟杞

九御

據　據丙

署　署□
《廣韻》：出《姓苑》。

庌　庌律　庌勝　庌步安　庌充國
《姓氏急就篇》：衛公族以非正嫡，號庌氏。

箸　箸胥欸

遽　遽冢　遽武

勮　勮賈

十遇

樹　樹充狐　樹小臣
《廣韻》：《姓苑》云，今江東《姓纂》引作河東。有之。

駙　駙明

鑄　鑄應
《廣韻》：堯後，以國爲氏。

郇　郇卬　郇汨　郇亡□

具　具青

《廣韻》：《左傳》有具丙。

付　付朐

十一暮

露　露棱　露子賓

《元和姓纂》：露伯，夏殷侯國也，子孫以國爲氏焉。

潞　潞堅

《元和姓纂》：《國語》潞泉、潞備，皆赤狄隗姓也。

輅　輅角　輅光

故　故彊　故憙

《姓氏急就篇》：見《姓苑》。

素　素霸

布　布昌

《廣韻》：《陶侃列傳》有江夏布興。

捕　捕臨　捕或　捕盧

步　步忠　步秋　步輔　步陽　步子山

《廣韻》：《左傳》晉有步揚，食采於步，後因氏焉。

騭步　騭步請

十二霽

第　第徵　第橫　第理　第之遂

弟　弟譚

棣　棣交

《廣韻》：王莽司馬棣並。

踶　踶忠臣

遞　遞守

計　計巠

係　係賀　係□

炅　炅忠　炅霸　炅昌　炅信　炅宮　炅寬

《廣韻》：《後漢太尉陳球碑》有城陽炅橫，漢末被誅。有四子，一子守墳墓，姓炅。一子避難居徐州，姓昋。一子居幽州，姓桂。一子居華陽，姓炔。

炔　炔像　炔衆

《姓氏急就篇》：《漢書·儒林傳》泱欽。

泩　泩利

十三祭

敝　敝臣

《廣韻》：《左傳》齊有敝無存。

裔　裔長賓

《元和姓纂》：見《姓苑》。《姓氏急就篇》：《左傳》齊有裔款。

貰　貰利

十四泰

帶　帶錯　帶恭　帶當

《元和姓纂》：六國時有帶他，見《姓苑》。

會　會忠　會桂　會之過　會宜年

《元和姓纂》：鄶仲之後，去邑爲會氏。

儈　儈醫

賴　賴訊

十六怪

《廣韻》：《風俗通》云，漢有交阯太守賴先。

蔽　蔚堯　蔚明

祭　祭它　祭睢　祭朝　祭敬　祭長壽　祭初卿

《廣韻》：周公第五子祭伯，其後以爲氏。

芥　芥勝　芥説

十七夬

噲　噲樂成

《古今姓氏書辯證》：燕王噲之後，《孝子傳》有噲參。

十八隊

内　内宜　内常　内成

十九代

欸　欸茂

耐　耐分　耐段　耐譚

佴　佴長孺　佴毋傷

《元和姓纂》：晉《山公集》有佴湛。

二十廢

薉　薉憙

二十一震

信　信期

《廣韻》：魏信陵君無忌之後。

訊　訊章

閵　閵里　閵褒　閵擧　閵中　閵道　閵廣利

閔　閔湯　閔徙

晉　晉定　晉忘

《廣韻》：本自唐叔虞之後，以晉爲氏。魏有晉鄙。

進　進廣

《廣韻》：出何氏《姓苑》。

二十三問

運　運何　運利　運買

《廣韻》：出《姓苑》。

二十五願

絭　絭張弁

曼　曼猛　曼善　曼□□

《古今姓氏書辯證》：出自子姓商王後，春秋時鄧國，楚、鄭皆有夫人，鄧曼是也。

建　建搏

《廣韻》：楚王子建之後。《漢書・元后傳》有建公。

憲　憲倚　憲伊　憲□楚

《元和姓纂》：周之憲官司寇之屬曰布憲，後因氏焉。

二十六慁

頓　頓昌　頓福　頓褕　頓安昌　頓安居

《元和姓纂》：《風俗通》頓子國，今南頓是也。後爲楚所滅，子孫以國爲氏。

巽　巽墨

二十八翰

案　案負　案奢

亘　亘臨　亘元　亘宏　亘毋辟

榦　榦安　榦都

《廣韻》：幹，人姓。「榦」殆與「幹」同。

二十九换

矔　矔唯　矔成

爨　爨遂　爨世　爨毋事

《姓氏急就篇》：《戰國策》魏爨襄。

逯　逯開

半　半侗

三十諫

宦　宦勳　宦調

繯　繯旺

棧　棧更

三十一襉

辦　辦義　辦安國

三十二霰

靖　靖君遷

縣　縣燕　縣曜　縣勝　縣諸　縣荅

《廣韻》：孔子門人縣(亶)[單]父。

現　現鄴

薦　薦顫

《廣韻》：出《姓苑》。

三十三線

戰　戰禁　戰嬰　戰護　戰豊　戰代　戰欣　戰子文

《元和姓纂》：後漢初戰兢爲諫議大夫。

鄄　鄄成

繺　繺啓　繺德　繺止　繺立　繺博　繺最衆　繺奉德　繺啓□

《廣韻》：何承天曰，姓也。漢有繺祕，爲南郡太守。

孌　孌揚

變　變禹　變湯

《廣韻》：出《姓苑》。

錢　錢到　錢德

便　便郡　便勢

《姓氏急就篇》：《漢書·恩澤侯表》有便樂成。

三十五笑

肖　肖果　肖得　肖狂　肖同　肖雩　肖德　肖利

三十六效

司校　司校起　司校光

淖　淖弘　淖廣

《元和姓纂》：楚將淖齒。

三十七號

悼　悼卯

《古今姓氏書辯證》：出《姓苑》。

到　到吉　到遷

《廣韻》：［姓］，出彭城，本自高陽氏，楚令尹屈到之後。

告　告閔　告國　告郎　告兒　告通

《姓氏急就篇》：《孟子》有告子，《墨子》有告子勝仁。

操　操郭　操乘

《古今姓氏書辯證》：隋大業末有鄱陽賊操天成。

暴　暴罷　暴博　暴守　暴不害

《元和姓纂》：暴公，周卿士，見《毛詩》。應劭《風俗通》云，暴辛，周諸侯也。

奥　奥奮

喿　喿成

佐　佐廣成

四十禡

藉　藉靚

罘夜　罘夜張　罘夜敞

射　射望　射閎　射鄰　射言　射虞　射時　射青　射禹　射充　射大閑　射魯臣　射□高

《廣韻》：《三輔決録》云，漢末大鴻臚射咸本姓謝名服，天子以爲將軍，出征。姓謝名服不祥，改爲射氏名咸。

畢　畢房

《廣韻》：出平原殷湯之後，宋戴公考父食采於畢，後氏焉。

四十一漾

毋量　毋量莠

狀　狀舍人

暘　暘訢　暘曾　暘贛

匠　匠脩孝

《廣韻》：《風俗通》云，凡氏於事者，巫、卜、陶、匠是也。《姓氏急就篇》：本匠人之官。《莊子》有匠石，《左傳》晉匠麗氏，魯匠慶。

將匠　將匠官　將匠常　將匠輔　將匠亮　將匠綸

姓氏書無此姓，殆以將作大匠因官爲氏。《姓氏急就篇》引《廣韻》，漢有蔣匠熙。《姓解》亦云，《姓苑》漢有曲陽令蔣匠熙。「蔣匠」殆「將匠」之譌。

尚　尚截　尚勭

《廣韻》：後漢高士尚子平。

公上　公上夏　公上成　公上登

放　放辟

《廣韻》：衛大夫有公上王。《古今姓氏書辯證》：古有公上不害。

相　相官　相産

《古今姓氏書辯證》：漢武落山四姓，一曰相氏。

訢相　訢相得　訢相光　訢相譚　訢相毋傷

四十二宕

閬　閬通　閬成　閬給　閬詹　閬平　閬護　閬房

伉　伉吴

《古今姓氏書辯證》：《後漢書》注，《風俗通》曰，衛大夫三伉之後。

壙　壙登

四十三映

敬　敬汀　敬規

《元和姓纂》：陳厲公子敬仲之後，以謚爲氏。《姓苑》云，黄帝孫敬康之後。

慶　慶忌　慶賞　慶喜　慶聚　慶通　慶辰　慶明　慶遂　慶輔　慶生　慶充　慶肆　慶弘

慶卿　慶讓　慶安　慶福　慶武　慶奉世　慶安國　慶巨方

《廣韻》：齊大夫慶封。《姓氏急就篇》：《鬻子》，湯七佐，有慶輔。

病　病光　病莫加

四十四諍

諍　諍豐

四十五勁

婧　大利巨婧

四十六徑

定　定齊　定將　定客　定過　定忘　定幕　定譚　定林　定讓　定廣　定冬可　定季君

四十七證

五乘　五乘意　五乘萬

公乘　公乘相　公乘勝　公乘説　公乘渠　公乘買　公乘臨　公乘小孫　公乘相王　公乘更得

《元和姓纂》：古爵也，子孫氏焉。

應　應昌　應戎

勝　勝敞　勝雲　勝位

《姓氏急就篇》：《呂氏春秋》勝書説周公，《戰國策》齊有勝股目。

四十九宥

右　右牧　右漢國

救　救伓　救申　救賜　救宜　救如意　救翁稺　救安主　救自爲

《廣韻》：《風俗通》漢有諫議大夫救仁。

狩　狩定

富　富戎　富青　富樂　富穰　富賢　富參　富納　富美　富宏　富逢善　富信忠

《廣韻》：《左傳》周大夫富辰。

廖　廖仁　廖赤

《廣韻》：周文王子伯廖之後。

就　就咸　就蒲

《廣韻》：《後漢書》菟賴氏改爲就氏。

授　授異衆

《廣韻》：出何氏《姓苑》。

五十候

后　后輔　后胡　后家　后可哉

《姓氏急就篇》：孔子弟子，齊人后處，字子里。

司寇　司寇卯

《元和姓纂》：衛靈公子郢子孫，爲司寇亥之後。《風俗通》蘇忿生爲司寇，其後氏焉。

貿　貿勝　貿秦　貿雲　貿喜　貿充國　貿長孺

五十四闞

闞　闞樂　闞國　闞遂　闞護　闞縣

《元和姓纂》：齊卿闞止之後。

五十五豔

厭　厭笱　厭亥

五十九鑑

監　監胡　監闓　監相　監慎　監循　監勝　監剛　監毋何　監延年　監少卿

《廣韻》：《風俗通》云，衛康叔爲連屬之監，其後氏焉。

六十梵

氾　氾寄　氾建

《姓氏急就篇》：國名。皇甫謐云，本姓凡氏，秦亂，避地於氾水，因改焉。

入聲

一屋

屋　屋猷

《廣韻》：《魏書・官氏志》屋引氏，後改爲屋氏。

龍屋　龍屋武

瀆　瀆弘

穀　穀勝　穀攀勝

《古今姓氏書辯證》：《春秋》穀伯綏之後，子孫以國爲氏。

涑　涑忠

五鹿　五鹿良　五鹿多

《古今姓氏書辯證》：晉文公封舅犯於五鹿，因氏焉。《風俗通》曰，氏於官者三烏、五鹿。

族　族寶

木　木友　木仁　木猒　木歆　木結山　木僊利

《元和姓纂》：端木賜之後，因避仇，改姓木氏。

下木　下木章

沐　沐胡　沐憙　沐相

《元和姓纂》：漢沐寵爲東平太守，狀云端木賜之後，避難，改爲沐氏。

福　福遺

《古今姓氏書辯證》：《新唐書·突厥傳》，武后遣將軍嵎夷公福順富爲總管。

服　服贛

《元和姓纂》：服犧之後。仲尼弟子服不齊。

困陸　困陸奴

鞠　鞠壽　鞠必　鞠昌　鞠敞　鞠商　鞠德　鞠建　鞠回　鞠何　鞠願　鞠延年　鞠宜親

《元和姓纂》：后稷生不窋，而有文在手，曰鞠，支孫氏焉。

粥　粥敞

粥與「鬻」同。《廣韻》：周有鬻熊，爲文王師。

叔　叔寄　叔達　叔博　叔陵　叔得意　叔山海

《廣韻》：魯公子叔弓之後。《元和姓纂》：八凱叔達之後。或云晉大夫叔向之後。

公叔　公叔延

《古今姓氏書辯證》：出自姬姓。衛獻公少子發，國人謂之公叔，因以爲氏。所謂公叔文子也。

大叔　大叔何

《古今姓氏書辯證》：出自姬姓。衛僖侯八世孫儀別爲太叔氏。

中叔　中叔倉

《古今姓氏書辯證》：中叔圉之後。

畜　畜福　畜意　畜客

《古今姓氏書辯證》：出自非子之後，畜牧汧渭之間，馬大蕃息，支孫氏焉。

鄐　鄐臣　鄐成　鄐世　鄐福　鄐長伯

《古今姓氏書辯證》：出自楚大夫雍子奔晉，晉人與之鄐，以爲謀主，因以邑爲氏。

竹　竹成　竹望之　竹完光　竹乘成

《廣韻》：本姜姓，封爲孤竹君，至伯夷、叔齊之後，以竹爲氏。今遼西孤竹城是。

竺　竺叚　竺安　竺勝　竺嘉　竺擢

《廣韻》：後漢擬陽侯竺（曼）〔晏〕本姓竹，報怨有仇，以（謂）〔胄〕始名賢，不改其族，乃加「二」字以存夷、齊。《元和姓纂》：本天竺胡人，後漢入中國，而稱竺氏。

宿　宿縣　宿寧　宿咸　宿敞　宿宣　宿鬪　宿栽　宿相成　宿買之　宿長孺　宿□青

《元和姓纂》：伏羲氏風姓之後。《左傳》云，任、宿、須句、顓臾，風姓也。

目　目又　目末

牧　牧利　牧傷

《元和姓纂》：黄帝臣力牧之後。

二沃

毒　毒君孟

《古今姓氏書辯證》：唐宰相竇懷貞與太平公主謀逆，既敗，投水死，追戮其屍，改爲毒氏。

篤　篤常

督　督章　督光

《元和姓纂》：宋大夫之後，以王父字爲氏。

三燭

燭　燭完

《廣韻》：《左傳》鄭大夫燭之武。

暈　暈革　暈延壽

綦　綦瘳

曲　曲饒　曲杜　曲宜王

《廣韻》：晉穆侯子成師封於曲沃，後氏焉。

續　續平　續充　續志　續猛　續充宗　續常右

《元和姓纂》：晉大夫狐鞫居食采於續，因姓續氏，是爲續簡。一云舜七友續牙之後。

粟　粟定

《元和姓纂》：漢治粟都尉，因官爲氏。

四覺

椓　椓池

濁　濁義

《廣韻》：《漢書·貨殖傳》濁氏以胃脯而連騎。

濯　濯□君

《廣韻》：《風俗通》云，濯輯之後。

犖　犖禹

娕　娕賀

五質

質　質忠　質敞　質山跗

《廣韻》：《漢書·貨殖傳》云，質氏以洒削而鼎食。注曰，理刀劍也。

郅　郅通　郅充　郅多　郅襲

《廣韻》：漢有郅都。《姓氏急就篇》：《潛夫論》姞氏封燕，姞、郅音同。

騭　騭福

馹　馹過　馹利

窒　窒原賀

太室　大室遂

《古今姓氏書辯證》：謹案，太室山在河南陽城縣西南，其先居人因山爲氏。

必　必宰　必充

苾　苾榮

乙　乙忠　乙信䤠

《廣韻》：《前燕録》有護軍乙逸。《姓氏急就篇》：魯展喜亦曰乙喜。《集古録》，後漢魯相乙瑛。

筆　筆閎

六術

述　述堅

《廣韻》：《風俗通》云，魯大夫仲述之後也。

八物

弗　弗福　弗等　弗成　弗譬

《姓氏急就篇》：《史記》禹後有費氏。《索隱》云，《世本》「費」作「弗」。

不　不侵　不廣

《姓氏急就篇》：晉有汲郡人不準。

詘　詘政　詘當　詘强　詘諫

茀　茀定　茀通　茀堪　茀喜　茀得

《元和姓纂》：《左傳》有茀翰胡。

十月

越　越奴

《廣韻》：句踐之後。

闞　闞從　闞買之　闞中悁　闞安處

《元和姓纂》：《風俗通》云，古闞者官爲姓。

十二曷

達　達勝　達子芋　達朱姓

《元和姓纂》：八凱叔《古今姓氏書辯證》引作仲。達之後，以王父字爲氏。

十三末

斡　斡長兄

十四黠

滑　滑咸

《元和姓纂》：滑伯，周同姓國也。爲晉所滅，以國氏焉。

十六屑

節　節段　節同　節喬

《元和姓纂》：《周禮》掌節上士，子孫以官爲氏。

涅　羐涅　涅㑘

《姓氏急就篇》：《通鑑》燕中常侍涅皓。

十七薛

桀　桀疣

舌　舌高

《廣韻》：《左傳》越大夫舌庸。《古今姓氏書辯證》：謹案，春秋越大夫止有后庸，而姓書以后爲舌，誤。世無舌氏。或云恐《周官》舌人之後。

孽　孽解　孽勝時

戚　戚解

十八藥

藥　藥嬰　藥野　藥榮　藥始光

《元和姓纂》：見《姓苑》。河內後漢南陽太守藥崧。

爍　爍郭

略　略賞

弱　弱青

爵　爵望

十九鐸

鐸　鐸廣漢

《廣韻》：《左傳》晉大夫鐸遏寇。

籍莫　籍莫段　籍莫賓　籍莫武　籍莫疕　籍莫偃

洛　洛柔

雒　雒林　雒功

《姓氏急就篇》：《古今人表》舜友雒陶。

槖　槖治倩

作　作農　作瑁　作丕　作瓚　作未央

《元和姓纂》：周公之子胙侯子，因避地改爲作氏。《風俗通》云，後漢涿郡太守作顯。

各　各息

閣　閣音

《元和姓纂》：周之閽人守王宫者，所以止扉。闔扉謂之閣，以爲氏。

搏　搏方

博　博宫　博堅

《廣韻》：古有博勞，善相馬也。

藿　藿高　藿武

東郭　東郭光　東郭魁　東郭春　東郭倫　東郭寬　東郭成　東郭農　東郭强　東郭朝　東郭堇生　東郭梁客

《古今姓氏書辯證》：出自姜姓，齊公族大夫居東郭、南郭、北郭者，皆以地爲氏。齊有東郭書。

南郭　南郭勝　南郭横　南郭扶　南郭音　南郭宣　南郭農　南郭族　南郭瓜　南郭光

《古今姓氏書辯證》：春秋時齊大夫南郭偃會晉而逃歸。

西郭　西郭利　西郭寬　西郭充　西郭應　西郭闌　西郭臨　西郭昭　西郭林　西郭仁　西郭元　西郭定國　西郭信君　西郭病已

《古今姓氏書辯證》：《英賢傳》，齊隱者居西郭焉。漢有謁者西郭嵩。

北郭　北郭宫　北郭建　北郭貞　北郭勝

《古今姓氏書辯證》：出自齊北門之城，謂之北郭。大夫居北郭者，因以爲氏。

二十陌

佰　佰從

帛　帛武

《廣韻》：［姓］，出吴，《神仙傳》有帛和。《姓氏急就篇》：宋帛産之後，産見《韓非子》。

伯　伯遂　伯勝　伯臨　伯嘉　伯嬰　伯有初

《元和姓纂》：《風俗通》云，嬴姓，伯益之後。晉大夫伯宗生州犂，仕楚。

公伯　公伯光

百　百逢　百何　百子孺

《古今姓氏書辯證》：《漢書·酷吏咸宣傳》，盜賊滋起，南陽有梅免、百政。師古曰：梅、百皆姓也。

筰　筰建

《廣韻》：吴有筰融。

赫　赫令　赫戎

格　格敬　格金　格褒　格農

《元和姓纂》：出自允格之後。

觡　觡閭

澤　澤壽王

《廣韻》：出《姓苑》。

二十一麥

讗 讗巨

二十二昔

益 益長 益强

掖 掖憲 掖常

《廣韻》：亦姓。

馬適 馬適昭 馬適壽 馬適平 馬適襃 馬適僑 馬適衡 馬適成 馬適説 馬適衆 馬適恢 馬適高 馬適從 馬適産 馬適守 馬適定 馬適石 馬適福

《廣韻》：《漢功臣表》有馬適育。

赤 赤子夫

《元和姓纂》：《風俗通》，帝佶、帝赤松子之後，見《神仙傳》。《姓氏急就篇》：見《姓苑》。《吕氏春秋》赤冀作臼。《列仙傳》赤斧巴人。

公席 公席明

籍 籍武 籍賓 籍賞 籍當時

《元和姓纂》：晉文侯仇弟陽叔生伯黶，司晉典籍，爲籍氏，元孫籍談代爲晉大夫。

辟　辟常　辟鄉　辟兵

《姓氏急就篇》：《左傳》齊辟司徒主壘辟者，漢有富室辟子方。

二十三錫

析　析野　析□

《廣韻》：《風俗通》云，齊大夫析歸父。

櫟　櫟況

磿　磿犴　磿非子

糴　糴帶　糴褒

《廣韻》：《國語》有晉大夫糴茂。「糴」殆與「糴」同。

蓨　蓨郣

二十四職

直　直寬　直猛

《廣韻》：漢有御史大夫直不疑。

力　力敢　力防　力勝　力昭　力中兄　力倚相

《廣韻》：黄帝佐力牧之後。

食　食欣

《廣韻》：《風俗通》云，漢有博士食子公。

息　息柳

《元和姓纂》：息，嬀姓侯國，爲楚所滅，子孫以國爲氏。

公息　公息更　公息意　公息禹

《廣韻》：《呂氏春秋》有郲大夫公息忘。

殖　殖寬　殖廣

弋　弋顫　弋就　弋顫

《廣韻》：［姓］，出河東，《元和姓纂》作出河南。今蒲州有弋氏，見《姓苑》。《姓氏急就篇》：《詩》孟弋。

翼　翼櫰　翼諸侯

《廣韻》：晉翼侯之後，漢有諫議大夫翼奉。

即　即宮　即延　即成　即賀　即綸　即恁　即服　即子張　即大利　即中卿　即相若　即疾已　即免青　即黑獲

《姓氏急就篇》：《風俗通》單父令即賁。

二十五德

則　則信　則長

勒　勒山　勒尊

《元和姓纂》：南越有此姓。

芀　芀恭

黑　黑宮

默　默望石

北　北侄　北閂

《廣韻》：高麗姓。

國　國利　國尚　國恁　國成　國弓　國安　國剛　國遼　國定　國□家　國遂幸

《廣韻》：《左傳》齊有國氏，代爲上卿。

司國　司國維　司國鸞　司國勝　司國奮　司國漢　司國興　司國扶家

《姓氏急就篇》：漢司國吉，《王莽傳》司國憲。

二十六緝

拾　拾忠信

執　執席

習　習封

《元和姓纂》：《風俗通》，習，國名也。漢習響爲陳相。

濕　濕禹　濕楚　濕嬰　濕望　濕小伯　濕延年

汲　汲慶　汲遷　汲猳　汲得　汲未央

《元和姓纂》：《風俗通》，衛宣公太子伋之後居汲，因爲氏焉。

浥　浥安　浥之解

二十八盍

盇　盇禹　盇彊　盇繳　盇循　盇君孟

蓋　蓋利　蓋勝　蓋世　蓋充　蓋齊　蓋買　蓋未　蓋成　蓋乘　蓋戊　蓋乙　蓋禹　蓋丘

蓋遂　蓋黨　蓋逢時　蓋孺子

《元和姓纂》：漢蓋公，又司隸校尉蓋寬饒。

闔　闔□

二十九葉

棱　棱福　棱孺　棱當　棱治

涉　涉尚　涉脩　涉憲　涉誼德

《元和姓纂》：其先晉大夫涉佗，以邑爲氏。

淩　淩長孫

三十一洽

夾　夾榮

三十三業

鄴　鄴君阿

《廣韻》：漢有梁令鄴風。

三十四乏

法　法建成

《廣韻》：《左傳》齊襄王法章之後。秦滅齊，子孫不敢稱國，故以法爲氏。宣帝時徙三輔，代爲二千石。

附文字不載《廣韻》及不見字書諸姓

鋑　鋑祈

刑　刑君以

以上二字見《玉篇》。

芺　芺閦

《集韻》謂是「疑」之古文。

笎　笎幸

腓　腓狀

轉　轉慶

《廣韻》作「韗」，從革。

烺　烺固

䋠　䋠官

瀆　瀆偏　瀆昌　瀆信　瀆不時

棊　棊繚

公𦬁　公𦬁將

崩　剻琎

《集韻》從朋。印文從多，即「朋」之省變。

郜　郜印

以上諸字見《集韻》。

鞶　鞶最衆

汨　汨中公

以上二字見《字彙》。

㕹　㕹審　㕹望　㕹侈　㕹龐稚　㕹何傷

《正字通》：與「啓」同。

雓　雓壽

《正字通》云，俗「鸛」字。

僞　僞竝

《正字通》云，俗「褱」字。

䜌　䜌和

此與「鞶」殆是一字，疑即車鑾之「鑾」。此及以下諸文均不見字書。

輇

輇易

錍

錍生□

㞚

㞚毋忌

疑即《廣韻》之「层」。

鄯

鄯詘

疑是《廣韻》之「郗」。

佚

佚憲　佚國

佢

佢殷　佢乙

㑦

㑦□

使

使賢

妌

妌丙始

嬇

嬇洗

㚢

㚢壁

詃

詃次

腵

腵蒙

跅　跅左

⿰足卬　⿰足卬猛友

虔　虔富

䜌　䜌比　䜌遷

茍　茍禹　茍安　茍去病

芏　芏偃

⿱艹王　⿱艹王搞　⿱艹王萬

⿱艹木　⿱艹木信

⿱艹左　⿱艹左倫　⿱艹左讓

⿱艹匠　⿱艹匠宜秋

⿱艹⿰月吕　⿱艹⿰月吕朝

菶　菶就

⿱艹卿　⿱艹卿⿰扌希施

古文卿、鄉一字，此疑即「薌」。

柦　柦倫

㯂　㯂經君
柷　柷犢
杛　杛中猜
麋　麋都
枲　枲副
烺　烺昏
闈　闈福

疑即闈

閏　閏絲
閔　閔猜

此字見漢十六年鑒。

𦿋　𦿋意
軫　軫陽
堃　堃便　堃糧　堃閒　堃中綊

疑與「㔹」同。

繎　繎柾
鄃　鄃鮮　鄃嬰　鄃紿
鄄　鄄□　鄄稱　鄄忑　鄄毋方
鄏　鄏葢
郵　郵臣　郵巡　郵業　郵阜　郵康　郵乙　郵匀
邧　邧詔
郎　郎聖
邾　邾□　邾□褭
猶　猶湯
澠　澠守
匽　匽和
姦　姦疾　姦實
擊　擊駕

予既撰《璽印姓氏徵》，以璽印尤關於小學，欲繼是而爲文字徵。顧璽印文字應析爲二，古璽出於秦前，其文字別爲一體，與古文或異。兒子福頤既爲《古璽文字徵存》，予將專就漢印文字說之。約其大凡，厥有二端。一考訂許書，一補許書佚字。今就是編所載姓名諸文，略舉其例。

考訂許書者，如恆字，許書篆文从舟，古文作「亙」，从夕，古璽亦有「亙」字，與許書古文正合。「夕」與「月」同，殷虛文月亦作「月」。又殷文書「王恆」作「王亙」，《稽古齋印譜》有「恆事」印。又見小璽有「恆官」印，其文並作「亙」，或从月，或从月，其實一也。此編中有「恆宮」、「恆參」印，山左吴氏藏「焦恆」印，恆字均从月作「恆」。月形與舟近，知許書篆文从舟，乃从月之譌也。許書桑从叒，印文中桑氏文皆作「桑」，殷虛文字亦作「桑」，象歧枝上出之狀，與印文同。許書从「叒」乃由「叒」而譌也。《說文》無由字，而从由之字二十餘，皆篆作「由」。印文中諸由氏，其文皆作「由」，漢器銘識亦然，知即許書部首之「由」。今作「由」者，乃篆之失。詳見王氏國維《觀堂集林》中《釋由》。此可考訂許書者也。

許書「滕」國字从水，而予家所藏《滕虎敦》則从火。閩江陳氏澄秋館藏滕侯戈、戟各一，皆從火。而此編中滕姓七見，其從水者六，從火者一。又，建德周氏藏「閔滕」印，字亦从火，蓋滕、滕義與騰近。滕从火，象上騰，其从水、从馬，則象奔騰。今則从水者行，而从火者廢矣。許書弦从弓，《漢景君碑》「管弦」字作「弦」，从「糸」。此編中弦氏十一見，皆作「弦」，从糸，與《景君碑》同。古文从糸之字或作「幺」，知「幺」即「糸」，弓糸爲弦，蓋會意字。予意篆文當作「⿰弓幺」，从⿱人幺，古文从幺。許君乃以从幺爲篆文，于是从幺者行，而从⿱人幺者廢矣。《石鼓文》行字篆作「⿴行人」，从人、从行，象人行于四達之衢。今許書但有行而無从人之「⿴行人」。漢印中人名有「庸⿴行人」者，字正作「⿴行人」，與《石鼓》合。知本有「⿴行人」字，許書佚之也。印文中有「⿱䜌車最衆」印，⿱䜌車字从車、䜌聲，其文不見許書。古璽中人名有「⿲糸車糸和」，字又从車、从䜌省，殆即車鑾之本字。今許書有鑾，而⿱䜌車佚矣。古璽多「⿸户支」姓，其文从支户，殆與启、啓同字。「⿸户支」象敲門，「启」象呼門，「啓」則象呼且敲。今許書有启、啓，而⿸户支佚矣。又印文中彌姓作「⿱彌土」，下从土與《漢王君石路碑》同。今則此字但見《玉篇》，而不見許書矣。《正字通》有「⿰舟隹」，云俗「鵃」字。又有「⿰亻鳥」，曰俗「裊」字。今漢姓有「⿰舟隹」有「⿰亻鳥」，又見有「張⿰亻鳥」印，是此二字漢已有之，不得以未見許書而遽詆爲俗。又如許書無「閣」字，而已見於印文。如是之類均可據以補許書佚文者也。

爰舉一隅，他可三反，世有好學深思之士，循是以求之，則文字徵者固不必出于予手也。九月朔松翁又記。

璽印姓氏徵檢姓 複姓以下一字蒞韻

男 福頤 葆 同編

一畫

乙入質下卅一

二畫

聞人上平真上十七　刀下平蕭上廿五　力入職下卅六

三畫

弓上平東上二　工同上上三　胥于上平虞上十三　鮮于同上　干上平寒上廿二　段干同上　丸上平桓上廿二

山上平山上廿三　仲山同上　幺下平蕭上廿六　凡下平凡上四十二　己上止下二　巳同上　士同上下三　女上語下四

土上姥下五　下上馬下十　公上去漾下廿四　弋入職下卅六

四畫

中上平東上一　窒中同上　公同上上二　成公同上　庚公同上上三　毋上平虞上十二　胡毋同上　綦毋同

上上十三　期毋同上　其毋同上　息夫同上上十四　仁上平真上十七　丹上平寒上廿二　牙下平麻上廿八　西方下平陽上卅一　亢下平唐上卅二　卬同上上卅三　資比上旨下二　結比同上　允上腫下一　主父上麌下五　祝父同上　靡父同上　五上姥下五　第五同上　户同上下六　東户同上　反上阮下七　井上静下十二　叔中去送下十四　内去隊下十九　木入屋下廿七　下木同上　不入物下卅一

五畫

功上平東上三　成功同上　冬上平冬上三　皮上平支上六　白台上平之上八　瞻台同上　九台同上　司上平之上八　玄下平先上廿四　央下平陽上卅一　生下平庚上卅三　浩生同上　告生同上　沐生同上　尾生同上　周生同上　王生同上上卅四　令下平青上卅六　弘下平登上卅七　由下平尤上卅八　公丘同上　荆丘同上　扱丘同上　杞丘同上　龍丘同上　隆丘同上　桑丘同上上卅九　商丘同上　梁丘同上　憲丘同上　陶丘同上　閭丘同上　吾丘同上　毌丘同上　魚丘同上　於丘同上　且丘同上　謀丘同上　句下平侯上四十　馬矢上旨下二　太史上止下二　泰史同上　王史同上　侯史同上　馬史同上　玄史同上　有史同上下三　古上姥下五　丙上梗下十一　母上厚下十二　用去用下十四　付去遇下十七　布去暮下十八　旦去翰下廿一　半去換下廿一　右去宥下廿六　氾去梵下廿七　目入屋下廿九　必入質下卅　弗入物下卅一　北入德下卅七

六畫

同上平東上一　戎同上上二　共上平鍾上四　下池上平支上六　夷上平脂上六　伓同上見伾上七　衣上平微上

十　如上平魚上十二　吁上平虞上十三　西上平齊上十六　下西同上　灰上平灰上十六　因上平真上十七　先下平先上廿四　年同上　芀下平蕭上廿五　交下平肴上廿七　公羊下平陽上廿九　光下平唐上卅二　重光同上　行同上　治成下平清上卅四　東成同上　新成同上　倍成同上　枯成同上　苦成同上　車成同上　陽成同上　武成同上見武城上卅五　荆下平青上卅五　州下平尤上卅八　杋上旨下二　汝上語下四　羽上麌下四　伍上姥下五　老上晧下九　有上有下十二　守同上　仲去送下十四　窒仲同上　叔仲同上　次去至下十五　地同上下十六　自同上　吏去志下十六　匠去漾下廿四　將匠同上　伉去宕下廿四　后去候下廿六　竹入屋下廿八　曲入燭下廿九　舌入薛下卅二　各入鐸下卅三　百入陌下卅四　芀入德下卅六　刜附録下卅八　佚同上下四十　叵同上下四十二

七畫

攻上平東上三　夆上平鍾上四　邦上平江上四　伾上平脂上七　輕車上平魚上十　公車同上　巫上平虞上十三　扶同上上十四　郑同上　吾上平模上十五　申吾同上　冬吾同上　夷吾同上　忠臣上平真上十七　身同上　⿰犭斤同上　君上平文上十八　言上平元上十九　但上平寒上廿二　延下平仙上廿五　牛牢下平豪上廿七　公何下平歌上廿七　邪下平麻上廿八　貰邪同上　公沙同上　良下平陽上廿九　公良同上　防同上上卅　坊同上　邡同上上卅一　芒下平唐上卅二　更下平庚上卅三　郱下平青上卅五　投下平侯上四十　杉下平咸上四十二　槐里上止下三　相里同上　東里同上　富里同上　顫里同上　芭同上　每上賄下七　免上獮下九　我上哿下十　公治上馬下十　衆利去至下十五　步去暮下十八　鷺步同上　弟去霽下十八　肖去笑下廿二　告去號下廿三　佐同上　沐入屋下廿

七　作入鐸下卅三　伯入陌下卅四　公伯同上　赤入昔下卅五　汲入緝下卅七　夾入洽下卅八　使附録下四十　芷同上　邧同上下四十一

八畫

東上平東上一　空侗同上　苗同上　枝上平支上五　奇同上　卑同上上六　旹上平之上八　其同上　侍其同上　公其同上　令其同上　非上平微上九　肥同上　依同上　居上平魚上十　於同上上十一　盂上平虞上十三　狐上平模上十四　呼同上上十五　兒上平齊上十六　玫上平灰上十六　𢦏上平咍同哉上十六　昆上平魂上十九　門同上　北門同上上廿　東門同上　西門同上　闕門同上　單門同上　閣門同上　邯上平寒上廿二　官上平桓上廿三　并官同上　上官同上　肩下平先上廿四　卷下平仙上廿五　和下平戈上廿八　杷下平麻上廿八　昌下平陽上卅　得昌同上　羌同上　長同上　中長同上上卅一　枋同上　庚下平庚上卅三　青下平青上卅五　泠同上上卅六　承下平蒸上卅六　求周下平尤上卅八　虞邱同上上卅九　委上紙下一　王使上止下三　始同上　所上語下四　沮同上　弩上姥下六　怙同上　邸上薺下六　采上海下七　宛上阮下八　典上銑下八　卷上獮下九上卷誤重　岢上哿下十　公囹上養下十一　郱上梗下十一　狗上厚下十三　枕上寑下十三　知去真見智下十五　治去至下十五　沸去未下十六　郇去遇下十七　具同上　炅去霽下十八　炔同上　芥去怪下十九　佴去代下廿　到去號下廿三　罙夜去禡下廿三　狀去漾下廿四　尚同上　放同上　定去徑下廿五　服入屋下廿八　叔同上　公叔同上　大叔同上　中叔同上　竺同上下廿九　牧同上　佰入陌下卅四　帛同上　析入錫下卅五　直入職下卅五　法入乏下卅八　英附録下卅

八　洎同上下卅九　庋同上　奇同上下四十　芏同上　茉同上　柷同上下四十一　枉同上　柰同上　郎同上　郄同上

九畫

种上平東上二　封上平鍾上四　重同上　胥上平魚上十　斫胥同上　苴同上　公徐同上上十一　禹上平虞上十二　胸同上上十三　郝同上　曼胡上平模上十四　哉上平咍上十六　垔上平真上十七　郇上平諄上十七　爰上平元上十八　垣同上　公垣同上　陽垣同上　新垣同上　橨垣同上　盆同上上廿一　冠上平桓上廿三　弦上平先上廿四　畋同上　昭下平宵上廿六　要同上　苛下平歌上廿八　昜下平陽上廿九　亢昜同上　香同上上卅　皇下平唐上卅二　宖下平庚上卅三　城下平清上卅五　陽城同上　武城同上　司城同上　亭下平青上卅六　星同上　郱同上　洴同上　恆下平登上卅七　秋下平尤上卅八　長秋同上　柔同上　頣侯下平侯上四十　南下平覃上四十一　公南同上　恬下平添上四十二　勇上腫下一　是上紙下一　柜上語下四　禹上麌下五　苦上姥下六　匽上阮下七　苑同上　扁上銑下八　公衍上獮下八　狡上巧下九　拯上拯下十二　厚上厚下十二　垕同上同厚　軓上范下十四　采去至下十五　柲同上　洎同上　故去暮下十八　計去霽下十八　係同上　耐去代下廿　信去震下廿　建去願下廿一　便去線下廿二　相去漾下廿四　訢相同上　狩去宥下廿六　屋入屋下廿七　龍屋同上　毒入沃下廿九　郅入質下卅　太室同上　苾同上　茀入物下卅一　洛入鐸下卅三　食入職下卅六　即同上　則入德下卅六　拾入緝下卅七　佢附録下四十　妦同上　帤同上　胈同上　茬同上　柤同上　郁同上下四十一

十畫

桐上平東上一　空桐同上　衷同上　司宮同上上二　南宮同上　北宮同上　容上平鍾上四　師上平脂上六　服師同上　右師同上上七　馬師同上　徒師同上　工師同上　江師同上　茨同上　衰上平脂上七　時上平之上八　祠同上上九　茲同上　郤上平魚上十一　株上平虞上十三　珠同上上十四　尃同上　俱同上　徒上平模上十四　司徒同上　治徒同上上十五　申徒同上　登徒同上　涂同上　烏同上　茥上平齊上十六　真上平真上十七　員上平文上十八　原上平元上十八　臧孫上平魂上廿　賈孫同上　古孫同上　新孫同上　辛孫同上　室孫同上　客孫同上上廿一　毋孫同上　表孫同上　王孫同上　公孫同上　仲孫同上　中孫同上　正孫同上　般上平桓上廿三　涓下平先上廿四　虔下平仙上廿五　茭下平肴上廿七　袍下平豪上廿七　桃同上　拏下平麻上廿八　家同上　笆同上　狼下平唐上卅二　桑同上　旁同上上卅三　郠下平青上卅五　型同上郉同上卅五　陘同上　乘下平蒸上卅六　留下平尤上卅七　今留同上　郰同上上四十　兼下平添上四十二　冢上腫下一　挐同上　倚上紙下一　鬼上尾下三　旅上語下三　郘同上下四　栩上麌下五　宰上海下七　太宰同上　栒上準下七　展上獮下八　浩上晧下九　乘馬上馬下十　巫馬同上　荇上梗下十二　郢上靜下十二　荏上寑下十三　陝上琰下十三　被去寘下十四　祕去至下十五　素去暮下十八　捕同上　欬去代下廿　訊去震下廿　晉同上　案去翰下廿一　宦去諫下廿一　司校去效下廿二　射去禡下廿三　病去映下廿五　五乘去證下廿五　公乘同上　涑入屋下廿七　畜同上下廿八　姝入覺下卅　涅入屑下卅二　桀入薛下卅二　威同上　弱入藥下卅二　格入陌下卅四　益入昔下卅四　公席同上下卅五

息入職下卅六　公息同上　浥入緝下卅七　盍入盍下卅七　涉入葉下卅八　筦附録下卅八　公翁同上下卅九　詅同
上下四十　莡同上　猶同上下四十一

十一畫

終上平東上二　庸上平鍾上四　從同上　瘁上平江上五　眭上平支上五　裛上平脂見裛上七　梩上平之上九
祈上平微上九　魚上平魚上十　郚同上　閭虛同上上十一　申屠同上上十二　信屠同上　勝屠同上　區上平虞上
十三　虖上平模上十五　山都同上　犁上平齊同犂上十五　畦同上上十六　淮上平皆上十六　開上平咍上十六　淪
上平諄上十八　菅上平元上十九　乾上平寒上廿二　船下平仙上廿五　條下平蕭上廿五　聊同上上廿六　翏同上
皋下平豪上廿七　姑陶同上　莪下平歌上廿七　麻下平麻下廿八　涼下平陽上卅　將同上上卅一　堂下平唐上卅二
高堂同上　卿下平庚上卅三　莖下平耕上卅四　清下平清上卅四　陵下平蒸上卅六　延陵同上　脩下平尤上卅八
陬同上上四十　無婁下平侯上四十　毋婁同上　淫下平侵上四十一　陰同上上四十一　郯下平談上四十一　聃同上
上四十二　移上紙下一　圉上語下三　處同上下四　莒同上　莽上姥下五　堵同上　笘同上下六　扈同上　啓上
薺下六　偃上阮下七　袞上混下八　淺上獮下八　晧上晧下九　東野上馬下十　爽上養下十一　傷上蕩下十一　公
傷同上　郁傷同上　朗上蕩下十一　猛上梗下十二　頃上靜下十二　笱上厚下十三　偶同上　敢上敢下十三　斬
上豏下十三　異去志下十六　庶去御下十七　第去霽下十八　渒去霽下十八　帶去泰下十九　祭去怪下十九　曼去
願下廿　現去霰下廿二　淖去效下廿三　悼去號下廿三　崋去禡下廿三　婧去勁下廿五　救去宥下廿六　授同上

司寇去候下廿六　五鹿入屋下廿七　族同上　困陸同上下廿八　宿同上下廿九　窒入質下卅　涅入屑下卅二　略入藥下卅二　籍莫入鐸下卅三　東郭同上　南郭同上　西郭同上　北郭同上下卅四　笮入陌下卅四　掖入昔下卅五　勒入德下卅六　國同上下卅七　司國同上　執入緝下卅七　習同上　淁入葉下卅八　烺附録下卅八　剗同上卽刪下卅九　跖同上下四十　跔同上　閏同上下四十一　焜同上　坒同上

十二畫

雄上平東上二　琦上平支上五　訾同上上六　椑同上　其上平之上八　賁上平微上九　幾同上　疏上平魚上十一　菹同上上十二　隅上平虞上十二　無同上　斫須同上上十三　渝同上　絑同上上十四　偒同上　厨同上　壺上平模上十四　犂上平齊同犁上十五　番上平元上十九　渾上平魂上十九　敦同上上廿一　寒上平寒上廿一　湌同上上廿二　菆上平桓上廿三　菅上平刪上廿三　傎下平先上廿四　朝下平宵上廿六　椒同上　古茖下平豪上廿七　陽下平陽上廿九　公陽同上　郁陽同上　芃陽同上　朝陽同上　西陽同上　樂陽同上　櫟陽同上　頻陽同上　江陽同上　柏陽同上　椋同上上卅　場同上　萇同上上卅一　筐同上　强同上　喪下平唐上卅二　中黄同上　閎下平耕上卅四　軨下平青上卅六　鉼同上　勝下平蒸上卅六　聚下平尤上四十　欽下平侵上四十一　覃下平覃上四十一　距上語下四　普上姥下六　補同上下六　郾上阮下七　善上獮下九　菓上果下十　掌上養下十一　堂同上　減上豏下十三　絳去絳下十四　智去寘下十五　貴去未下十六　葩同上　棣去暮下十八　敝去祭下十九　貰同上　閔去震下廿　進同上　絭去願下廿　巽去慁下廿一　湪去换下廿一　棧去諫下廿一　鄄去線下廿二　毋量去漾下廿

四　勝去證下廿五　富去宥下廿六　就同上　貿去候下廿六　粥同上下廿八　綦入燭下廿九　粟同上下卅　椓入覺
下卅　筆入質下卅一　述入術下卅一　詘入物下卅一　越入月下卅一　博入鐸下卅三　殖入職下卅六　黑入德下卅
六　椄入葉下卅七　屆附録下卅九　傓同上下四十　虔同上　莑同上　楰同上下四十一　軫同上　鄆同上　絞同
上下四十二

十三畫

雍上平鍾同廱上四　禕上平支上六　資上平脂上七　絺同上　煇上平微上九　鉏上平魚上十　荼同上上十一
新上平真上十七　沐新同上　源上平元上十八　猿同上上十九　裪下平豪上廿七　瑕下平麻上廿八　粱下平陽上廿
九　椋同上見椋上卅　鄉同上上卅　東鄉同上　傷同上　睘下平清上卅五　溟下平青上卅六　萩下平尤上卅八　僂
下平侯上四十　禽下平侵上四十一　廉下平鹽上四十二　雉上旨下二　葸上止下三　楚上語下四　筥同上　隗上賄
下七　黽上軫下七　筦上緩下八　雋上獮下九　金綆上梗下十一　嗛上忝下十三　溓同上　義去寘下十四　肆同上
下十六　意去志下十六　署去御下十七　輅去暮下十七　裔去祭下十九　會去泰下十九　蔽去怪下十九　頓去慁下
廿一　奥去號下廿三　臬同上　敬去映下廿五　鄐入屋下廿八　督入沃下廿九　滑入黠下卅二　搏入鐸下卅三　貉
入陌下卅四　辟入昔下卅五　葢入盍下卅七　閘同上　絹附録下卅八　葉同上下卅九　蒯同上　郤同上　傿同上
閔同上下四十一　𦘦同上　鄓同上　滍同上下四十二

十四畫

䲨上平東同鴻上三　司䲨同上見司鴻　廱上平鍾同廱上四　逢上平鍾上四　綦上平之上八　箕同上　蒟上平虞上十二　甄上平真上十七　賓同上　賔同上　鄞同上　榬上平元上十八　鞄下平肴上廿七　瘍下平陽上廿九　槍同上上卅一　榮下平庚上卅三　精下平清上卅四　稱下平蒸上卅七　滕下平登同滕上卅七　綅下平侵上四十一　語上語下三　與同上下四　輔上麌下五　暜上姥見普上六　滿上緩下八　槁上晧下十　瑣上果下十　鳳去送下十四　駟去至下十六　箸去御下十七　榦去翰下廿一　綪去霰下廿二　暘去漾下廿四　瘳去宥下廿六　厭去豔下廿六　福入屋下廿八　蔫入沃見篤下廿九　犖入覺下卅　馹入質下卅　斡入末下卅一　雒入鐸下卅三　槖同上　閣同上　赫入陌下卅四　蓨入錫下卅五　膌附録下卅八　鄘同上下四十一

十五畫

窮上平東上二　鄢上平支上五　閭上平魚上十一　卬閭同上　疾閭同上　頡閭同上　瓦閭同上　辟閭同上　諸同上上十二　毋諸同上　蔞上平虞上十四　鄲上平寒上廿二　邯鄲同上　寬上平桓上廿三　編下平先上廿四　緣下平仙上廿五　調下平蕭上廿五　虒下平肴上廿七　鄱下平戈上廿八　輬下平陽上卅　魴同上　箱同上上卅一　徵下平蒸上卅七　增下平登上卅七　滕同上　緱下平侯上四十　樛下平幽上四十　潭下平覃上四十一　潛下平鹽上四十二　鞏上腫下一　公罷上蟹下六　蓼上篠下九　廣上蕩下十一　審上寑下十三　駟去至下十六　勮去御下十七　駙去遇下十七　儈去泰下十九　閬去宕下廿四　慶去映下廿五　諍去諍下廿五　監去鑑下廿七　穀入屋下廿七　暈入

燭下廿九　質入質下卅　節入屑下卅二　觟附録下卅九　軨同上　鍕同上　莔同上下四十　蓈同上　麋同上下四十一

十六畫

鐘龍上平鍾上三　癰同上上四　錡同上　餘上平魚上十　蔬同上上十一　屋盧同上見屋盧上十一　閔上平文上十八　燔上平元上十九　蕃同上　蔄上平山上廿三　燕下平先上廿四　雕下平蕭上廿五　橋下平宵上廿六　過下平戈上廿八　彊下平陽上卅一　合興下平蒸上卅七　瘳下平尤上卅八　蔿上紙下一　鮩上耿下十二　黕上感下十三　險上琰下十三　遂去至下十五　蕢去至下十五　冀同上　器同上下十六　據去御下十七　樹去遇下十七　潞去暮下十七　踶去霽下十八　賴去泰下十九　噲去夬下十九　運去問下廿　閵去震下廿　憲去願下廿一　辨去裥下廿二　縣去霰下廿二　戰去線下廿二　操去號下廿三　暴同上　篤入沃下廿九　濁入覺下卅　達入曷下卅一　澤入陌下卅四　默入德下卅六　鄴入業下卅八　錂附録下卅八　鄰同上下卅九　擊同上下四十二

十七畫

鴻上平東上三　司鴻同上　穜同上上四　戲上平支上五　彌同上上六　麋上平脂上七　輿上平魚上十　橾上平虞上十四　虢上平齊上十五　谿同上上十六　轅上平元上十九　繁同上　檀上平寒上廿二　闌同上　鮮下平仙上廿五　襄下平陽上卅一　霜同上　嬰下平清上卅四　需下平青上卅六　蹇上獮下八　燥上晧下十　擣同上　遞去霽下十八　薉去廢下廿　蔫同上下廿二　餞去線下廿二　壙去宕下廿四　應去證下廿五　鞠入屋下廿八　燭入燭下廿

九　濯入覺下卅　磿入錫下卅五　翼入職下卅六　濕入緝下卅七　轉附録下卅八

十八畫

叢上平東上三　蓬同上　癰上平鍾上四　雝同上見廱　騏上平之上八　雙上平江上五　釐上平之上九　醫同上

繻上平虞見繻上十三　齎上平齊上十五　闐下平先上廿四　鼂下平宵上廿六　繒下平蒸上卅七　臨下平侵上四十一

襜下平鹽上四十二　壘上旨下二　禮上薺下六　簡上産下八　擾上小下九　藐同上　蟜同上　甕去送下十四　藉去廢下廿三　闞去闞下廿六　瀆入屋下廿七　闕入月下卅一　爵入藥下卅二　爍同上　馬適入昔下卅五

十九畫

羆上平支上五　隨同上　離同上上六　正離同上　遲上平脂上七　遺同上　檕上平之上九　廬上平魚上十一

屋廬同上　懷上平皆上十六　藩上平元上十九　譊下平肴上廿七　羹下平庚上卅三　靡上紙下一　蟻同上　類去至下十五　蒲類同上　餽去至下十五　繯去諫下廿一　戀去線下廿二　藥入藥下卅二　櫟入錫下卅五　緜附録下卅九

蠙同上下四十　譬同上　繼同上下四十一

二十畫

鐘上平鍾上三　璽上平支同彌上六　繻上平虞上十三　嬴下平清上卅四　騰下平登上卅七　騶下平尤上四十

黨上蕩下十一　公頦去未下十六　遽去御下十七　鷺入質下卅　藿入鐸下卅三　籍入昔下卅五　耀入錫下卅五　闌附録下四十一

二十一畫

廱上平鍾上四　纍上平脂上七　蘭上平寒上廿二　饒下平宵上廿六　擾上小同擾下九　露去暮下十七　續入燭下卅　櫱入薛下卅二　鐸入鐸下卅二

二十二畫

龔上平東上三　臛下平仙上廿五　驕下平宵上廿六　鑄去遇下十七　孌去線下廿二

二十三畫

欒上平桓上廿三　蠲下平先上廿四　讎下平尤上卅八　蘱去至下十五　矔去換下廿一　變去線下廿二　蘖入薛見櫱下卅二　瀆附録下卅九

二十四畫

蘩上平元上十九　靈下平青上卅六　蘱去未下十六

二十五畫

籧上平魚上十　觀上平元上十九　讙上平桓上廿三　籮下平歌上廿七　鹽下平鹽上四十二　讗入麥下卅五

二十六畫

鑾附録下卅九

二十九畫

爨去换下廿一

璽印姓氏徵補正

乙丑季夏，予據傳世古鉨印所載姓氏，爲《鉨印姓氏徵》。所據譜録凡四十六家，得姓千有九十四，其未見姓氏書者五百四十有六。書成以後，諸家譜録有續見者，輒記録以補前編所未及。至前編有疏誤，如「袍由」、「袍休」皆複姓，誤以爲「袍」。「裪由」亦複姓，誤以爲「裪」。附載之「䜌」，即綫韻之「𢇍」，誤分爲二。並爲之訂正，手民誤字，亦校正於書眉。寒暑三易，續見譜録得二十家。頃避地遼東，爰命兒子福頤別紙編録，又得姓二百九十有六，其新增之姓八十有二，餘則已見前編，而加以印徵者也。合前後兩編總得姓千一百七十有六，古鉨印所載姓氏雖未敢云畢在於是，亦畧備矣。顏之曰《鉨印姓氏徵補正》，與前編並行焉。己巳端午，上虞羅振玉書遼東扶桑町寓居。

徵引譜集目録如下：

内府金薤留珍

顧氏集古印譜明顧汝由

范氏集古印明范大澈

考古正文印譜明張學禮

陳氏古印選明陳昌鉅

趙凡夫印譜明趙宧光橅

印徵朱楓

續古印式黄錫蕃
秋曉庵印譜潘儀增
銅印選郭承勳
蘇氏古印集册
鶴廬集印丁仁
鐵琴銅劍樓印譜瞿鎔
濱虹藏古鉨印黄質
伏廬藏印庚申集陳漢第
得壺山房印寄
貞松堂所見古鉨印集羅振玉
匪石居印存羅振常
楓園集古印譜日本太田孝太郎
待時軒印攈羅福頤

都二十種

璽印姓氏徵補正目録

上平聲

十一模　狐　司徒　申徒　吾　烏

十二齊　犂

十六咍　找　合來　萊　郃

十七真　甄　真　身

十九臻　莘

二十文　下軍

二十二元　原　爰　垣　新垣　榬　言　蕃

二十三魂　北門［東門］　西門　臧孫　室孫　公孫

二十五寒　寒　甘單　邯郸［但］［闌］

二十六桓　莞　觀　官　工官　上官　欒　般

二十七删　環

下平聲

一先　（畋）研　燕

二仙　遷　偏　虔

三蕭　刀　聊　萋

二十二覃　南　堪

二十三談　冊

上聲

二腫　軵　鞏

四紙　委　倚　羊

五旨　杋　馬矢

六止　苣　俟史　耳　里　東里

八語　汝　女　虜　所　楚　沮

九麌　羽　輔

十姥　古　堵　蠱　五　笘

十一薺　禮　體　邸　啓

十二蟹　捭

十五宰　宰　大宰

二十阮　菀　宛

二十六產　簡

去聲

六至　摯　遂　類　藾　柲　駟

七志　洓　忌

八未　渭　尉　翡　公額　槩

九御　署　勴

十遇　鑄　郇　諭

十一暮　捕　步

十二霽　係

十四泰　會

十六怪　芥

二十一震　信　闇

二十五願　(援)[楥]

二十六慁　頓

二十九換　貫　爨

三十諫　宦

三十三線　戰　戀

入聲

十月　闕

十二曷　檗

十三末　（斡）犮

十九鐸　各　鄂　薄　藿　［東郭　南郭］

二十陌　劇　客

二十二昔　昔　適　馬適　奭　籍

二十三錫　櫟

二十四職　力　翼

二十五德　司國

二十八盍　蓋

二十九葉　涉

三十一洽　郟

附文字不載《廣韻》及不見字書諸姓。

鄬　沋　鄟　蘆　滐　睩

璽印姓氏徵補正

上虞　羅振玉

上平聲

一東

空桐　空桐防

中　中烏　中廣　中昌　中生　中不疑　中樂成

戎　戎初　戎之昌

弓　弓寬

宮　宮昌

《廣韻》：《左傳》虞有宮之奇。《古今姓氏書辯證》：宮出自《周官》掌門者，以世官爲氏。

南宮　南宮守

曲宮　曲宮慎私
成公　成公猲　成公玶
紅　紅延
《元和姓纂》：出自劉氏漢楚元子紅侯富之後。

二冬

冬　冬葢　冬願　冬黨

三鍾

鐘　鐘晏
松　松詩
《姓氏尋源》：《姓苑》，望出東莞。
封　封絲　封市奴　封斫胡
雍　雝根　雍賢　雍逢
從　從勝　從淳狐

四江

瘁　瘁弘

五支

縻　縻僅

枝　枝文

隨　㯿忠　隨彭　隨廣□

錡　錡隆

皮　皮獲宗

茈　茈箕

卑　卑肱

郫　郫□

罷　罷順

訾　訾富　訾識

六脂

師　師昂

左師　左師輔

《英賢傳》：宋公子目夷爲左師，其後爲氏。

馬師　馬師龤　馬師襄

絺　絺宗

衰　衰當

纍　纍臣

纍、累古今字。

虁　虁漠

麋　麋虞　麋小青　麋長生

誰　誰光

七之

台　台奴

《廣韻》，出《姓苑》。

時　時潛　時利　時宫

其　其長壽

箕　箕解　箕長壽

八微

非　非順

肥　肥終　肥正　肥安成

九魚

公車　公車尉

閭　閭絮

申屠　申屠循

信屠　信屠翟

十虞

毋　毋忠

綦毋　綦毋郃　綦毋駘　綦毋效　綦毋德

其毋　其毋齒

巫　巫左　巫訢

鮮于　鮮于魴

邾　邾代

十一模

狐　狐舍

司徒　司徒平

申徒　申徒賀

吾　吾忠

烏　烏昫閻

十二齊

犂　犂遂　犂慎　犂青辟

十六咍

我　我賢

合來　合來恢

萊　萊毋忌

《通志·氏族畧》：萊子國，襄六年爲齊滅，子孫以國爲氏。

郶　郶當廷

十七真

真　真合諸

甄　甄魁

身　身湏　身昌

「身湏」前編已收，誤作「身順」，故附正於此。

十九臻

莘　莘翁主

《元和姓纂》：夏后啓子封莘，因氏焉。音轉爲「辛」。

二十文

下軍　下軍央

二十二元

原　原武　原陵友

爰　爰勝　爰罷軍

垣　垣詮

新垣　新垣章

棭　棭置　棭勉君

言　言彭

蕃　蕃綰

二十三魂

北門　北門循

東門　東門尚

西門　西門舍

臧孫　臧孫永

窒孫　窒孫旦

公孫　公孫忠　公孫綸　公孫吾　公孫孃　公孫禹　公孫安成

二十五寒

寒　寒伯

甘單　甘單楊

「甘單」殆「邯鄲」之省。

邯邢　邯鄲得臣

即「邯鄲」。古幣邯鄲作「甘丹」，此增邑耳。

但　但嚴

闌　闌滿

二十六桓

莞　莞丘

觀　觀廣

官　官誤

工官　工官饒

上官　上官林　上官朔　上官駿

欒　欒信

般　般嘉

《路史》：魯有般氏。《姓譜》：魯般之後。

二十七删

環　環武

下平聲

一先

研　研生

燕　燕宏　燕充國　燕長秋

二仙

遷　遷給

《姓氏尋源》：見《姓苑》。

偏　偏豊

《廣韻》：《急就章》有偏呂張。

虔　虔談　虔喜

三蕭

刀　刀光

聊　聊赦　聊遷

葽　葽齰

四宵

鼂　鼂顛

椒　椒嚴

昭　昭奴　昭音

橋　橋賞　橋虽　橋鄭

趫　趫合成

六豪

皋　皐大

七歌

多　多渠

《古今姓氏書辯證》：近世臨川有瘍醫，能攻治傷折者皆多氏，而不知其所自出。唐坻丘郡六姓，一曰多。

八戈

過　過湯

和　和延

十陽

陽　陽欣　陽順

周陽　周陽嬔

《廣韻》：漢有周陽由，淮南王舅周陽侯趙兼之後。

江羊　江羊勲

粱　粱虞人

椋　椋五

東鄉　東鄉㐀

傷　傷光

長　長則　長城　長閒

萇　萇豪　萇佩

十一唐

狼　狼宜

亢　亢過

倉　倉外　倉善

《廣韻》：黄帝史官倉頡之後。

桒　桒郤

喪　喪弘

行　行子真

十二庚

苹　苹安國

生　生寶

十三耕

争　争國

《姓氏尋源》：争即「⿰争阝」。《玉篇》云，争、國名，阻生切。争氏當以國氏。

十四清

嬴　嬴禽

陽成　陽成平　陽成終　陽成秋　陽成與　陽成不諴

信成　信成當時

陽城　陽成瘨

十五青

荆　荆癸　荆倗　荆門　荆鋪中

郱　郱安

星　壘氾

泠　泠政　泠反　泠憙

瓴　瓴合成

十六蒸

陵　陵臨

延陵　延陵尊

賸　賸仲　賸賈

十七登

恆　恆嘉

十八尤

留　留勝　留商

秋　秋萬年

袍由　袍由忠　袍由澤　袍由讓

前編誤以「袍」爲姓，列「袍由誤作古。忠」、「袍由澤」於豪韻，今改正。

裪由　裪由尚

前編誤認「裪」爲姓，列豪韻，今正。袍、裪同韻，疑即「袍由」。

脩　脩並

州　州武　州長遂

柔　柔猛

閭丘　閭丘白

吾丘　吾丘穿

袍休　袍休得　袍休尋

前編誤「袍休」作「袍」，列「袍休得」於豪韻，今正。

十九侯

頣侯　頣侯癸　頣侯駿

頣，《汗簡》釋「夏」，「頣侯」即「夏侯」也。《廣韻》：夏侯氏出自夏禹之後。杞簡公爲楚所滅，其弟佗奔魯，「魯」悼公以佗出自夏后氏，受爵爲侯，謂之「夏侯」，因而命氏。前編未詳，特補著之。

漚　巨漚千万

僂　僂博

二十一侵

陰　陰車

二十二覃

南　南邪

堪　堪琢

《廣韻》：《風俗通》云，八元仲堪之後。

二十三談

聃　聃孟　聃慎

上聲

二腫

軵　軵霸

犖　犖貴　犖歸

四紙

委　委來　委泓

倚　倚道

羊　羊長公

五旨

朹　朹壽　朹過期

馬矢　馬矢欬

六止

莡　莡夫人

侯史　侯史任

耳　耳儋

里　里龍　里君寧

《廣韻》：《左傳》晉大夫里克。

東里　東里忠

八語

汝　汝歙

女　女汭　女挾

虜　虜充宗

所　所安　所章　所豊

楚　楚臣　楚合

沮　沮憲

九麌

羽　羽豊　羽子豪

輔　輔得　輔昌　輔稍　輔嬰隋

十姥

古　古細

堵　堵次君

蠱　蠱餘

《姓氏尋源》：《史記》曲成圉侯蟲達，《漢表》作蠱達，是蠱姓古有之。

五　五茂
筶　筶胡
十一薺
禮　禮它
體　體宗
邸　郢肱
啓　啓陵
十二蟹
捭　捭衆
十五辛
宰　宲意
「宲」殆即「宰」字。
大宰　大宰長孺
二十阮
菀　菀讓

《廣韻》：《左傳》齊大夫菀何忌。

宛　宛絡　宛流　宛護

二十六産

簡　簡侖

二十七銑

辮　辮瑣

二十八獮

淺　淺澤

二十九篠

繚　繚赧　繚毋害

三十小

蟜　蟜客

三十一巧

狡　狡疌　狡胠己

三十五馬

郹　郹詡

三十六養

掌　掌世

《廣韻》：晉有琅邪掌同，前涼有燉煌掌據。《元和姓纂》：魯大夫黨氏之後。揚雄《與劉歆書》云，林閭蜀郡掌氏。

三十八梗

金綆　金綆相如

邴　邴強　邴支　邴嚴

三十九耿

鲕　鲕窮

四十静

鉼　鉼偕

井　井國　井柱　井綰

四十七寑

荏　荏諫

四十八感

晢　晢震

去聲

一送

鳳　鳳延

五寘

智　智寅

僞　僞奴

六至

摯　摯交便

《廣韻》：《左傳》、《周禮》有摯荒。

遂　遂湛　遂由

類　類廣
藾　藾君孺
柲　柲豊　柲不識
駟　駟臣　駟雄

七志

洓　洓腸　洓翁子
《廣韻》無「洓」，有「浹」。《集韻》洓或从吏，是洓、浹一字，故列此。
忌　忌翕　忌建德
《廣韻》：周公忌父之後，出《風俗通》。

八未

渭　渭釦
尉　尉齊
《廣韻》：《左傳》[鄭大夫]尉止。
翡　翡之
公額　公額析

槩　槩常

九御

署　署毋傷

勴　勴聖

十遇

鑄　鑄異　鑄益光　鑄未青

郇　郇康

諭　諭貞　諭輔　諭瑮

《廣韻》：東晉有諭歸撰《西河記》二卷。何承天云，喻音樹，豫章人。又《廣韻》：諭下出「喻」字，云上同。古从口从言多不別，是「諭」、「喻」固一姓矣。

十一暮

捕　捕衡

步　步延年

十二霽

係　係畢

十四泰

會 會志

前編「會」下有「會柱」，誤作「會桂」，附正於此。

十六怪

芥 芥家□

二十一震

信 信平壽

閵 閵非 閵閭

二十五願

楥 楥雲

二十六慁

頓 頓宮

二十九換

貫 貫壽

《廣韻》：漢有趙相貫高。

爨　爨長賓

三十諫

宧　宧遂

三十三線

戰　戰賢　戰民家

䜌　𢿱比　𢿱遷　𢿱欣

案，「𢿱」即「䜌」，移言於下。前編列不載字書諸姓中，兹爲改正。

三十五笑

肖　肖談　肖安國

四十一漾

諒　諒福

《廣韻》：後漢有諒輔。

尚　尚肸　尚湯　尚子卿

相　相昧

四十二宕

碭　碭朧

閬　閬馿

四十三映

慶　慶文　慶循　慶安衆

四十六徑

定　定曼

應　應讓　應頣

四十九宥

救　救忠

富　富軻　富順　富武強

五十(候)[條]

后　后良

五十九鑑

監　監心　監耐　監吉

六十梵

汜　汜玉

入聲

一屋

服　服忠　服收

鞠　鞠苴　鞠章

鞫　鞫買

叔　叔賞

大叔　大叔雄　大叔長子

三燭

暈　暈克定

少曲　少曲右距　少曲小孺

四覺

婡　婡目願

五質

郅　郅加

栗　栗豚

《廣韻》：漢長安富室有栗氏。

八物

弗　弗喜

不　不壽

茀　茀武

十月

闕　闕利

十二曷

檗　檗慶

十三末

茇　茇常

十九鐸

各　各承

鄂　鄂多

《元和姓纂》：晉鄂侯之後，子孫以邑氏焉。漢初功臣安平侯鄂千秋，沛人。

薄　薄少平

《廣韻》：博，古有博勞，善相馬也。簙六、簙基類書本多單作「博」，是「博」、「簙」通，从艸即从竹之變。古从艸从竹，隸書多相混。

藿　藿道

東郭　東郭音　東郭野

南郭　南郭禁　南郭壽

二十陌

劇　劇輔

《廣韻》：《史記》燕有劇(孟)[辛]。

客　客中君

二十二昔

昔　昔禹

《風俗通》：昔，邑名，周大夫封昔，因氏焉。《廣韻》：漢有烏傷令昔登。

適　適禄

《廣韻》：適，往也。又姓。

馬適　馬適遇　馬適詘　馬適宫

奭　奭應

籍　籍鼀

二十三錫

檪　檪便上

二十四職

力　力欽

翼　翼建

二十五德

司國　司國忠

二十八盍

蓋　蓋賜　蓋常　蓋温荼

二十九葉

涉　涉谷

三十一洽

郟　郟闇

《廣韻》：《左傳》鄭大夫郟張。

附文字不載《廣韻》及不見字書諸姓。

鄡　鄡纍

鄡見《集韻》。

攷　攷鳴　攷□徐

郹　郹畸

盧　盧安上

滐　滐邑

睩　睩仁

四朝鈔幣圖録附考

《周官》載師宅不毛者有里布。先鄭司農注：「里布者，布參印書，廣二寸，長二尺，以爲幣，貿易物。」孫詒讓曰：「此説里布爲即布帛之布。」布參印書，葢謂書布之上而加璽印。此殆爲後世楮幣之所自昉。然司農所釋僅據舊聞，其制用之方，不可得而詳焉。楮幣之作，實始於唐之飛錢、宋之交子。民間爲之，則省轉輸之勞；國家行之，則啓無窮之害。前自天水，訖於金元，三百年間，上下交病。北宋晚季，不蓄鈔本而增造無藝，至引一緡直錢十數。馬氏《通考》謂：「嘉定以後，糴本以楮，鹽米以楮，百官之俸以楮，軍士支犒以楮，州縣支吾無一而非楮。」每讀此言，輒爲失笑，然弊害猶未臻其極也。至於金源，紊亂尤甚，初因大鈔滯而行小鈔，已乃加重貫例，至於千百致貫直一錢。南遷後，造「貞祐寶券」，踰年造「貞祐通寶」，則一貫當寶券千貫。嗣作「興定寶泉」，一貫又當通寶四百貫，顧鈔乃愈賤。元光二年，乃限銀一兩不得過「寶泉」三百貫，是「寶券」之行未逾十年，以十有二千萬貫才貿銀一兩，振古以來天下最可駭怪之事寧過於此。政令至是，欲國之苟延，其可得乎？元沿金制，以「中統」、「至元」兩鈔子母相權，害略減于金源。然至于末葉，料鈔十錠亦不能易斗粟。明代以錢爲主，以鈔爲輔。弘正以後，格而不行，故爲害尚淺。我朝行鈔不及二十年，而弊已百出，使非收回迅速，其不成巨患者亦僅矣。夫國家當財匱之時，不得已而爲權宜之計，果嚴其出入，而持之以信，尚可拯一時之急。若朝令夕更，指虚爲實，强出而吝入，以愚天下之民，烏有不敗者哉。予既輯金以來鈔幣及鈔版之傳世者，爲之圖録，並書制鈔以來弊害於卷首。若攷證文字，則别書於圖録之後，兹不更及。宣統甲寅九月既望，上虞羅振玉書。

目如左：

金三合同十貫大鈔銅版

又山東東路十貫大鈔銅版諸城王氏藏

又二貫鈔陰銅版同上

又貞祐五貫寶券銅版太倉徐氏藏　已佚

又興定寶泉二貫銅版吴縣吴氏藏

元至元二貫鈔銅版上虞羅氏藏

又一百文楮鈔俄京亞西亞博物館藏

又三十文楮鈔同上

明一貫楮鈔羅氏藏

大清二千寶鈔同上

又户部一兩官票同上

又三兩官票同上

又五兩官票同上

又十兩官票同上

大清一千五百寶鈔同上

又一千寶鈔同上

又五百寶鈔同上

是書編印既竟，復得末四種，因續附於後，其十兩官票爲鮑氏大泉圖録所未載。不知此八種外，尚有所遺否？異日倘有所得，當賡續印之。振玉附記。

貳貫

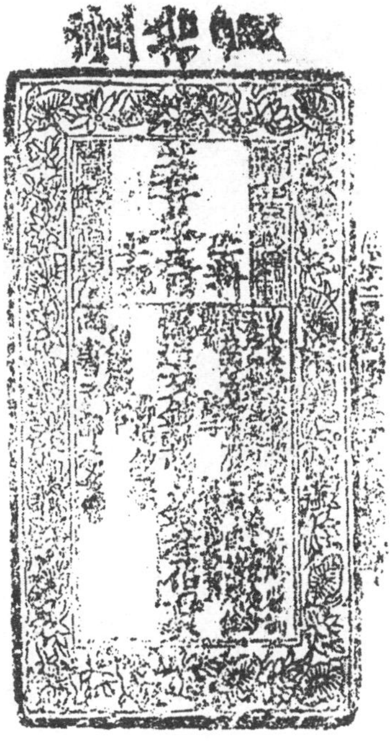

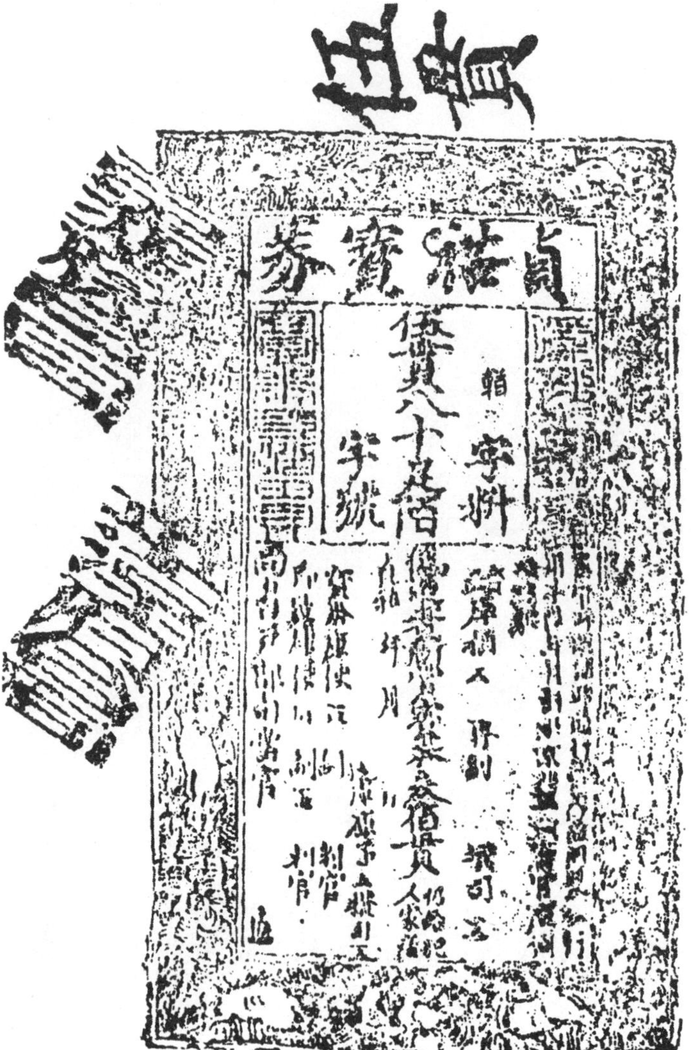
貞祐寶券

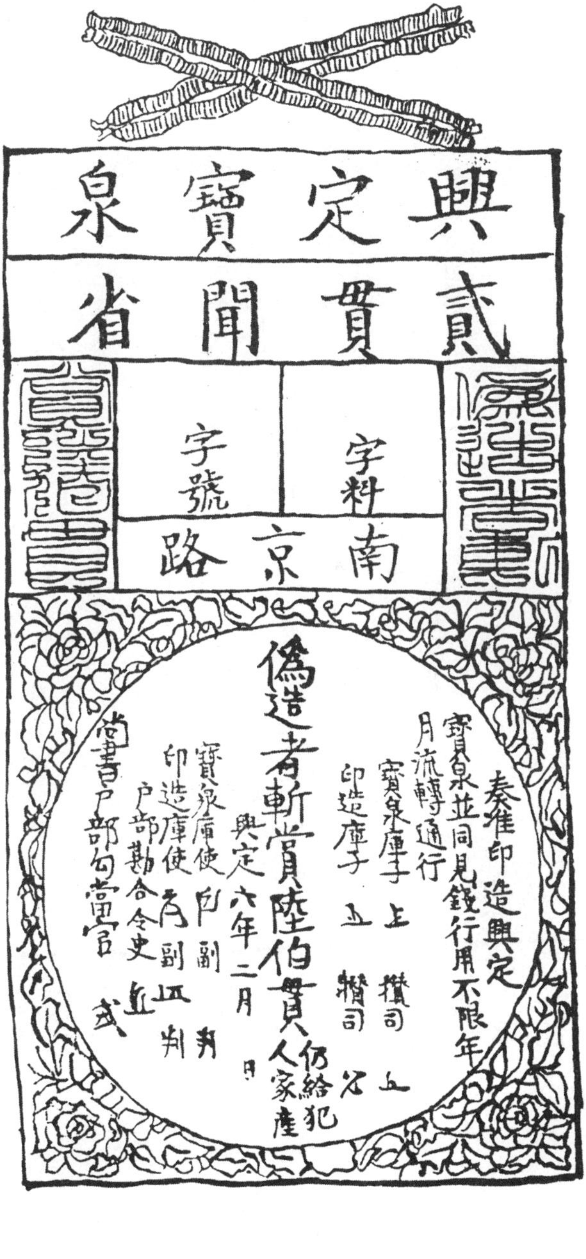
興定寶泉
貳貫聞省
字料
字號
南京路
偽造者斬賞陸伯貫仍給犯人家產
奏准印造興定寶泉並同見錢行用不限年月流轉通行
寶泉庫子
攢司
印造庫子
攢司
興定六年二月
日
寶泉庫使
副
判
印造庫使
副
判
戶部勘合令史
尚書戶部句當官

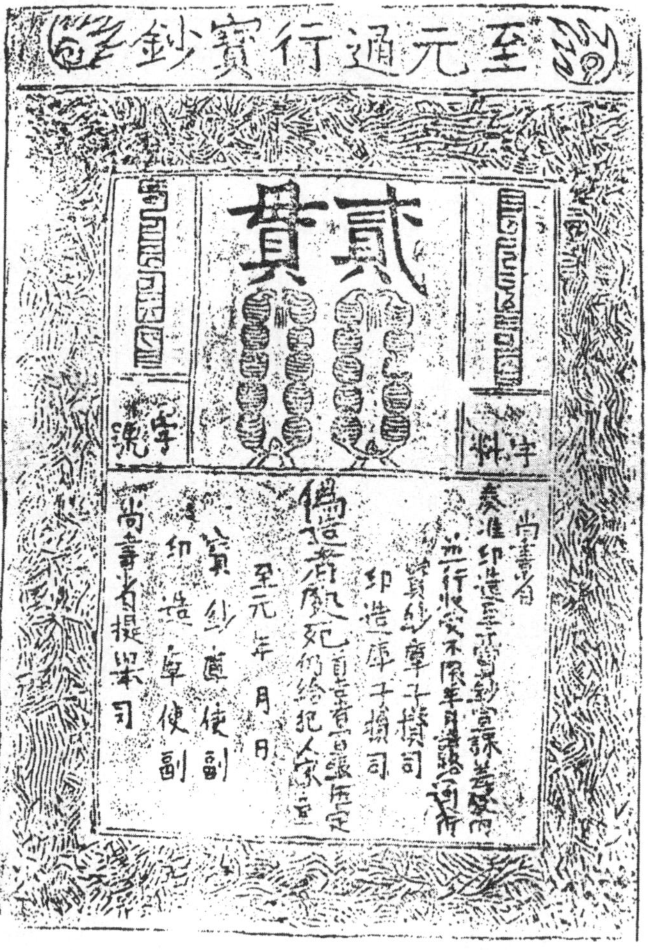
至元通行寶鈔
貳貫
尚書省
至元　年　月　日
寶鈔庫使副
印造庫使副
尚書省提舉司

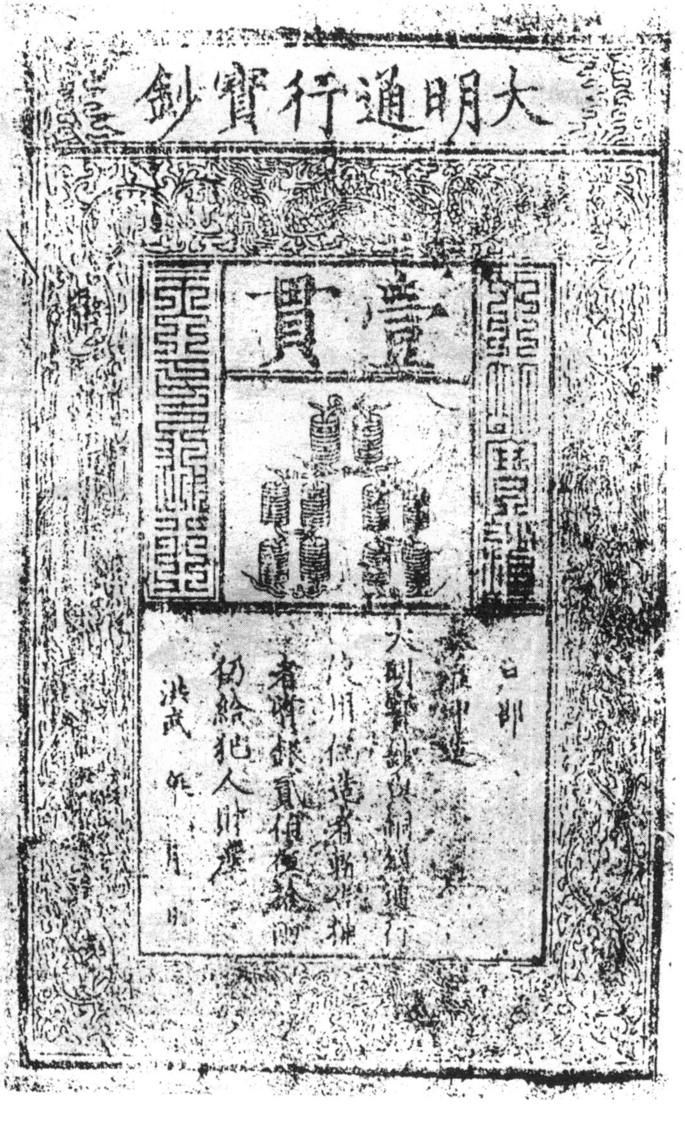
大明通行寶鈔
壹貫
戶部
奏准印造
大明寶鈔與銅錢通行
使用偽造者斬
告捕者賞銀貳伯伍拾兩
仍給犯人財產
洪武 年 月 日

壹貫

大清寶鈔
咸豐柒年製

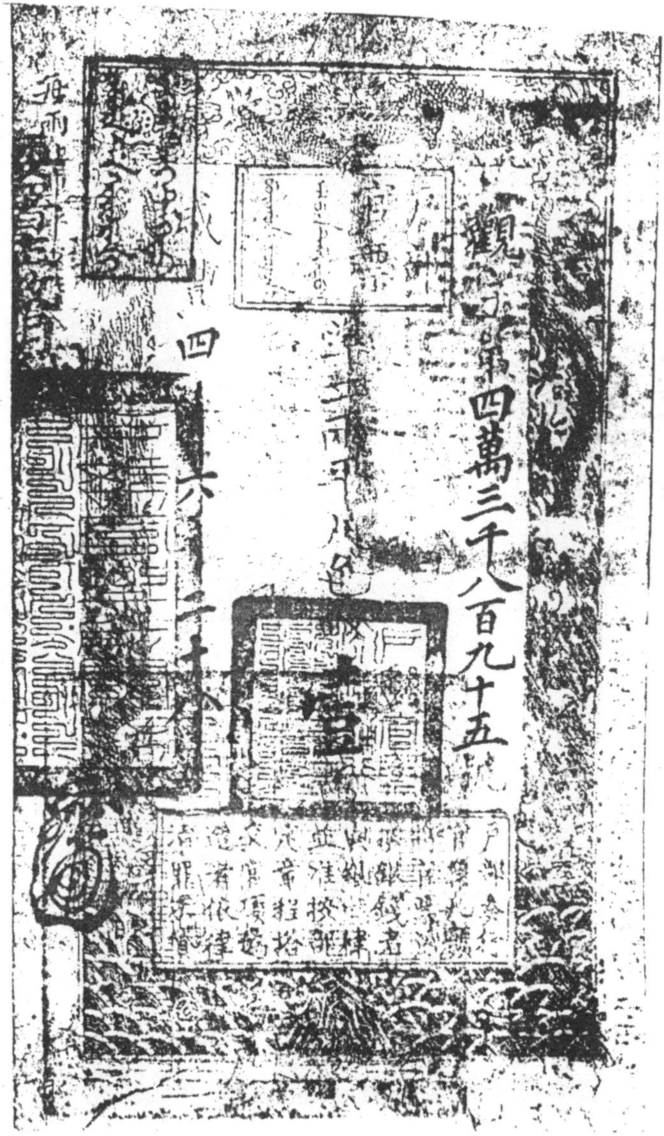
四萬三千八百九十五

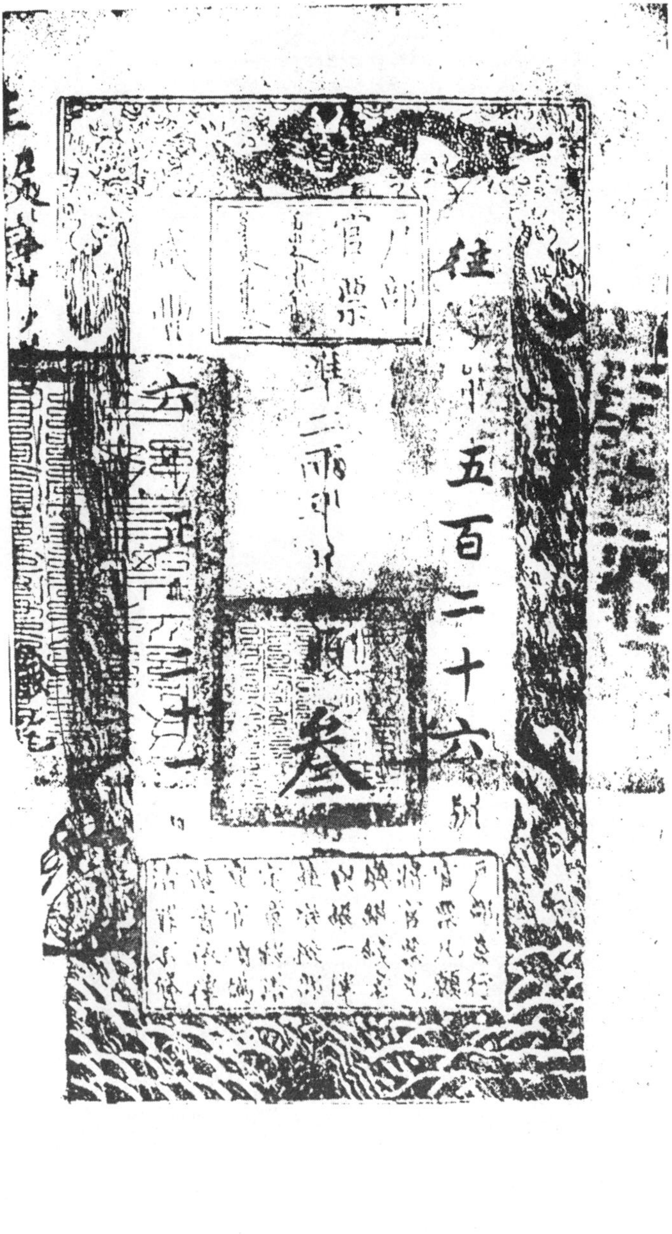
戶部官票
五百二十六
叁

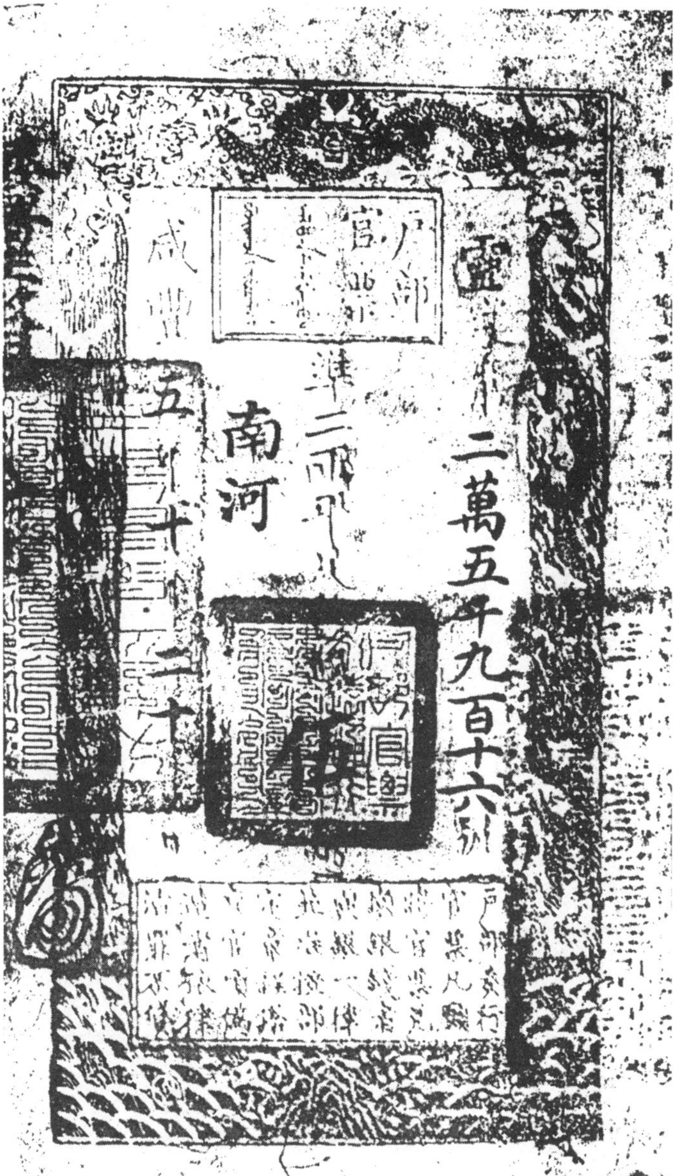
南河
二萬五千九百十六

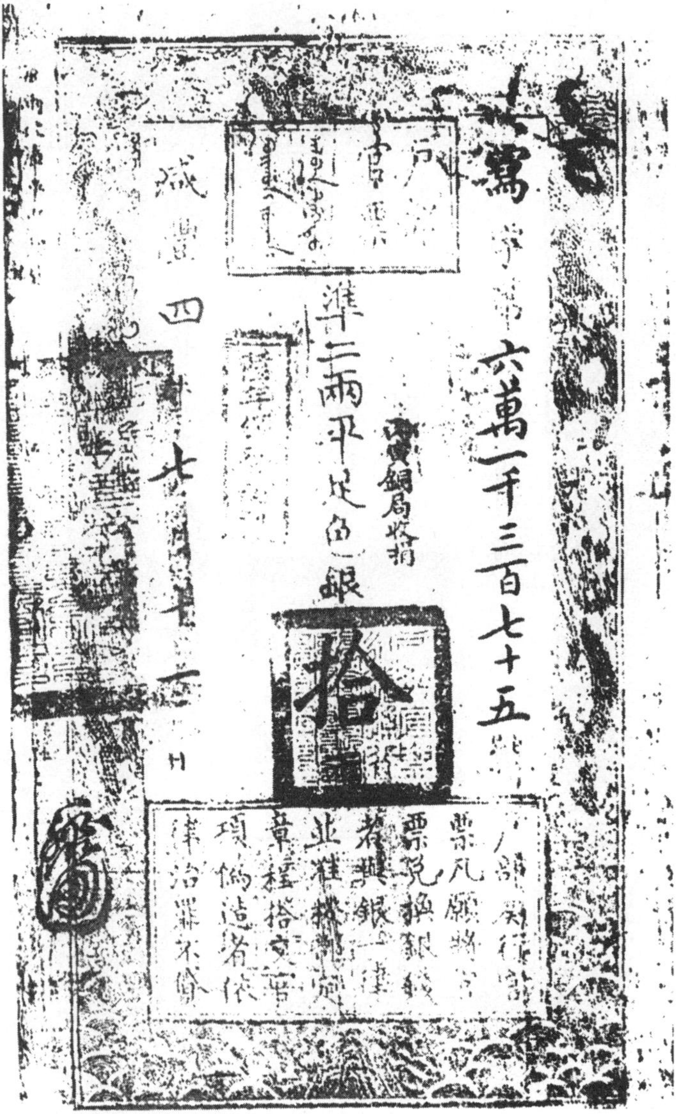

戶部官票
準二兩平足色銀
六萬一千三百七十五
咸豐四年
拾

大清寶鈔
準足制錢
咸豐肆年

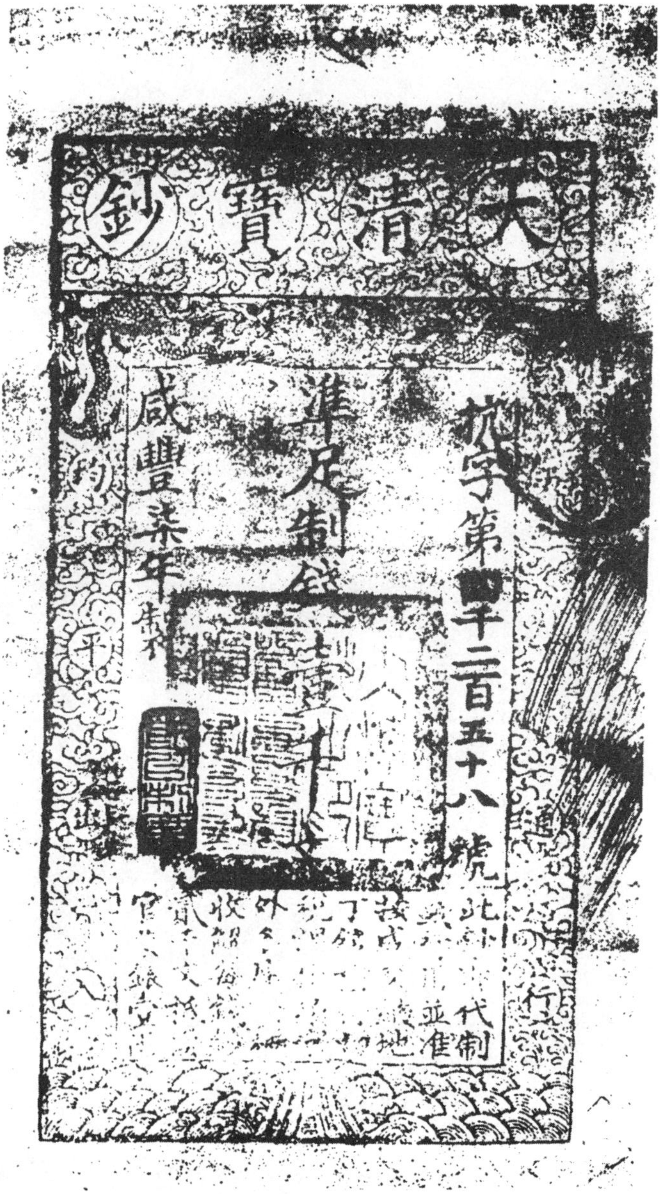
大清寶鈔
準足制錢
咸豐柒年

大清寶鈔

四朝鈔幣圖録考釋

金三合同大鈔銅版

壹拾貫八十下缺。在闌内衡闌上中間。

字號在前行之後。

僞造下缺。此行篆書，在闌内衡闌上左側。其右側尚有字一行，已漫漶。

壹拾貫大字，衡列闌外上端。

中都合同　南京合同　平凉府合同此三合同斜立闌外右側。

右鈔版已損下截之太半，以存字考之，乃三合同交鈔也。《金史·食貨志》三：交鈔始行於海陵庶人，貞元二年，印一貫、二貫、三貫、五貫、十貫五等謂之大鈔，一百、二百、三百、五百、七百五等謂之小鈔。此鈔書壹拾貫，乃大鈔也。《志》又言：先是嘗行三合同交鈔，至泰和二年，止行於民間，而官不收斂，朝廷慮其病民，遂令諸税各帶納一分，雖止係本路者，亦許不限路分通納。户部見徵累年鋪馬錢，亦聽收其半。閏十二月，以交鈔事召户部尚書孫鐸、侍郎張復亨議之。鐸請罷不用。三合同交鈔之名僅一見於此，而不載行用在何時及其制若何。今觀此版，右闌外有「中都」、「南京」、「平涼府」，三合同是此鈔於三處官庫支錢，故有三合同交鈔之名。至其行用之時，蓋在大定二十年以後。《食貨志》謂：大定二十年，用大名男子斡魯補言，以八十爲足陌，遂爲定制。今此版「壹拾貫」下有「八十」二字，下雖殘缺，然可知爲足陌字，此鈔罷於泰和二年，故得知此鈔行於大定二十年之後，泰和二年之前。史文不詳，賴此版始知之也。金源一代鈔幣，可考見者，莫先於此，故首列之。

又山東東路十貫大鈔銅版

僞造交鈔處斬此行篆書。

字料

壹拾貫八十足陌

字號

賞錢三百貫□此行篆書。此五行在闌内衡闌上方。
山東東路□□□□□□　□□□□□
□□□□□□□□□□南京交鈔
庫益都府濟南府□庫□□□□□□
□□　□子　□□□□□

偽造交鈔斬賞錢叁伯貫

印造鈔庫

印造鈔官

尚書户部委□以上八行在闌内衡闌下方。
壹拾貫衡書闌外上端。
每紙工墨錢捌文□□□□□□下此行在闌外左側。

右山東東路十貫大鈔，乃山東東路所行用者。考金源鈔制屢更，式亦各異，故此鈔與三合同鈔及下「貞祐寶券」、「興定寶泉」形式大小及闌内文字多寡各不同。范成大《攬轡録》記金煬王交鈔文曰：南京交鈔所准户部符尚書省批降檢會，昨奏南京置局印造一貫至三貫例交鈔，許人納錢給鈔，河南路官私作見錢流轉，若赴庫支取，即時給付，每貫輸工墨錢一十五文。候七年納換，別給以七十爲陌。僞造者斬，賞錢三百千。後有户部管當令史官交鈔庫使副書押。四圍畫龍鶴有飾。此金最初鈔式，行於河南路者也。《食貨志》載交鈔之制，外爲闌作花紋，其上衡書貫例，左曰「某字料」，右曰「某字號」。料號外，篆書曰「僞造交鈔者斬，告捕者賞錢三百貫」。料號衡闌下曰「中都交鈔庫，准尚書户部符，承都堂劄付，户部覆點勘，令史姓名押字」。又曰：「聖旨印造逐路交鈔，於某處庫納錢換鈔，更許於某處庫納鈔換錢，官私同現錢流轉。」其鈔不限年月行用，如字文故暗，鈔紙擦(摩)[磨]，許於所屬庫司納舊換新。若到庫支錢，或倒換新(錢)[鈔]，每貫尅工墨錢若干文。庫掐、攢司、庫副、副使、使各押字，年月日。印造鈔引庫庫子、庫司、副使各押字，上至尚書户部官亦押字。其搭印支錢處合同，餘用印依常例。案：交鈔衡闌下似不能容上二條百數十字，疑「中都交鈔庫」至「姓名押字」爲一種交鈔之文，「又曰」以下又爲他種交鈔文，志誤合爲一也。此章宗初年更定幣制之式，印造於中都者也。《金史·海陵紀》：貞元二年五月丁卯，始置交鈔庫。雖不言置於何所，時海陵新移都燕，必於中都置之，志所謂中都交鈔庫者是也。《海陵紀》又載：正隆五年八月辛亥，命榷貨務并印造鈔引庫起赴南京，是正隆間南京別置鈔引庫。范至能以乾道間使金，正當金大定之初，故所見鈔文有南京交鈔所云云。至貞祐移都汴京之後，當即於南京交鈔所印造寶券、寶泉。似金世印造交鈔之所，爲中都、南京二處。然此鈔之文雖闌下前四行已漫漶，而首行「山東東路」字尚可辨，且與《范録》、《金志》及貞祐、興定諸鈔所署職官大異，但有印造鈔庫印造鈔官後書尚書户部委□，與他鈔作尚書户部句當官者不同，殆即於山東東路鈔庫印造而户部遣員監視之。《食貨志》載：貞祐三年五月，權安西軍節度使烏林達與奏，交鈔造於京師，徒成煩費。請降版就造。貞祐四年，陝西行省令史惠吉言券法之弊，謂宜更造「貞祐通寶」自百至三千等之爲十，聽各路轉運司印造云云。一若可爲印造，但在京師之證。而志又載：貞祐四年四月，河東行省胥鼎奏有交鈔貴乎流通，今諸路所造不充所出語，二者正相抵牾。今觀此鈔版，可知諸路鈔庫均得印造也。至諸路設官庫易錢之所，其見於《食貨志》者，中都路則於中都及保州，南京路則於南京歸德河南府，山東東路則於益都濟南府，山東西路則於東平大名府，河北東路則於河間府，冀州河北西路則於真定彰德府，河東南路則於平陽，河東北路則於太原汾州，遼東則於上京咸平，西京則於西京撫州，北京則於臨潢府。今此鈔有「南京交鈔庫」、益都府濟南府□庫等字可辨，是記支錢之處與史文正合。而山東東路所行之鈔亦得於南京支錢，則爲史所未詳矣。至此鈔行用之期，殆當大定二十三年之後承安二年之前。《食貨志》載：「承安二年十月，宰臣奏：舊立交鈔法，凡以舊易新者，每貫取工墨錢十五文。至大定二十三年，不拘貫例，每張八文，既無益於官，亦妨鈔法，宜從舊制便。」帝令每貫收十二文。今此版闌外有「每紙工墨錢八文」，正與大定改制合，故得籍知爲在大定承安間也。《食貨志》載交鈔式，號外篆書「僞造交鈔者斬，告捕者賞錢三百貫」。《范録》無「告捕者」三字。初疑《范録》脱誤，今以此版及「貞祐寶券、興定寶泉」證之，正與《范録》合。史家增此三字，於文義則洽，轉不如《范録》之得實。金源入中國後，文治頗可觀，而户部諸臣乃不閑文理至此，不可解也。

又二貫大鈔銅版背文

二貫二字並列。

右二貫大鈔銅版背文，失前面。金、元並有二貫錢，而元鈔無背文，明鈔則無二貫，故知此版爲金物也。

又貞祐五貫寶券銅版

貞祐寶券四字衡列闌内最上一列。

僞造者斬賞此行篆書。

輶字料

伍貫八十足陌。

字號

寶券三伯貫此行篆書。　以上五行，在闌内「貞祐寶券」下一列。

□准印□諸路通行寶券並同見錢行

用不限年月□於京兆平涼府官庫倒

換□□

督造庫掐押　庫副　攢司押

僞造者斬賞寶券叁伯貫仍給犯人家産

貞祐　年　月　日

□造庫庫子押攢司押

寶券庫使押　副　判官

印造庫使押　副押　判官

尚書户部句當官　押以上十行在闌内最下一列。

伍貫衡書闌外上端。

京兆府合同　平涼府合同斜列闌外右側。

右「貞祐寶券」乃宣宗貞祐三年七月移都汴京後所造行用，逾年即改用「貞祐通寶」矣。闌内所署官吏，以《食貨志》所載鈔制校之，間有異同。曰「庫掐」、曰「庫副」、曰「攢司」、曰「□造庫庫子」則所同也。曰「寶券庫使」、曰「副」、曰「判官」、曰「印造庫使」、曰「副」、曰「判官」，《志》則曰「庫司」、曰「副使」、曰「副使、使」，則所異也。考《食貨志》載鈔庫官制云：「設使副判各一員」，與版文正合。未見所謂「庫司」及「副使、使」，恐《志》之譌也。版文内最後一行曰「尚書户部句當官」。《百官志》：貞元四年，户部設勾當官「專提控支納、管勾勘覆、經歷交鈔及香茶鹽引、照磨文帳等事」。而鈔制作「尚書户部官」，脱「勾當」二字，遂不知爲户部何等官，亦賴此版是正之也。衡闌上某「字料」、某「字號」，他版字料字號上皆空字，此版字料上有「輶」字，乃版上有小穴，以活字補入者。版側有「京兆府」、「平涼府」二「合同」即連於版，然予嘗見濟南府合同銅記殆金代交鈔搭印支錢處合同，有連合於鈔版及不連合之二種也。此版嘉道間藏太倉徐子隱家，拓本至罕見，今殆已久佚矣。

又興定寶泉貳貫銅版

興定寶泉衡書，闌内最上一列。

貳貫聞省衡書，闌内第二列。

僞造者斬此行篆書。

字料　南

字號　京

路

賞陸伯貫此行篆書。　以上四行在闌内第三列。

奏准印造興定

寶泉並同見錢行用不限年

月流轉通行

寶泉庫子押　攢司押

印造庫子押　攢司押

僞造者斬賞陸伯貫仍給犯人家産

興定六年二月　日

寶泉庫使押副　判

印造庫使押副押判

户部勘合令史押

尚書户部勾當官　押以上十一行在闌内衡闌下方。

右「興定寶泉」，亦行之踰年即廢者。《宣宗紀》：興定五年閏十二月己酉，更造「興定寶泉」，每一貫當通寶四百貫。《食貨志》同。《志》又言，元光元年二月始詔行之。此版署興定六年二月。考元光之號改於興定六年八月，是版文與史志正合也。所署官吏以校「貞祐寶券」，彼有「庫掐、庫副、攢司」各一人，此則「庫子、攢司」各二人，而無「庫掐」。「庫副使、副判」各二人、彼此相同。惟此則「尚書户部勾當官」前多「户部勘合令史」一人耳。板上年月亦印刷時以活字填補者。至僞造告捕之賞，他鈔皆三百貫與史志合，此則作陸伯貫，可據以補史文之略者也。

元至元貳貫鈔銅版

至元通行寶鈔衡書，花闌外，最上一列。

蒙文　料字

貳貫二字衡列。

蒙文字號　以上在花闌内，衡闌上方。

尚書省

奏准印造至元寶鈔宣課差發内

並行收受不限年月諸路通行

寶鈔庫子攢司

印造庫子攢司

僞造者處死首告者賞銀伍定，仍給犯人家産。

至元　年　月　日

寶鈔庫使副

印造庫使副

尚書省提舉司以下十行在闌内衡闌下。

右至元二貫寶鈔銅版，近年出土。考《元史·食貨志》元初即用鈔，至世祖中統元年十月，始行中統元寶鈔；至元二十四年，遂改至元鈔，自二貫至五文，凡十有一等，與中統鈔通行。又《葉李傳》稱：李以至元二十四年定至元鈔法。陶氏《輟耕録》亦言葉李歸附後，入京獻至元鈔樣。此樣在宋時嘗進呈請以代關子，朝廷不能用，今别改年號而復獻之。世祖嘉納使用鑄版云云。是此鈔之式定於葉李也。然今取以校金之交鈔，則無甚差異，唯闌下宣課差發並行收受一語與金鈔不同。李殆即竊金交鈔式，不售於宋，再獻之元耳。李初以太學生劾賈似道竊取時譽，及北面事元，乃以言利進用，卒薦奸臣桑哥以禍天下。即以鈔式一事論之，欺罔干進，亦可知矣。《食貨志》所述至元鈔制與此所書均合，惟不載鈔式。得此可補史志之略。

又至元壹伯文寶鈔

至元通行寶鈔在花闌外最上一列。

蒙文字料

壹伯文三字衡書。

蒙文字號　以上在花闌内衡闌上方。

尚書省

奏准印造至元寶鈔宣課差發内

並行收受不限年月諸路通行

寶鈔庫子攢司

印造庫子攢司

僞造者處死首告者賞銀伍定仍給犯人家產

至元　年　月　日

寶鈔庫使副

印造庫使副

尚書省提舉司以上十行在花闌内，衡闌下方。

又至元叁拾文寶鈔

式與前同不再録。

右至元壹伯文及叁拾文寶鈔二種，今藏俄京亞西亞博物館，乃得之我國甘肅，東友狩野博士直喜以影照本示子者，照時已縮小，其尺寸初不可知矣。其式與二貫寶鈔同，衡闌上有印文，已不可辨，右側斜捺合同印亦漫漶，當是支錢路名。其制亦與金交鈔無殊也。《食貨志》及《元典章》並載「至元寶鈔」，自二貫至五文凡十有一等，而未備舉其次第，唯《輟耕録》謂至元鈔分十一料：二貫、一貫、伍百文、三百文、二百文、一百文、五十文、三十文、二十文、一十文、五文。葉子奇《草木子》所舉與《陶録》略同，惟無五文一等，與《食貨志》及《元典章》所謂十一等者不合，不如《輟耕録》所記爲得實也。此鈔陰面初不知有無印記文字，東友羽田學士亨昨至俄京歸言，曾見博物館所藏至元貳貫鈔，其陰實無文字印記云。

明洪武壹貫寶鈔

大明通行寶鈔衡書，花闌外上方。

大明寶鈔此行篆書。

壹貫二字衡書。

天下通行此行篆書。　以上在花闌内，衡闌上方。

户部

奏准印造

大明寶鈔與銅錢通行

使用僞造者斬告捕

者賞銀貳佰伍拾兩

仍給犯人財産

洪武　年　月　日以上七行在花闌内衡闌下方

壹貫二字在陰面花闌内，衡闌上方，其下方爲緡錢狀。

右明洪武一貫鈔，盛氏大士《泉史》載之。鮑子年康、胡石查義贊均有之。予此本乃光緒庚子都城之亂，市井無賴毁諸佛寺，得之佛象腹中者。考《明史·食貨志》，洪武七年設寶鈔提舉司，明年始命中書省奏准印造大明寶鈔。其等凡六：曰一貫、曰五百文、四百文、三百文、二百文、[一百文]，每鈔一貫準錢千文。十三年中書省廢，乃以造鈔屬户部，而改寶鈔文中書省爲户部，與舊鈔兼行。又載寶鈔之式曰：以桑穰爲料，其制方高一尺，廣六寸，質青色，並録鈔上之文。今校以此鈔悉合，惟《志》之中書省奏准，此作户部，則此鈔乃十三年以造鈔屬户部後所造也。又告捕者賞銀二百五十兩，志作賞銀二十五兩。明之鈔法仿元制，元鈔首告者賞銀五定，每定爲五十兩，五定正是二百五十兩。《明太祖實録》卷九十八載鈔式，亦作二百五十兩，與此鈔合。《食貨志》誤也。《志》稱鈔之尺寸，今以瞿木夫先生中溶所藏萬曆丙戌銅官尺校之正合。惟鈔背之制，史文未及。又鈔之正面加印二：上曰「大明寶鈔之印」，下曰「寶鈔提舉司印」，背之上方加印造寶鈔局印，可據以補史志之略。《志》又言成祖初即位，户部尚書夏原吉請更鈔板篆文爲「永樂」，帝命仍其舊，自後終明世皆用洪武年號，故此鈔洪武厶年月日諸字上皆空格不填補亦沿至元鈔例也。明鈔雖有六等，然見於世者唯此一種。《食貨志》言鈔法廢於弘正間，《稗史類編》謂「聞洪熙、宣德間猶有百文鈔，今但有貫文者」。然則百文鈔在明中葉後，蓋已亡佚無存矣。

大清咸豐寶鈔

準足制錢貳千文文不録，下同。

咸豐户部官票

準二兩平足色銀壹兩

又

準二兩平足色銀叁兩

又

準二兩平足色銀伍兩

右國朝寶鈔銀票四種。寶鈔用厚白紙爲之，俗呼雙抄紙。花紋字畫悉用藍色刷印。錢數亦刻成者，依千字文編號，某字及某號用墨戳鈐補，某年字則用藍色木戳鈐之，年下加黑色小長印，則鈔局編號時私記也。予所見有二千、一千五百、一千及五百四種官票，用高麗紙爲之，花紋字畫亦藍色，銀數用大字，墨戳亦用千字文編號，某字上用黑色木戳，弟厶號及年月日則用墨筆填寫，下角有黑色押字木戳。頒外省者，騎縫處加鈐户部紫水印。外省解部者，加督撫關防布政司使及各府州縣印。右側騎縫處有驗訖，藍戳上有主政某用姓不用名。朱戳。予所見有一兩、三兩、五兩、十兩四種。謹案，我朝向行銀及錢，道光季年士夫始創行鈔之説。當時倡此議者，爲王亮生瑬、張淵甫履、包慎伯世臣，駁其説者爲許珊林槤。至咸豐初年，長髮賊起，司農仰屋，不得已采用之。以三年九月庚申惠親王等奏請准行，乙丑户部奏定行用章程，請以官票一兩抵制錢二千寶鈔二千抵銀一兩，與現行大錢制錢相輔。凡民間完納地丁錢糧關税鹽課及一切交官解部協撥等欵，准搭用五成。四年三月，户部侍郎王茂蔭奏鈔法窒礙難行，自請嚴議以謝天下，奉旨申飭。五月閩浙總督王懿德首請於福建省城及厦門等處設官錢鋪試用，天津紳民亦具呈請繳銀錢兑換票鈔，乃於天津設立分局兑換，並令各省均設官錢局推廣行用。尋户部議准桂良奏直隸地丁錢糧自四年始案銀七票三搭收，至六年十二月爲止，以後仍案五成搭收，然州縣仍陰收實銀，奉旨飭查參奏。五年二月，軍機大臣會同户部奏請流通寶鈔，自咸豐六年上忙起，凡應搭官票改換寶鈔，令直隸、山東、河南三省先行遵辦，部頒寶鈔令各省藩司編立號簿，蓋用印信再行解部。十年二月，户部官票所官吏交通舞弊，掌關防員外郎景雯等用短號鈔換出長號鈔，又員外郎色卿額自咸豐八年秋至九年春向换鈔商民勒索使費，奉旨查鈔訊辦。十一年，商人以户部官號爲名，暢開私票，諭令罰款清理。然民間卒以内外官吏抑勒，每千錢所值不及什一，而歐美商人乃賤價購之，以五成納海關税，悉照原票價目計算，官吏無以難也。乃亟由户部及各省定價收購撤銷，然國與民已交病矣。

楚州金石録附存目

唐

娑羅樹碑

碑横刻，高一尺三寸，百三十八行，行八字，行書，在府署。

楚州淮陰縣娑羅樹碑并序

海州刺史李邕文並書

刻石東海元省己

觀厥好德存樹，愛人及烏，有情不忘，雖小可作。夫施及者也，則有宗廟加敬，墟墓增悲，覩物可懷，比事斯廣，此觸類者也。矧乃通感靈變玄苻，聖迹根柢浄土，碩茂佛時，燭金山之景彰，聯玉豪之殊相。至若泥日法會，荼毗應身，妙有雙樹之間，光覆僧祇之衆。安可混曜散木，比列清林，議上茅之挺生，喻堅固之神造者也。娑羅樹者，非中夏物土所宜有者已。婆娑十畝，映蔚千人，密幄足以綴飛飆，高蓋足以却流景，惡禽翔而不集，好鳥止而不巢，有以多矣。然深識者雖徘徊仰止，而莫知冥植；博物者雖沈吟稱引，而莫辯嘉名。華葉自奇，榮枯嘗異，隨所方面，頗徵靈應。東瘁則青郊苦而歲不稔，西茂則白藏泰而秋有成，唯南匪他，自北常爾。或季春肇發，或仲夏萌生，早先豐隨，晚暮儉若。且槁莖後吐，芬條前秀，差池旬日，奄忽齊同，無今昔可殊，非物理所測。古老多怪，時俗每驚，巫者占於鬼謀，議者惑於神樹。證聖載有三藏義净還自西域，逮兹中休信宿，因依齋戒，瞻歎演夫本處。徵之舊聞，源其始也。榮灼道成之際，究其末也。摧藏薪盡之餘，或森列四方，或合并二體，常青不□，應現分榮，變白有終，不滅同盡。昔與釋迦蔭首，今爲羣生立緣。夫佛病從人，大慈感故；樹萎因物，深悲理然。化能分身，半枯即是心有，合相後茂；還齊宜其表正。聖神靈貺品彙，以變見一攝而稱讚十方者也。淮陰縣者，江海通津，淮楚巨防，彌越走蜀，會閩驛吴。七發枚乘之丘，三傑楚王之窟。勝引飛轡，商旅接艫。每至同雲冒山，終風振壑，宦子惕息，槁工疚懷。魚貫迤其萬艘，霧集坌於曾渚，莫不膜拜圍繞，焚香護持，復悔多尤，迴祈景福。於是風水相借，物色同和，挂帆啓行，方舳駿邁，浮山崛起而疏巘，慶雲亂飛而比峰。雖電影施鞭，夸父杖策，罔可喻其神速，曷云狀其豁快者哉。州牧宗子名仲康，廣孝惟家，大忠形國。播清政以主郡，儀古式以在人。知微知章，有禮有樂。別駕扶風竇公名誠盈，盛門貴仕，懿德令名。利用以厚生，明略以營道。上交不諂，下交不黷。司馬宗子名景虛，受賢交幹，用柔克退，遂中律，先後自公。且觀麟定之詩，未弘驥子之任。邑宰清河張公名松質，貌自雉節，忽乎博聞，始於能賦而彰，中於成器而立。牧人通急，侚物合權，威懾於神明，慈惠安其父母。豈伊政理，自有才名。莫不净慮一乘，追攀八樹，歎徙植而多感，惟化生而永懷。大啓上緣，率心檀施。碩德道暉、寺主道玄、上座道絢、都維郝曇一等，皆妙覺圓常，釋門上首，痛金棺而既往，駭堅林而在兹。鄉望司徒玄蔄、戴玄景、王玄珪、張仁藝、王懷儼、劉元隱、沈信詳等，夙悟大師，深入真際，勤行進力，護供莊嚴。揚州東大雲寺法師希玄廣派法流，固柢德本，戒行有以鎮浮俗，利言有以誨蒙求。既憑籍於衆心，亦謀明於獨得。是標靈跡，乃建豐碑。其詞曰：

政化之理兮，甘棠猶存；寶乘之妙兮，娑羅是敦。欽厥道成兮，八相克尊；感乎示迹兮，一歸可門。與佛合緣兮，榮落同時；欻爾化生兮，感變誰思。休徵咎徵兮，伺察不欺；流俗莫識兮，緜曠驚疑。上人西還兮，覯止增悲；發皇靈應兮，堅固在兹。方國傳聞兮，想像淒其；迴首正信兮，頂禮護持。優曇千年兮，曷足議之。

開元十一年十月二日建。

李公邕，在唐有詞翰名。其所書娑羅樹碑尤奇，余浮淮問之，無有也。豈遭兵燹耶！吴子承恩偶得舊刻一紙，出以示余。余讀而愛之。夫泰和書法品者等河岳，固虔禮清臣之匹，乃比兹樹於甘棠，中多名言云。吴子从衢善書法，以爲此北海真筆。中脱十餘字。今所傳者多贋本耳。余刻諸石。李書不見海内，即蒲城雲麾碑久斷，劉公遠夫用鐵束完之，而楊用脩以爲有神物護持，安知娑羅之存，顧不有神乎？且徐公子與書來言，二吴高士咄咄，仲舉設榻待之可也。余懷日苦旱，深愧其言，今碑成於二仲之手，亦郡齋奇事也。

明隆慶壬申秋日　沔陽陳文燭簒。

張弨曰：其末云「一歸可門」，可門者「何門」也。考《説文》誰何之「何」本單作「可」，其从人者則爲儋何之何，《易》「何校滅耳」，《詩》「何蓑何笠」，《爾雅》「何鼓謂之牽牛」，是也。後借爲誰何之「何」，更以擔荷爲「儋何」字。字日繁而忘其本矣。此文以「可」爲「何」，可見開元時文字尚存古法。顧處士炎武《金石文字記》

碑石久亡，明隆慶壬申，沔陽陳文燭知淮安府，得舊搨本，重刻於郡齋。陳所得者裝界之本，即用横石刻之，故行款皆失其舊。唐人碑惟國子學九經横刻，取其便於諷誦，此外無横刻也。余本有食遮切之音茶，从余聲，爾疋檟、苦荼即茶茗也。茶乃荼之省文，流俗誤分茶荼爲二。此碑荼毗作「荼」，可見唐人猶識古音也。邕官海州刺史，《新》、《舊》史本傳俱失載。碑云州牧宗子仲康者，高平王道立之孫，由主客郎中出爲楚州刺史，見《宰相世系表》。《金石録》有張松質，與李邕書碑所載邑宰張公松質即其人也。錢少詹大昕《潛研堂金石文跋尾》

李邕書各碑題銜皆有可疑者，《少林寺戒壇銘》開元三年立，是邕左遷括州司馬時，而題括州刺史，已於彼碑辨之矣。《葉有道碑》開元五年立，亦題括州刺史，又於彼碑闕疑識之。《脩孔子廟碑》開元七年立，邕撰文而題守渝州刺史，史不載此官。惟《雲麾將軍李思訓碑》無立碑歲月，題銜及姓名俱泐，然傳世已久，信是邕書，固無庸辨。此碑立於開元十一年十月，以《邕傳》稽之，當是由括州司馬起爲陳州刺史時。以下文帝封太山還，邕見帝汴州事在開元十三年，則十一年當守陳州也，而碑乃云海州刺史。此碑係重刻本，不能信其無誤，假使不誤，則邕之署銜與史不合者多矣。王少寇昶右碑原石久佚，明淮安守洒陽陳文燭得舊本於山陽，吴承恩屬沐陽吴從道摹勒上石，並築寶翰堂以貯之。石在府署，摹拓不易，故傳拓頗少。王述庵先生始録其文入《金石萃編》，誤録字最夥，已詳載之《金石萃編校字記》矣。碑經重刻，頗有譌舛，如文内「究其末也」，「究」字竟誤作「宄」，其字畫之失真可知。陳跋云，文脱十餘字，今諦審再四，惟「□早先豊」及「□遂中律」二句，「早」上「遂」上當有泐字，其他弗可考也。泰和署銜海州刺史，《新》、《舊》史本傳均無此官，惟《太平廣記・貪類》曾載邕刺海州時，私取日本珍貨，沈船殺使一事，可爲邕刺海州之證。述庵先生疑爲碑經重刻之誤，其説誣矣。文内諸人錢辛楣先生考之已詳，惟三藏義浄錢考未及。案：《唐書・藝文志》載，義浄撰有《大唐西域求法高僧傳》，又《萃編》載義浄撰《少林寺戒壇銘》，文體高簡，無初唐孅麗之習，亦緇流中之爾疋有文采者。唐人避太宗諱，書葉字多作莱，此仍从世作葉，殊不可曉。刻石人名例列碑末，此碑「刻石東海元省己」款與李公名並列碑首，此例希見，殆重刻時據裝本上石，失其行次耳。《説文》無「篙」字，新坿有之，《文選・吴都賦》「篙工檝師」，六臣本篙作「槁」，李善本作「篙」，今此碑「槁工疲懷」字正作「槁」，泰和世傳選學，知善本亦必作「槁」，今本作「篙」殆後人所改也。刻碑之陳文燭字玉叔，别字五岳山人，嘗箸《歷代小史》一百五卷，得碑及摹碑之吴承恩字汝忠，吴從道字萬山，《淮安府志》均有傳。

楚州官屬題名幢

石高六尺五寸，八面，每八寸五分，正書，每面六行，行字多寡不等，在山陽縣學。

上闕使□□堂石柱記　　河南房墨卿書

上闕繫大小其闕公待賓既以盡禮，吾曹奉上闕謂□□之道闕其□朩請自　天朝各闕各一人闕有三□

之繁夥二監之闕繫闕郡以簡易化俗以闕○以上第一面。光□□□歲授闕使起自□門闕

使：　起復楚闕

團練判官闕○以上第二面。

使：　朝闕

使：　朝請闕○以上第三面。

營田判官闕

使：　朝議郎、檢授官□□常侍闕

團練判官長孫方逵

營田判官張庾

使：　朝散大夫、使持節楚州諸闕

團練判官闕○以上第四面。

營田判官司馬俊

使：朝散大夫、使持節楚州諸軍事，守楚州刺史、□□州團練使、淮南營田副使、驍騎尉郭行餘。

團練判官韋塤大和三年□月廿一日自□判官□郕。

營田判官崔郕大和四年十□月廿八日□□大□□□□□判官李敬方　巡官郭玄載大和三年　巡官范茂孫大和三年四月□□

使：太中大夫、使持節楚州諸軍事，守楚州刺史，充本州團練使，淮南營田副使、上柱國，襲趙國公、食邑三千户，賜紫金魚袋李德脩。大和五年四月十九日授。

營田判官顧玄之大和六年三月九日自□□□□□□請□□。　巡官盧處約大和五年六□七□自□□□南城縣丞請

□○以上第五面。

使：朝議大夫、使持節楚州諸軍事，守楚州刺史兼御史中丞，充本州團練使、淮南營田副使、上柱國、滎陽縣開國男，食邑三百户，賜紫金魚袋鄭復。大和□□

團練判官袁亞大和七年十一月十一日，自守太子□書奏授試太常寺協律郎充。

營田判官崔鄑大和八年正月七日，自楚州鹽城縣丞奏授試大理評事，充巡官請攝。　巡官皇甫鉟大和九年四月七日，自前鄉貢進士奏授太子正字充。

使：朝散大夫、使持節楚州諸軍事，守楚州刺史兼御史中丞，充本州團練使、淮南營田副使、上柱

國，賜紫金魚袋嚴謩。大和九年七月廿六日授。

團練判官韋中立大和九年十二月廿五日，自前京兆□藍田□□□□監察御史裏行□。

營田判官郭宗元大和九年十二月廿五日，自前大理寺丞奏授校書省祕書郎兼侍御史，充巡官請攝。　　巡官□仲邕

以上第六面。

使：朝議郎、使持節楚州諸軍事，守楚州刺史兼御史□□□本闕户賜紫闕

團練判官張□夫開成二年九月□日，自前河陽□□□試監察御史裏行□三年十一日。

柬闕

營田判官楊柬之開成二年八月廿日，自守太子校書□。

闕□仲和開成□年絳州參□

使：朝請大夫、使持節楚州諸軍事，守楚州刺史闕充本闕金魚袋李師稷開成四年三月□四日。

團練判官崔郱開成四年七月廿九日，自前營田□□奏授監察御史裏行充。巡闕

營田判官王轅開成四年六月廿二日，自□□授太常寺奉禮郎充。○以上第七面。

使：朝議郎、使持節楚州諸軍事，守楚州刺史兼御史中丞，充本州闕金魚袋李拭。會昌□年□月

團練判官權富會昌二年四月廿八日，自監察御史裏行充。

營田判官蕭實會昌二年四月廿八日，自□□授至當年十月廿八日。

使：朝請大夫、使持節楚州諸軍事，守楚州刺闕金魚袋盧弘正會昌三年六月十三日，自吏部郎中拜□□□□四日遷給事中。

團練判官鄭碣會昌三年十月八日，自祕□□字奏授試祕書□。

營田判官韋潘會昌三年九月四日，□□□□其年□月三日奏授○以上第八面。

右石柱尚存八百七十餘字，淮郡石刻莫先於此，而舊志不載，至乾隆時志始列之，然縣志僅載二人，寥寥數語；府志載入職官，較爲詳悉。據今石刻考之，府志所載楚州巡官辛仲邕、辛仲和、蕭俶、鄭途及楚州判官盧、巡官王弘則已全泐矣。計今距修志時不過數十年，而彼時所見已異，若正德修志時，搜及此物，所存必更多，是可惜也。但以石刻證志，志頗多誤，如郭行餘志誤作「愈」，崔郕誤作「郾」，李敬方誤作「芳」，盧弘止誤作「盛知止」，權富誤作「曹」。邑人吴山夫先生玉搢與修兩志，復作《山陽志遺》内載石柱姓名，誤與志同，又脱王弘一人。柱中姓氏見《新唐書》者，《李棲筠傳》内李德脩，乃李吉甫子，李德裕兄，以饍部員外郎與諫議大夫張仲方不合，出歷舒、湖、楚三州刺史。《宰相世系表》蕭俶，宰相倣弟。李師稷，大理卿岐孫。李拭，宰相鄘子。盧處約，岳州刺史士瑛子。鄭復，太尉令迪子。韋潘，河東行軍司馬磻弟。又有盧弘止附《簡辭傳》，郭行餘附《王璠傳》。《志遺》僅考李德脩一人，殆未及檢。《通鑑·唐紀》載郭行餘以大和八年仲冬由大理卿爲邠甯節度使，與甘露之難，此任楚後事。元和年徐州使院石幢題名郭爲營田判官，此任楚前事。府志於職官複出郭行餘，但云楚汝刺州而已。大中十二年郎官石柱題名今在陝西西安府學，其中有石柱中所見者，如蕭俶，金部郎中；李拭，金部郎中；鄭碣，户部郎中、司勳員外；李敬方，户部郎中、度支郎中、金部員外郎；嚴響，户部員外郎；李師稷，主客左司郎中：史亦多失載其官。《柳河東集》有《答韋中立論師道書》，西安府石柱及《御史臺精舍碑》皆有其名，而《唐書》止於世系表中載其爲潭州刺史，彪之孫。韋潘兩見《李義山集》，稱爲前輩。唐詩人有李敬方。石柱與《舊唐書》合者兩條：《蕭俶傳》開成二年爲楚州刺史。四年三月，遷越州刺史。今石柱代俶者李師稷，授官正是四年三月。《郭行餘傳》大和五年自楚州移汝州刺史，今石柱代郭者李德脩，授官正是五年。又有可證新、舊《唐書》者，兩條：《舊書·李鄘傳》子柱，官浙東觀察使，柱子磎。《新書·李鄘傳》子拭，宗正卿、京兆尹、河東、鳳翔節度使。拭子磎。據石柱作「拭」是也。盧弘止《舊書》本傳《食貨志》、《新書·世系表》作「正」，《新書》本傳作止，據石柱作「止」是也。吕讓《楚州刺史廳記》大和七年，鄭公守楚，即石柱之鄭復。元稹、蔣伸並有李拭制；杜牧有郭宗元、鄭碣、皇甫鉟制；白居易有李德脩制。其官與正史、西安石柱及此柱較之有相同者，有絶異者，此別集殘碑所以裨正史也。營田判官楊柬之前一行仍有一「柬」字，疑楊又嘗爲巡官，又第七面巡字下一小「鄭」字，疑即府志所記之「鄭途」小注，崔郕由營田判官升團練判官而《唐書·世系表》有崔郕，字士則，楚州刺史。此是由判官升刺史，在石柱後。府志誤柱中崔郕爲「郄」，反係崔郕於前，誤矣。志又誤以第五面爲第一面，而以四面爲第八面，何憒憒若此。范副

貢以煦《楚州石柱題名考》

右幢漫漶難讀，字迹已泐其半。題名之僅存者，計刺史七，判官二十，巡官六。序文摩滅，不可句讀。幢内諸人，府志載入職官譌誤最夥，已詳范先生《石柱考》，然尚有譌謬未舉正者，如營田判官顧元之，志誤作「顧立之」；鄭復據幢爲楚州刺史，志誤作「楚州巡官」；又營田判官司馬俊，志闕不録，均考中所未及者。柱中李敬方，范考未詳。吾浙《蓬萊觀碑》稱刺史李公敬方，《天台集》有李敬方《喜晴詩》，自注：「時左遷台州刺史」，是敬方曾刺台州。《新唐書·藝文志》李敬方集一卷，注「字中虔，大和歙州刺史」，今據此幢，大和初年敬方官楚州判官，歙州刺史當在其後也。又盧弘正，碑書作「弘正」與《舊史》合。范先生云碑作「止」，或拓本漫漶因以致誤。且弘正字子彊，蓋取彊正之義，如作弘止，便名字不相應，其爲《舊史》不誤無疑也。《石柱考》所著録頗有譌誤，兹據舊本，並親至碑下諦審，是正之。范先生字詠春，山陽人，於玉爲外王父，邃於經術著書盈笥，已板行者僅《淮流一勺》二卷，《淮壖小記》四卷，於淮郡文獻蒐討極備。其他譔著，多屬草未就，此考雖已鋟木，外間少傳本，敬節録數則，亦可見虎一斑矣。清河蕭梅生先生令裕，亦有《石柱考》，無多考證，兹不録。

宋

楚州新建學記

碑高七尺三寸，廣四尺五寸，正書。額題「楚州新建學碑銘」，篆書，在府學。

楚州新建學碑銘并序

朝請大夫、尚書禮部郎中，充天章閣待制，知壽州軍州事兼管内勸農使，輕□□□□□□開國男、食邑三百户，賜紫金魚袋宋祁□

提點淮南路諸州軍刑獄公事、朝奉郎、尚書都官員外郎、□□都尉，賜緋魚袋借紫李仲□□

朝奉郎、尚書祠部員外郎、直集賢院□□州軍州兼管□勸農使、輕車都尉，賜緋魚袋□□

學校尚矣。周以來訖于唐創革廢治，儒家流多能言之，予不復敘。五代殘弊，彝倫殲滅，大盗嚬嚬，相(閱)[鬩]以兵，且移暮檄，僅識文字藝圃，儒林蕩爲戎區。太祖受命，肖天明德，乃眷四方，是剔是攘，創民痍旅，益去愁毒，始修太學於京師。太宗、真宗已同車文，則幸成均，開露門，集中祕書，擁圖講道，喟而興學。雲章在天，萬物光明聲陶教冶，鎔爲豪俊。然猶州郡吏未能稱上意，興庠塾之事也。逮今上，纘承焞燀先烈，右文變風，與三代侔。於是人人知帝嚮儒，而天下學宫畢修飭矣。噫，教化之難也。閱四聖垂九十年，事鉅績遲，不其然乎。楚州學者，今轉運使七兵外郎魏君之建也。景祐初年，君以田曹來，爲州甚宜，其官不苛不競，政克用乂，一日與其屬會孔子祠下，頓壓陋荒，不能爲禮，簡無蕰編，生無見員。君愀不懌，以爲天子育才勸學如不及，今楚近郡，身二千石，助朝廷美風俗爲職，是不能興，且得罪。因上言孔祠壞缺，釁肆未立，額得如律，令官爲繕完。書聞，有詔報可。我素既從，鳩工僝工，乃謀新宫，斥地而南，築爲壇堂，裁審舊址，更作州序。攻位既成，墁塈畢興。扉樹顯嚴，廂宇華焴，墀潔塗平。房内異宜，綈扆敞中，治飭晬容四秆，十子凜如侑坐，緩玦禆裳，具有等威，然後複閣焉。以櫝經次庫焉。以庋器堂，有講位博士尸之。舍有燕處，弟子安之。樾簣篚几有史焉是供，潜汎掃除有幹焉是隸。横廡爲亭，邃然而清，須齋者以居。庫北爲池，頖如其漪，待息焉以遊，輿樵汲匽，罔不備具。考室凡七十有八楹，地縱四十八尋，横十有二常，南揭廟題，西署學榜，廟尊神，學便人也。明季上丁君率官儒參釋，菜禮豆，登俎彝，跽進俯伏，畏與虔並，猶鄒魯然。又命諸生羣居比蓺，日月弟課，教必名儒，習必秀民，誨者灌灌以温，請者拳拳以敬。幼慕壯歆，語墮相靳，裒衣著録者，頻然成帷。其來未止，化之易易由君優爲者耶。先時君市取書三千卷，以實厨槶，奏割山陽淮陰莇場三區，立爲學田，歲貲四十餘萬，簿所出入，檄州從事掌焉。君既去，州或奪二區以畀它用，逮沓弗還復七年，君持節以來，吏則大懼，乃悉取以歸，於我君亦移文鐫喻，顯爲永制，由是學之陋闕益彌，文而就緒焉。君名兼，字介之，敏而文，在進士爲聞人。立朝爲名郎，臨部爲能吏，凡百施爲，知所先後，裕神勸學，實有德於楚，故楚人刻樂石以旌成勞。予得次第其狀，屬之辭，銘曰：

翼翼孔廟，大逵之東。魏侯爲州，乃新此宫。耽耽州學，魏侯所作。得請於上，是治是度。始時楚人，挑達里閭；誶語相訾，无師與徒。及侯崇建，匪怒伊教，顯聖嚴師，神降其勞。講有博士，業有弟子。居相切劘，出相長弟。楚人有俗，侯實化之；楚人有材，侯實育之。在魯僖公，思樂頖芹；在漢文翁，丕變蜀人。侯克慕賢，參訂厥美。鑱識完青，以謹攸始。

慶曆二年歲次壬午，中秋日立。

將仕郎、試祕書省校書郎、州學教授許遵，承奉郎試祕書省校書郎闕唐□

淮南諸州水陸計度轉運使兼本路勸農使、朝奉郎、尚書兵部員外郎、上輕車都尉，賜紫闕

右碑宋景文撰。石下截已泐，賴府縣兩志均載此文，碑志互證，始可成誦。然縣志所録(悦)[脱]百餘字，府志所載淮别亦衆。其尤甚者，如魏君諱兼，誤作「諱廉」，其它紕繆極多，未遑縷述。碑首景文結銜爲朝散大夫、尚書禮部郎中，充天章閣待制，知壽州軍州事兼管内勸農使。考《宋史·宋祁傳》，祁以預修《廣業記》成，遷尚書工部員外郎，同修起居注權三司度支判官徙判鹽鐵句院，同修禮書，次當知制誥，而庠方參知政事，乃以爲天章閣待制，判太常禮院國子監，改判太常寺。庠罷，祁亦出知壽州云云。不載禮部郎中之職，碑可補史文之略。至景文封爵史亦未及，據《上新唐書表》知爲常山郡公。此碑景文結銜有□□□開國男字，在進爵常山郡公之前，惜碑文漫滅，弗可考矣。《宋史》多疏略，即此可見。《景文集》久佚，今《四庫》所收六十二卷本，乃從《永樂大典》綴輯而成。又，日

本佚存叢書有《景文集》殘本，均無此文，然則是碑可寶甚矣。碑字茂嬾近虞永興。宋王象之《輿地紀勝》曾列其目，而近今金石家少知者，亟爲甄録而表章之。石在府學大成殿庭壁，風摧雨駁，日益漫漶，予所蓄乃三十年前本，已視近拓多數十字，再閱數十年，文字愈少於此矣。又聞郡庠尚有《宋楚州興復學記》，王呈瑞撰，廉訪數載，尚未獲見。坿識其名，以諗世之訪碑者。州學教授許遵名府志不載，當據碑補入職官。

米元章畫佛

石高三尺八寸，廣一尺四寸，款識及陳文燭跋並行書，在郡城棠雨庵。

如來髓，釋迦骨，人不識，彌勒佛。米芾書

予得米元章佛象，愛而珍之，乃盋池山寺有高僧心鐙能詩翰，謂米守山陽時真筆也。時山人郭次甫過訪，促予勒石置茲寺中，將與王喬丹臺並永也。沔陽陳文燭書。

右米南宮畫佛，明淮安太守陳文燭刻。米老書迹徧宇内，畫刻獨鮮，可寶也。陳跋謂米守山陽時所爲，考《宋史·芾傳》，芾未嘗守山陽，此殆知漣水軍時作耳。《淮流一勺》載，安東尚有米書涫化寺額，嘉慶間鄉民掊地所得，予未之見。

金

普照寺鐘銘

鐘寬廣不計，銘文十四行，行二十字，正書，陰刻。鐘口有「最響」二字，在府城北門譙樓。

大金天德歲次辛未，九月戊戌朔，十四日辛亥。

邳州陽山普照禪寺鐘銘并引

陽山寺鐘，自撫定之後凡三鑄矣。前太闕肅公住持名和尚、平和尚皆力經營闕成而一不就，一就而聲嗄不揚，人不樂，闕加古都統鎮國夫人陁滿氏顧而闕謀克敦武謝秉讓都，孔目官馬聿勸化闕施不日而銅集。及鑄之辰，太守夫人集同知安遠高公，副統武德李公，軍判李公文林，下邳縣令蒙括敦信并千户謀克蒲里衍軍官等衆親臨觀焉。一鑠即成，聲韻鏗横，大衆欣然。知太守之德無幽不感，而今長老超公和尚慈力誠願，亦有以扶持之也。乃作銘曰：

洪鐘三鑄，待今乃成。以誠感幽，惟太守明。鏗然發韻，和暢而横。聞者肅警，人無惰情。置之陽山，億年永鳴。

金源郡夫人陁滿沙彌

鎮國將軍、邳州都統闕軍開國侯加古㚖輦

鄭晧
吴説　錢祐　薛香　崔興宜　侯君
蒲里衍忠武田和　忠顯薛宏　敦武闞□　敦武謀克
謀克張棫
敦武張福　敦武馬元隆　敦武趙金文　保義謀克□威將軍王信　昭信張公如　敦武李　敦武
振威將軍、管押邳州路軍兵上騎都尉、開國子、千户李□
劉企　郭援　李　高民
保義　保義李仲珞　劉和
保義張欽　保義王愈　保義崔濬　保義盧　敦武王濟　敦武盧安中　保義胥彦臣　保義　校
尉權千户孫
同緣何氏
武德將軍管軍闞司統押邳州縣事、□□□騎尉李相
同緣張氏　同緣蔣氏
造僧祖堅
守僧善勤

期

縣軍　運　郭惠成　楊文迎

敦武韓　敦武柴思謙　忠勇馬元

敦武史　保義柴　保義劉宏　進義李衛

謀克李貞

敦武　敦武孫孝卿　敦武韓興民　敦武馬倩　敦武吕儀

信威將軍、邳州鬭管押□京路軍兵千户阿典胡剌

本司史福

敦武高　邢璋　玉山和尚　敦武劉汴　敦武張宏　敦武馬万　葛元　胡景　盧興福

敦武石福　敦武徐梅　敦武謝秉讓　曹　李嗣

武德將軍、奉信張廓、忠顯盧衡、保義王彦、敦武宋和宣威將軍、管押軍兵千户烏延合覩

翟　高源

敦武李　張忠仁　蔡京　王□榮　孫愿忠　加古　阿典加古祥　敦武衡舜英　敦武

沈舍

謀克李皓

敦武張　敦武王興　敦武張壽

謀克　武義將　奉信盧卞　武功王寶藏

闕邳州軍兵加古

孔目官馬聿同緣□氏

敦武校尉謝秉讓同緣杜氏

傳法嗣祖沙門

忠顯校尉、巡檢、雲騎尉、温斌

忠顯校尉、主簿、武騎尉高粆里

敦信校尉、縣令、飛騎尉蒙括胡煙

徵事郎司□□□張來

□□□司法參軍隨琳

承事郎、司理參軍張庶

文林郎、邳州軍事判官李昭

廣陵郡君李氏

安遠將軍、同知邳州軍事、輕車都尉□□縣開國侯、食邑三百户高暉

刻字匠人王用

鑄鐘匠人韓齡並男祐

皇帝萬歲　　重臣千秋

國泰民安　　法輪常轉此十六字陽刻，較大分列四面。

鐘款有金源郡夫人陁滿、鎮國將軍開國侯加古。案《金史·百官志》凡白號之姓，有完顔、陁滿、蒲里諸氏，皆封金源郡，是貴姓也。史稱郡公母、妻封郡公夫人。志稱從三品下，鎮國上將軍。陁滿即加古之妻，故稱鎮國夫人。加古、蒙括、蒲里、烏延皆部族之姓。《金史·烏春傳》有加古部、烏延部。《章宗紀》國子司業蒙括仁本，《百官表》有蒲里造表，又有裊頻，加古下有裊輦，亦其名也。鐘有阿典胡剌，《百官表》阿典封廣平郡，《國語解》姓氏阿典曰雷，亦族姓也。列傳守能名胡剌，宗望子。文本名胡剌，皇統間授世襲謀克。海陵立，賜錢二萬貫。或同姓名，未必爲一人也。康熙中淮安舊志邳州、海州、睢甯、沭陽、宿遷時俱屬淮安府。《舊志·寺觀》邳州治南一里羊山寺，明成化七年改爲宗善禪寺。《志·藝文》有蔡紹科《邳徐巡竣登羊山寺隄上詩》，即陽山寺。陽、羊字音之譌耳。乾隆初《府志·古蹟》有靈鐘，云在舊城北門樓上，相傳西湖未涸時，每風雨夜，舟人輒聞湖心鐘聲。土人因伺之，見二巨鐘浮鬬水面，告於官，獲其一，懸於北門城樓，擊之聲聞數十里。考此鐘出邳州僧寺，邳本屬淮，金時所鑄移置郡城，或爲洪水所漂亦未可知。作志者不辨款識，漫云靈鐘，何其疏

也。丁舍人晏《天德大鐘款識》

右陽山寺鐘銘，金石家未箸録。道光甲辰，山陽丁氏晏始爲考證，箸《天德鐘款》一卷。鐘文後題名官職姓氏核之金史均合，字畫清勁，類褚薛。惜鐫刻甚淺，摹拓不易。丁氏謹據墨本入録，故譌謬奪漏之處觸目皆是。予親至鐘下，審睇至再。凡丁氏奪誤，悉爲補正。

元

孔廟銅尊款識

正書，在府學。

安東州學禮器，至元二年□□□學陽盛復造，監工時大有。

東嶽廟鐵鐘款識

鐘字漫漶，正書，行字數均不可計，在郡城東嶽廟。

大元闕州北門闕任闕德闕忠顯闕同闕大闕都以上第一面。

孟阿□

駱社□

李□

白□□

金伯玉

劉□

□才以上在第二面。

□□

王□士

潘□□

劉仲良

趙□□

蘇子□

曹榮□

至元三年闕　以上第三面。

風調雨順

國泰民安以上第四面。

右鐘文漫漶太甚，存字寥寥，以其元代物著之。

孔廟銅罍下盤款識

正書，在府學。

闕崇智闕典史馮彥遇至元四年五月鹽城縣儒學闕

孔廟銅罍款識

篆書，在府學。

淮安路總管提調學校官郭浩造，教授楊曲成，學正葉森、張邦獻，學録衡應卯，直學盛炳，掌器朱華發，大元大德六年造。

右銅罍三，又犧尊二，鉶二，豆三，款識年月並同，鑄器原委及郭浩、楊曲成、葉森、衡應卯、朱華發諸人並見下，《經籍祭器記》。款識篆書，具斯冰之妙。《經籍祭器記》題額乃衡應卯書，與此正同，知此亦應卯筆也。元人習篆者如周伯琦等有盛名，而書實不佳，衡君書之工如此，而顧無聞，何哉？葉森字茂叔，元戴表元有《送高郵葉茂叔爲正於淮安學序》，又梁元帝《同姓名録》唐陸善《經續》元葉森補，則森亦績學士也。

孔廟經籍祭器記

碑高九尺五寸，廣四尺五寸，二層，上層記書籍祭器數目，凡四列，下層書記文凡三十行，行十八字，正書，額題《經籍祭器之記》六字，篆書，在府學宋楚州新建學記碑陰。

經籍

監本九經
語孟集義一十册
四書集義二十二册
漢上易解二十册
黄李詩解六册
蔡氏書解六册
周禮解四册
爾雅二册
江西九經
朱張四書一十四册
程楊易傳六册
郭氏易傳□□□□□録判下□
讀詩記六册
公羊春秋二册

儀禮十册
古文孝經一册
四書纂疏一十二册
二先生易二册
毛詩二十册
柯山書解
穀梁春秋四册
禮記集解五十四册
史記一十六册
通鑑綱目三十册
三國志四十册
唐鑑四册
宋鑑節六册□□□希□□州判李敦武□□助
讀史管見一十五册
通鑑釋文六册□□□□□舍人□助

南北史五十册

五代史一十册

言行録一十□册

戰國策五册

前漢書五十七册□□總管郭少□□

唐書四十册

宋長編六十册

唐太宗遺範□□翰林國史院檢□□□□肅助所註

五子

小學書四册

太極圖一册

朱子語類四十册□□□□□知州王奉訓□□助

西銘□册

小學纂疏□册

文闕

文章正□□册
韓柳文集□□□册
□□遺書一十二册
杜詩解一十册
簡齋詩
毛韻
層瀾文八册
南豐文集六册
晦庵文集六十册
東坡詩集二十四册泰州本
事文類聚六十册
立朝心印六册
古文關鍵一册
通典三十册
家禮四册

真氏讀書記二十册

後山詩集六册

篇韻

祭器

□□□件

□□六件

犧尊四件

象尊□件

犬尊□件

山尊□件

箸尊二件

壺尊八件

龍杓十件

罍二件

洗二件

簠四十件

簋四十件

籩四十八件

豆四十八件

俎四十件

經籍乃夫子所成之書，俎豆亦夫子嘗聞之事。有學校，則二者不可一日闕也。蓋經籍以之載道，俎豆謂之禮器。曰道、曰禮，豈非吾黨所當講明者乎。在《易》謂「乾道變化」，在《詩》謂「民之秉彝」，在《書》謂「允執厥中」，在《中庸》謂「可離非道」，在《周禮》謂「以爲□□」，在《春秋》謂「志其典禮」。合而大驗之，於吾身日用之間，莫不各有當行者，皆道也。經在是，則道在是矣。或方者爲簠，或圓者爲簋，或宜濡物爲豆，或宜乾物爲籩，或實牲爲□，或酌醴爲爵，登而用之於釋奠、釋菜之時，見於升降上下者，皆禮也。器在是則禮在是矣。嗚呼，經不自立，以道而立。□不自行，以禮而行。□學校爲教育英才之地，舍道與禮其□以哉。睠兹□類□□□□闔府官□□□□郡侯郭公浩□□□舉學校之故，尤於經籍、禮器拳拳究心，既偕同寮各出己書，藏於學，又率同志各捐己帑，相其□。諸生亦相與協贊於下，受命掌書器朱華發，市書於杭，得三千卷；鑄禮器於吴門，得二百七十餘事。□美具備，泮水有□自今□濟□□優游於弦誦詠歌之中，周旋於籩豆簠簋之末。不惟六經，先王之陳迹由此復彰，而夫子罔極之恩□可少報風移俗化郡侯之賜侈矣。敢不鏤□石以勸來者。旹大德癸卯良月朔郡文學掾、眉山楊曲成謹識。

淮安路儒學正葉森書。

淮安路儒學録衡應卯篆蓋。

直舉□□□前教諭王杞、周應祖立石。

右碑記郡侯郭浩置經籍祭器事。浩鑄器二百七十，今尚有存者，然不及十之一矣，且多損壞。每丁祭日，予必至郡庠，摩挲其下，輒歎有司護藏之不謹，殊可恨也。浩能興學校，它政績必有可觀，而《淮安府志·藝文類》既無此文，《職官類》亦無浩等名，志書之譾陋脱略如此。亟甄録之，以補志所不及。

加封孔子詔

碑高六尺一寸，廣三尺七寸。二層，上層國書，已漫漶，行數字數不計。下層詔書，十三行，行十六字，正書。額題「加號大成詔書」六字，篆書，在府學。

上天眷命皇帝聖旨：　蓋聞先孔子而聖者，非孔子無以明；後孔子而聖者，非孔子無以法。所謂祖述堯舜，憲章文武，儀範百王，師表萬世者也。朕纂承丕緒，敬仰休風，循治古之良規，舉追封之盛典。加號大成至聖文宣王。遣使闕里，祀以太牢。於戲！父子之親，君臣之義，永惟聖教之尊；

天地之大，日月之明，奚罄名言之妙。尚資神化，祚我皇元，主者施行。

碑陰記

二十行，漫漶，行字不可計。正書，額題「碑陰之記」四字，篆書。

宣聖加封大成碑陰記

淮安路儒學教闕譔

天子□□之初，雷厲風飛闕詔旨□□聖道隆錫，微□□□詣闕里，□□□夫闕　臺憲□□首請闕大闕丞□謂闕　孔聖褒封之禮，固昭□□歷代闕皇□，在昔未嘗聞也。資儲用於學□□諸□闕者，因國家崇儒重道之意，黽勉于德業者，闕　奏曰闕□學校欽承爰求堅□刻畫礪精闕章材備工成甓闕門□□□昭吾　夫子，日月之明，□揚皇元□萬世無疆之休，猗歟盛哉，猗歟盛哉！時至大三年八月之三日也。謹記。

監工闕　嚴大明　李元埜　劉起龍

學録闕　學正阮英才

前淮安路儒學闕淮安路總管府提控案牘兼□□架閣承發李彧

從仕郎、淮安路總管府知事張□　承事郎、淮安路總管府經歷蒲察仁

承務郎、淮安路總管府推官郭□　承務郎、淮安路總管府推官商志

承務郎、淮安路總管府判官□□　奉訓大夫、淮安路總管府治中劉明安

轉運大將、同知淮安路總管府□阿旦

正議大夫、淮安路總管府達魯花赤兼管内勸農事□不花等立石

古杭鐫者楊椿　曾素

右宣聖加封大成詔及《碑陰記》，摩滅難讀，碑陰尤甚，惟題名尚多可辨。所書散階有可證《元史》之誤者，《百官志》有從事郎，碑作從仕郎，與延祐二年《正定府加封孔子詔》碑陰，延祐四年《真定府增修孔廟學記》碑陰，《節孝處士祠堂記》並同，《元典章》亦作從仕郎，則《志》作「從事」之誤顯然矣。碑陰字茂密可觀，題名諸人《淮安府志·職官類》亦失書，宜據此補之。

節孝處士祠堂記

石高五尺一寸，廣三尺，二十五行，行四十七字，正書。

節孝處士祠堂記

從仕郎、江浙等處行中書省□□致仕程庸撰

昭文館大學士、中奉大夫、左□儀使趙慧書并篆額

竊嘗謂自古天下之士，未有虧節義、薄孝行而能德高於當代，名高於□□者也。宋山陽徐先生諱積，字仲車。孝行感天地，節義動朝廷，其他百行百能靡不篤至，斯真可謂天下之士歟！先生三歲

失所怙□親，哭甚哀。未幾，其母夫人挈之陝右，教育於外家。學行穎悟□□□百家之書，誦一過輒不忘。年十五東歸，徒步從安定□□□誠□□□所得爲多，至外天文地理之學，兵法時政之□□□於天資英敏，學力克實，故發而爲議論文章如長□□□□□□不□休息□毋□□獨行卓識，可以闕深□服之至。謂先生爲異人，豈不信然。□闕親又得以傳道受業而化民成俗，爾故□闕年寢苫枕塊，毀瘠幾殆，事死如事生無□闕　先生捐館之日，朝廷特加賻贈，謚節孝，闕賜□賜粟□□□□□立闕域而已，荒涼淒迷識者傷心。今遇武信□闕代經□□書允爲名家之子，來爲郡録事闕力所當爲之事也。遽出私帑，以身率□闕且塈其堂宇，圬其垣墉，區其疆界。闕神主於中，使香火不輟，血食于楚，闕其後甯有不昌大者乎。況又得學正□□佳士也。老成敦篤寬□□□其如終黄□□□□□然則闕世世□□士歲時奉祠禮也。切勿効□□□守之後，竟爲所據戒之哉！□呼闕不足以盡其藴，而其詳則有□□文集□當代□官賜謚闕等書，昔已鋟梓于學宫，盛行於世庸□此有年矣。念兹在兹，闕陽公一舉□興之豈□□有□□量者乎？故喜而爲之銘。銘曰：

粤惟山陽，篤生□□，節孝感通天地鬼神，垂三百年，陽公蒞止，大興祠事，光明俊偉，節孝大德闕萬古清風。

延祐四年歲次□巳六月闕

《節孝祠堂記》，程庸撰，趙慧書。庸、慧二人無考。節孝行誼耀於當世。時移代易，而祠廟遽圮，陽公亟修復之。其有功於名教深矣。今墓祠荆蕪尤甚，安得如陽公者爲之整頓乎。碑極漫滅，而陽公姓氏巋然獨存，殆鬼神嘉其能尊崇節行而隱爲呵護與！然姓存而名竟湮，究令人悵然不懌也。

孔廟銅尊下盤款識

正書，計四器，在府學。

淮安路鹽城縣官達魯花赤黄頭，縣丞杜肯［肯？］播，縣丞李晏，主簿忽都答兒，典史楊楨，儒學監造陳溜、王鼎新，延祐三年二月吉日造。

淮安路儒學脩造記

碑高九尺二寸，廣三尺五寸，三十五行，行六十七字，正書。額題「淮安路儒學脩造之記」，篆書，在府學。

淮安路儒學脩造記

通奉大夫、淮東道宣慰趙慧篆額

□□大夫、淮東淮西屯田打捕總管王朵羅台書丹

淮安路儒學教授葉景伯撰

天子御極之明年，□□□政加意萬□詔下郡邑，敦勸訓誨，□養人材，風憲□□□加勉至□□俠甸□衛闕惟恐□睠。兹淮安實東楚都會，故恒選用重臣。粤明年乙丑，嘉議大夫□□□總府事滌篆

之□□謁大成殿，周視徘徊，慨念□□顧謂景伯曰：　廟宇損壞，隨即修完國朝之令典，□職專提調，敢不究心。今或棟撓柱□□不加省，非所以上稱德意而□□樂育之忱也。載謀載惟先其甚者，俾□□欞星門三座，戟門三楹，挾□□楹壯偉森嚴，前所未覩。戟門之外東南數武，創屋三楹，與西屋對峙，以備肅儀。凡兩廡、四齋地靈□□□。滮者□之，罅漏者完之，靡有闕遺。遇朔望效□嵩呼，展拜先聖，拾級升堂，□諸生府史援引經訓，誨以忠孝，亹亹弗絶。□政餘隙親命題面，試無倦色。長篇巨什，清□典雅，有非騷人墨客之所可企。公之留情庠序如此，正以風厲多士，皆歸於禮義之地而已。先是脱烈海來，□順□之□□□也。以□□□□圖像黖□不足以揭虔妥靈。爰擇精縑，命工繪畫□十有六軸。冠履佩章，悉中□武。彩飾正殿，丹雘稱宜。神龕供案，華美璀璨。□位□臣子之□，聖師神座□道統之□塗金藉錦，用□尊崇既滿代而公□之一德一心，罔有先後。於是，前學正徐元老帥士之耆俊，揖而進曰：　魯經二百四十二年，可筆可削，皆勸善懲惡，而思樂泮水□□頌僖公之德美言言在目，宛如旂茷茷而鸞噦噦也。今二公敦尚儒雅，興舉學校，前召後杜，此所詠歌舞蹈，自有不能已者。子之分□□□正己率人不憚勤瘁，汔成厥功，願有記也。景伯拱而對曰：　維昔聖帝哲王之建學也，非徒羣居族處以竊其名，□□非以詞章侈靡辯析之繁冗以夸夫能也。蓋以性□□□義理之奥，有弗能盡知盡達者，於是□爲庠序以教之正，使明於事君、奉親從兄弟長[幼]之道，必誠意脩身齊家之要，極而至於平治，而利物澤民，或者不是之，悉□□□於它岐殊途□□□歲而倀倀然莫知所適□□乎？況乎二公經營謀度而　長□幕□僉議□同此謂知先務之爲急，景伯□容刀焉。然紀實所以傳遠，尚望後之君子，惓惓于斯文□，又不可以峻辭是役也。公捐俸金中統二百五十緡，餘盡出學帑，而師生廩膳弗輟焉。雖然公之治郡多可書，而今獨書其興學之事者，春秋之意也。公名宗道，字景賢，太原人。

泰定三年十月□日立　學吏俞禚

直學周立光　　路吏胡傑

教導洪元祥　周應祖　學録李應雷　學正張彧

登仕郎、淮安路總管府知事劉澤

承直郎、淮安路總管府經歷楊思恭

承務郎、淮安路總管府推官張傑

承務郎、淮安路總管府推官戴禮

承直郎、淮安路總管府推官相居仁

朝□大夫、淮安路總管府治中張謙

宣武將軍、同知淮安路總管府事黑厮

嘉議大夫、淮安路總管内勸農事趙宗道

正議大夫、淮安路總管府達魯花赤兼管内勸農使奥魯杰

右碑記郡守趙宗道泰定三年脩學事。《淮安府志·學校類》載，泰定二年，郡守趙宗重建學門齋舍，教授葉景伯記。即此事，而以趙宗道爲「趙宗重」，泰定三年爲「二年」，其誤至此。古碑刻率撰文人款前列，書篆人款，次之，此碑首篆額款，次書款，次撰款，殆以爵位爲先後，不可奉爲典據也。篆額之趙慧即書《節孝處士祠堂記》者。

孔廟象尊款識

正書，在府學。

提調官淮安路總管姚□□，同知李中憲，判官承信，推官牟承直、張承務，經歷李承事，知事孟登事，照磨侯將仕，監造司王天驥，醫學教授王庸，學正馬元良，學吏王德仁，陰陽教授姚景星，官醫提領子輔，所吏張德林、耆醫等，至正丁亥歲次八月良日，府委監造醫學録趙友信，同學委醫户夏良輿謹題。

孔廟銅爵款識

正書，在府學，計二十九器。

監郡忽里台、太守洪柱海彌實、教授李遵憲、學正王崇德、學録張思敏，至正庚寅歲，淮安路儒學。

又

正書，在府學。

至正十年十月吉日，淮安路録事司儒學教諭胡致瑞捐俸置造。

乾隆初《府志・元代職官》篇帙寥寥，此銅器中官制頗詳，故備載之，以補志書之闕。丁舍人晏《元鑄祭器録》

蓮華寺鑪款識

鑪缺一耳，字横刻，鑪口正書，在府學。

邵武路儒道坊信士黄善應、叶室、上官妙懿喜捨鑄造香鑪，永充大佛殿供養。至正八年戊子孟冬，蓮華寺住持永昌謹誌。

大河衛助緣信官瞿法宣、施財義，宫沈應連、沈忠、吴浩，比丘善□、法亮。

《元史・地理志》：邵武路領縣四：邵武、光澤、泰甯、建甯。即今福建邵武縣也。蓮華寺鑪不知何時移置吾淮，上有大河衛小横字，似是後刻。明洪武二年改淮安路爲淮安衛，又設大河衛指揮使，上距至正八年戊子凡二十年，器成於元末至正，鑄自閩中。明初吾鄉大河衛人購以奉佛，其何時安置郡庠，則不可考矣。《元鑄祭器録》

蓮華寺瓶款識

瓶凡三截，高二尺許，計二枚，正書，橫刻瓶座。在府學。

邵武路蓮華院住持永昌，募衆緣，鑄造花瓶，永充大殿供養。至正戊子歲十月吉日，稽首謹題。

移相哥大王印

印二面刻，陽面方四寸七分，陰面方五寸三分，陽面篆書，陰面「之寶」二字篆書，餘蒙古書，藏山陽丁氏。

移相哥大王印在陽面，二行，行三字。

之寶在陰面，反文。

同治二年夏五月，淮安新城掘得銅方印，篆文「移相哥大王印」六字，背鐫蒙古書，不可識，可識者「之寶」二字。考《元史·宗室表》有移相哥大王，係烈祖之裔孫也。《天德大鐘款識》附録。

右印藏丁儉卿先生所，形制甚異，厚三分許，兩面有字，似漢人革帶印而無穿。古王璽之傳世者絶少，此雖元代物，然亦可寶貴矣。

怪石和尚塔銘

碑高五尺二寸，廣二尺二寸，石後字爲人截去約尺許，尚存十四行，行三十七字，正書。額題「怪石和尚塔」五字，篆書，在府城開元寺。

淮安路開元寺開山怪石和尚塔銘

師諱□□□張本□人。幼樂空門，闕山□庵照禪師爲師，翦髮緇布行頭陁，行諸郡，平路砌街，修橋造寺，□苦勵志。闕乃祝髮受真，持戒精專，始創庵於萬柳池畔，地勢低坎，運土增闕開元寺爲額。由山門而至殿堂，自廊廡而連厨庫，周圍垣牆，莊嚴佛像，創田置産，□己□衆供□四事徒衆百人，皆先師開山創寺之功也。嘗慕無門，聞禪師道行闕可闕曰怪石，有付法□巉巖岞嶨若師形□地昂頭見者，驚瑞璧舍藏暉不露。□□一室重連城□兹精進□□□夕不怠，水旱則清齋然指，祈禱咸通；兵革則告天保祐，誓求安□，自居一室，恬憺修持。忽於乙酉歲四月旦日，會衆而謂曰：吾教以家滅爲樂，□覺西土□□□捨世緣矣。乃遺□□□隨身衣鉢外，有銀子僅五十兩，□管添貼置買麥田餘有闕又云，我圓寂後，未可□□□候我徒弟之□中僧録，來爲我□□□□，至初四日，家然而逝。□中既至，更以□己衣□增益□倡，以助茶毗佛事孝禮之費，大齋闔郡僧行出郭，焚化之時，煙□而異香遠□□□之後□□牙具□舍利雜色覩□勝事，僧俗讚喜，乃造□□石塔，就瘞於本寺。闕將來咸知戒行精嚴者，有如是□□□功德，乃□□銘曰：

右碑摩泐，難辨句讀，和尚里貫名字已不可辨。使碑題「淮安路」三字亦泐，即時代亦不可考矣。碑記和尚重建開元寺之功，《淮安府志·開元寺》：開元五年，僧金臂奉詔賜額，宋末兵燹，元僧寶林重建。考《釋氏稽古略》，開元二十六年，詔天下州郡各建大寺，以紀年爲號，額曰開元寺。《唐會要》亦云，天授元年十月二十九日，兩京及天下諸州各置大雲寺一所，開元二十六年六月一日，並改爲開元寺。兩書皆謂開元寺，開元二十六年立，不知《淮志》胡以云五年。然《唐開元寺貞和尚塔銘》開元二十六年立，有云以開元十三年九月十八日□滅於開元□舍，是開元十三年已有開元寺之名，《淮志》云五年雖無徵，而《稽古略》、《會要》亦未確也。文多用俗語，如「衣鉢外有銀子僅五十兩」，銀子之稱始此，爲錢氏大昕《恒言録》、翟氏灝《通俗編》、梁氏同書直言補證所未載，文有「乙酉歲四月」字，考「乙酉」爲元太祖至元二十二年，立碑即在其時。《府志》謂開元寺元僧寶林重建，怪石是否即寶林，碑漫滅不可考矣。碑額六篆，才存其五，怪作㤐，從口之字皆作𠙵，淺人不曉六書，率爾操觚，可鄙，可鄙。石壓存大半，銘文全闕，不知爲何人截去，字體勁穎，頗具歐褚規撫。而方志不載，諸金石家亦未及。予故不惜目力，披覽竟日，爲考證之如此。

楚州金石録存目佚石目附

重修東嶽廟碑記

碑永樂十年十二月建，正書。記同知施文及指揮黄瑄重建嶽廟事。淮安府同知劉復撰文。考《府志·職官類》劉復、施文等名皆失載，宜據此補之。

校官箴

正統七年建，正書，在邑庠。

節孝先生父羅城府君暨夫人墓碑

天順戊寅七月建，正書，文漫滅不可讀，書撰人名皆無考。

淮安府重建廟學碑

碑在府庠，天順四年六月，祭酒吴節撰，知淮安府田臻正書。碑記前守丘陵修學事。稱陵建學謀於貳守張公翔，韓公瑄，通守沈公禮節，推官孫公美。又稱「學成，教授梅友實以書來」云云。案《府志·守令傳》張翔，永樂間，同知府事。《師儒傳》：梅友實，永樂初任淮安教授。考此碑立於天順四年，其時同知爲張翔，教授爲梅友實。《志》乃云永樂間任，天順上距永樂且五十餘年，其謬舛甚矣。《府志・守令傳》：田臻景泰初知府事。據碑則天順四年，臻已知淮安府事，則志亦誤也。韓瑄、沈禮節、孫美名並不見志書，當據此補入職官。

臺山寺興造記

弘治元年三月，山陽金銑撰並行書。案《府志》載，臺山寺宋崇甯四年建；碑則據《地志》謂崇甯四年僧智壽建，又謂淳祐二年僧弘福建，二者不知孰是。《志》言之未詳也。

重建淮安府儒學記

萬曆二十年嘉平月，前禮科給事中郡人朱維藩撰，户部主事郡人楊伯柯篆，正書。碑記郡守李公元齡修學事。《府志・學校類》不之載，碑可補志之略。文後載官屬題名有同知梁大政、馮學、易運同、趙埛，通判王愚，推官曹于汴，山陽縣知縣曹大咸、何際可，經歷周价，知事朱天禄，教授陳法，訓導王宗周、趙鯉、葉時正、張守正。今考之《府志》，惟梁大政《府志》載大政萬曆二十二年任。案碑立於二十年，已有大政名，則志作二十二年任者誤。趙埛、王愚、曹于汴、曹大咸、何際可，或有傳，或書名，餘人並失書，當據補。

昭邮院潘塤祭楊公靖文

碑正書，嘉靖二十二年建。楊靖、潘塤《明史》並有傳，靖以冤賜死，塤爲之昭邮，並築祠以祀之。此其祭文也。

湖心寺漕督給善士黃週執照

行書，萬曆二十年月建。

重建湖心寺碑記

萬曆己亥中夏建，工部郎中聊城雷雨、居士傅光宅撰，儒士嚴性書。

張司理留思碑記

萬曆乙巳建，山東清吏司主事高登龍撰，正書。記司理張公時弼德政。公字國樞，江西新建人。《府志·職官類》載張時弼南昌人，誤。當據碑正。

山陽縣邑侯盧公德政碑

萬曆四十五年孟夏建。碑上截爲公象，並刻七言古詩一首，撰人名已泐，象之上方刻醫官毛祐贊，下方書節孝官吴松立象，醫官谷士英篆額款。碑不載盧公名。《府志·守令傳》載盧公洪珪，萬曆間知山陽縣，德政甚多。碑所刻之盧公，殆即洪珪也。

𠛬建昭邮院碑記

嘉靖三十二年二月潘塤撰文。後職官題名，並見《府志職官類》。惟推官傅鳴會《府志》誤作「傅明會」，當改正。

銅柱銘

在郡署。柱凡四，高丈餘，圍三尺許，鐵質範銅所爲，每柱皆有銘文，嘉靖庚申七月建。文有「自天保定，與淮俱安，爲淮作鎮，神明衛之」。又有「汪濤既息，東海永清」等語。蓋鑄以鎮淮流者。

建聯城碑

碑三坐，漫漶已甚，不可句讀，在北門子城茶濟庵。碑記嘉靖三十九年，都御史袁焕建城備倭事，碑述與總戎黄公、參戎馬公共爲之。其題名有管工指揮、吴山縣丞王沐，《府志》未載。

重修龍興寺碑

萬曆元年冬月，淮安府知府沔陽陳文燭撰並正書。紀僧明來修寺之功。寺今在西門内，大悲閣南關帝廟，榜署已毁，使無是碑，不復知爲龍興寺矣。明來所建大殿九間，鑄佛三尊，今尚無恙。碑文字並美，字大盈寸，明刻之嘉者。

龍興寺事實一卷

此碑刻陳碑之陰，起西晉迄有明，紀述甚詳。又載宋嘉熙四年，鎮江副都統制、知淮安州王珪龍興寺重修塔銘，元至正十五年，歐陽原功重修龍興寺碑記，及成化二年三月大學士廬陵陳文記文，《明史》有傳。

重建節孝先生祠記

句曲山人王暐撰，漫滅不可讀，年月亦不辨，行書。

淮郡已佚諸碑附録於後

漢東海恭王廟碑

在山陽縣，有碑，斷裂，僅有數十字，云東海恭王祠。

唐得寶記

楚州刺史鄭輅撰，舊有碑，今在寶應縣。振玉案，此文今尚存《太平寰宇記》。

娑羅碑陰刊上海州李使君狀

唐淮陰縣令張松質書。

趙悦遺愛碑

《集古録》云：唐楚金撰，不著書人名氏，此碑淮陰所立。天寶十四載刻。

開元聖像碑

《集古録》云：唐陳知温書。開元二十九年，元宗夢人告之曰：吾汝祖也。有像在京城西南百里，可求之，當見汝于興慶宫，得之于盩厔山。此碑以天寶元年淮陰太守李諲所建。

彌勒尊佛碑

在淮陰縣南大甯寺。垂拱四年，宋甯積文發運使蔣之奇題碑陰曰：「寶積碑」，字字奇古，惜乎，不載名氏也。

龍興寺碑

寺在清風門裏，舊有斷碑。

白鶴觀碑

觀在山陽縣治之後。

五君子帖

蘇子瞻、黄魯直、秦少游、張文潛、鄒志完與節孝徐仲車往還詩簡也。知州向洹刻於郡齋，今在楚觀。

米南宫帖

元章爲漣水軍時與賀方回、王彦周諸公往來帖也。

淮陰侯廟記

蘇軾文。

開僖守禦事實

合肥鐫本，今刻之山陽記。以上十二則，並見王象之《輿地紀勝》。

孔平仲泛漣水詩刻

已佚。見阮葵生《茶餘客話》。

楚州城磚録

楚州磚文

楚州。己酉。

楚州之名始於唐。《新唐書·地理志》：楚州淮陰郡。宋楚州山陽郡屬淮南東路。己酉，蓋宋高宗建炎三年也。《宋史·高宗紀》：建炎三年，金人犯楚州，以韓世忠爲御營使，司提舉一行事務，前軍統制。世忠自鹽城收散卒赴行在，以世忠爲武勝軍節度使，御前左軍都統制。六年，除京東淮東宣撫處置使兼節制鎮江府，仍楚州置司。初，世忠移屯山陽，徙屯鎮江，在楚州十餘年，兵僅三萬，而金人不敢犯。此磚上刻楚州，又書己酉，蓋當南宋之初，蕲王鎮楚州時造。本傳世忠築高郵城，疑一時所築。建炎三年己酉迄今甲辰，歷七百十有六年矣。丁孝廉晏《南宋磚記》。

右磚文正書，旁行，在磚端。「己酉」二字差小，直行，在「楚州」二字之間。

又

楚州。

右磚文旁行，正書，在磚端。

又

楚州。

右磚文旁行，反文，在磚端。楷法精善，類褚登善、薛少保，宋磚中字畫之極嘉者。

又

楚州。張春。

右磚文正書，「楚州」二字旁行，「張春」二字直行，在磚端。「張春」殆造磚匠人名。

又

楚州。工匠潘仙。

右磚文正書，旁行，每行二字，在磚端。

淮安州磚文

淮安州。

陳宗彝曰：端平元年，改淮安軍爲淮安州。甘氏《宋磚考》。

右磚文正書，旁行，反文，在磚端。

又

淮安州。

右磚文正書，旁行，反文，在磚端。

又

淮安州新城。

陳宗彝曰：《太平寰宇記》楚州領山陽、淮陰、鹽城。南宋高宗析淮陰爲吴城，尋廢。端平元年，改爲淮安州。咸淳九年置清河軍，領清河縣。《元史·地理志》：淮安路領山陽、鹽城、淮安、淮陰、新城、清河、桃源。此磚題「淮安州新城」則新城不始於元矣。《宋磚考》。

《方輿紀要》：新城在府西三十里，宋咸淳五年置，屬楚州。元至元二十年省，入山陽。又見《一統志·表》。此云始於元，偶未詳考耳。劉氏嶽雲《食舊德齋雜著》。

右磚文正書，旁行，在磚端。

又

淮安州城磚。

右磚文正書，旁行，在磚端。

淮安軍磚文

淮安軍

《宋史·地理志》：淮安軍，本泗州五河口。縣一，五河，即今之五河縣，非淮安郡治之地也。《南宋磚記》。

右磚文正書，反文，旁行，在磚端。

武鋒軍磚文

武鋒軍。

《宋史·陳敏傳》：孝宗即位，張浚宣撫江淮，奏敏爲神勁軍統制，改都督府武鋒軍都統制。乾道元年，分武鋒爲四軍，升敏爲都統制。四年，敏言宜先修楚州城池，楚州爲南北襟喉，彼此必爭之地。乃詔與楚州守臣左祐同城楚州。祐卒，遂移守楚州。北使過者覩其雉堞堅新，號銀鑄城。再除武鋒軍都統制兼知楚州。《孝宗紀》：乾道三年，武鋒軍都統制陳敏上清河戰守之策。六年，知楚州城。《李大性傳》：通判楚州。謂楚州實晉義熙間所築，最堅。是楚州始築於東晉安帝義熙時，至南宋乾道四年迄六年，陳敏葺治堅新。武鋒軍，正敏之官名也。《南宋磚記》。

武鋒軍，陳敏、翟朝宗在楚皆帶此銜，見《建康志》。范副貢以煦《淮流一勺》。

右磚文正書，旁行，在磚端。

又

鎮江武鋒軍。

右磚文正書，旁行，在磚端。

又

武鋒。梅方。

武鋒爲建炎後屯軍名。係以名氏，蓋當時監造者也。《宋磚考》。

右磚文正書，旁行，在磚端。

又

鋒軍。梅方。

右磚文正書，旁行，在磚端。

又

鋒軍。梅方。

右磚文正書，反文，旁行，在磚端。

又

鋒軍。吕顯。

右磚文正書，旁行，在磚端。

又

武鋒。沈俊。

右磚文正書，旁行，在磚端。

鎮江軍磚文

鎮江前軍。

《宋史·韓世忠傳》：以世忠爲浙江制置使，守鎮江。世忠以前軍駐青龍鎮，中軍駐江灣，後軍駐海口鎮江。諸磚皆蘄王時磚埴也。《南宋磚記》。

右磚文正書，旁行，在磚端。

又

鎮江前軍。

右磚文正書，直行，在磚端。

又

鎮江後軍。

右磚文正書，旁行，在磚端。

又

鎮江中軍。

右磚文正書，旁行，在磚端。

又

鎮江左軍。

右磚文正書，旁行，在磚端。

又

鎮江右軍。

右磚文正書，旁行，在磚端。

左軍磚文

左軍。

右磚文正書，旁行，在磚端。

後軍磚文

後軍官磚。

右磚文正書，反文，直行，在磚端。

淮東轉運司磚文

淮東轉運司磚。

右磚文正書，旁行，在磚端。

又

淮東轉運司磚。

右磚文正書，左行，在磚端。

又

轉運司磚。王。

右磚文正書，旁行，在磚端。

淮東安撫司磚文

淮東安撫司。

右磚文正書，旁行，在磚端。

建康都統司磚文

建康都統司。提點將官柳世昌。作頭徐德。

《宋史·職官志》：建炎初，置御營司，擢王淵爲都統制，名官自此始。其後興元、江陵、建康、鎮江府皆除都統制。《兵志》：建康都統司靖安水軍；《孝宗紀》乾道三年以永豐圩田賜建康都統司。又，《職官志》提點刑獄公事，舊制參用武臣。乾道六年，詔諸路分置武臣提刑一員，磚刻提點將官，是兼用武臣也。《南宋磚記》。

又

右磚文正書，旁行，在磚端。柳世昌一行陰刻，直行，在磚側。

建康都統司。提點將官曹威。作頭□□。

又

右磚文正書，旁行，在磚端。曹威款十字陰刻，直行，在磚側。

建康都統司。提點將官張宏。作頭吴亮目。

又

右磚文正書，旁行，在磚端。張宏款十一字陰刻，直行，在磚側。

建康都統司。提點將官郭友誠。作頭王德。

右磚文正書，旁行，在磚端。郭友誠一行陰刻，直行，在磚側。

又

建康都統司。提點將官□□。作頭周旺。

右磚文正書，旁行，在磚端。周旺一行陰刻，直行，在磚側。

鎮江都統司磚文

鎮江都統司。

右磚文正書，旁行，在磚端。

楚州副都統司磚文

楚州副都統司。

《宋史·孝宗紀》：詔諸軍復置副都統制。《職官志》：乾道三年，江上諸軍各置副都統一員兼領軍事，亦使主帥不敢專擅，因言副都統制。磚刻楚州：《宋志》言，都統制以屯駐州名冠軍額之上是也。《南宋磚記》。

右磚文正書，旁行，在磚端。

建康府磚文

建康府。

建康府磚，嘉慶庚申，瞿生鏡濤於號舍壁間得之。書法遒美，頗似思陵御筆景定。《建康志》：建炎三年四月，上如江寧，改爲建康府，則爲南宋時刻無疑。《潛研堂金石文跋尾》。

右磚文正書，旁行，在磚端。

漣水軍磚文

漣水軍。

《宋史·地理志》楚州，緊，山陽郡。熙寧五年，廢漣水軍，以漣水縣屬州。元祐二年，復爲漣水軍。《南宋磚記》。

右磚文正書，旁行，在磚端。

又

漣東水軍。

右磚文正書，旁行，在磚端。

采石水軍磚文

采石水軍。

《宋史·李光傳》江浙爲根本之地，使進足以戰，退足以守者，莫如建康。其隘可守者曰碙砂、夾、曰采石、曰大信。《兵志》：太平州采石駐劄御前水軍。《南宋磚記》

右磚文正書，旁行，在磚端。

又

采水。

右磚文曰采水，乃采石水軍之省文。正書，旁行，在磚端。

修倉城磚文

修倉城磚。

右磚文正書，旁行，在磚端。

高郵軍城磚文

高郵軍城磚。

右磚文正書，旁行，在磚端。考《輿地紀勝》：高郵軍置於宋開寶四年，熙寧五年廢軍爲縣。元祐元年復置軍額，建炎四年復廢軍爲承州。紹興三十一年復爲軍。考《宋史·韓世忠傳》，世忠曾築高郵城。此疑是蘄王築城時所造。惟《世忠傳》敘築高郵城在建炎七年，其時已改承州，不應仍書高郵軍。然世忠建炎三年充淮南東西路宣撫使，四年以建康、鎮江江東宣撫使駐鎮江，其年俾統制解元守高郵。此磚殆即守高郵時造也。

制勇軍磚文

制勇軍。

右磚文八分書，旁行，在磚端。

鎮江游奕軍磚文

鎮江游奕軍。

《宋史·兵志》：馬軍行司新軍自神策選鋒軍左翼軍、右翼軍、摧鋒軍，游奕軍前軍、右軍、中軍、左軍、後軍，中興置，皆南渡後之軍制也。《南宋磚記》。

右磚文正書，旁行，在磚端。

壽春前軍磚文

壽春前軍。

《宋史·地理志》：「壽春郡，紹興三十二年升壽春爲府，以安豐軍隸焉。」即今之壽州也。《南宋磚記》。

右磚文正書，旁行，在磚端。

安東州磚文

安東州。

右磚文正書，旁行，在磚端。

淮陰水軍磚文

淮陰水軍。

右磚文正書，旁行，在磚端。

敢勇軍磚文

敢勇軍。

宋元祐七年，詔河東陝西路諸帥府募敢勇，以百人爲額。見《兵志》禁軍敢勇注。《宋磚考》。

右磚文正書，旁行，在磚端。

又

鎮江敢勇軍。

右磚文正書，旁行，在磚端。

又

⿰彳卩前敢勇軍。

右磚文正書，旁行，在磚端。⿰彳卩字半泐，當是「御」字。

揚州磚文

揚州磚。

右磚文正書，旁行，在磚端。

又

楊州。

陳宗彝曰：《爾雅》：「江南曰楊州。」《資暇録》云，地多白楊，故名。唐石經從扌，作揚，後不知楊矣。此磚作楊，見古蹟之遺，彌可寶也。《宋磚考》。

右磚文正書，旁行，在磚端。

池州磚文

池州青陽□。

右磚文正書，旁行，在磚端。

鹽城縣磚文

鹽城縣。

右磚文正書，旁行，在磚端。

海門縣磚文

海門縣。

右磚文正書，旁行，在磚端。

太平州磚文

太平州。

右磚文正書，旁行，在磚端。

□州右軍磚文

□州右軍。

右磚文正書，反文，左行，在磚端。

朐山縣磚文

朐山縣。

右磚文正書，直行，在磚端。

泰興縣磚文

泰興縣燒造。

右磚文正書，旁行，在磚端。

右軍第一將磚文

右軍第一將官磚。

右磚文正書，直行，在磚端。

鎮江府磚文

鎮江府官磚。

右磚文正書，直行，在磚端。

官磚磚文

官磚。

右磚文正書，反文，左行，在磚端。

寶應軍磚文

寶應。

寶應，宋曰軍，屬楚州。寶慶三年，升爲州。尋又改軍，仍屬楚州。《食舊德齋雜箸》。

右磚文正書，旁行，在磚端。

寶應楊三磚文

寶應。楊三。

右磚文正書，旁行，在磚端。

謝二磚文

謝二。

右磚文正書，旁行，在磚端。

金勝磚文

金勝。

右磚文正書，旁行，在磚端。

王振磚文

王振。

右磚文正書，旁行，在磚端。

馮□磚文

馮□。

右磚文分書，旁行，僅存一字，古勁如兩漢人書，在磚端。

王安甲磚文

王安甲。

右磚文正書，直行，在磚端。

朱亨磚文

朱亨。

右磚文正書，直行，在磚端。

聞三二磚文

聞三二。

右磚文正書，旁行，在磚端。

步二將磚文

步二將。

右磚文正書，旁行，在磚端。

步四將磚文

步四將。

右磚文正書，旁行，在磚端。

顔勝磚文

顔勝。

右磚文正書，旁行，在磚端。

高城磚文

高城。

右磚文正書，旁行，在磚端。殆高郵城磚之省文。

步壹磚文

步壹。

右磚文正書，旁行，在磚端。

郁小磚文

郁小。

右磚文正書，旁行，在磚端。

行宫窰户張繼祖磚文

行宫窰户張繼祖。

右磚文正書，直行，陰刻，在磚側。

義士左軍磚文

義士左軍。

《宋史・兵志》義士注：紹興元年，籍興元良家子弟，兩丁取一，四丁取二；每二十人爲一隊，號曰義士。《食舊德齋雜箸》。

右磚文正書，旁行，在磚端。

招信軍磚文

招信軍造。

盱眙縣，宋建炎二年升招信軍，四年爲縣。紹興中，復升軍。《宋磚考》

五代唐長興二年，吴升爲招信軍，尋復舊。宋蓋沿舊名，紹興中，改屬淮南東路。《食舊德齋雜箸》。

右磚文正書，旁行，在磚端。

淮安城隍築於南宋之初，其磚甓多記燒造之地，楚州以外若建康、揚州、高郵、寶應、安東、太平、朐山諸郡邑；若淮陰、漣水、鎮江、采石、壽春、招信、武鋒、敢勇、制勇、游奕、義士諸軍；若建康都統司、若淮東安撫司及淮東轉運司，種類甚夥。或記提點將官及作頭姓名，城雉間往往遇之；或得之人家屋壁及雞塒豕闌中。乾嘉以前，士夫無留意者，自瞿木夫先生得建康府磚于江寧試院，竹汀先生爲之跋，爲南宋諸磚著録之始。厥後，著爲磚録者，曰金陵甘氏；曰山陽丁氏；曰白田劉氏。然合諸家所見，殆不逾三十品，予年弱冠，頗事蒐訪，遇未見於諸家著録者，得之如獲尺璧。又每周巡城垣，遇文字新異者，携楮墨就壁上拓之，朔風炎日不之畏；儕輩笑侮未嘗輟也。久之，遂得八十餘品，爲録一卷，以授清河王壽蘐部郎，刻之《小方壺齋叢書》中，今垂三十年矣。此三十年中，人事不常，予既江海奔走，部郎則以客死，昔蓄諸磚已多零落，墨本多爲朋好取携垂盡，舊日刊本亦罕流傳。若不謀重授之梓，則往日之辛勤著録將與舊藏俱盡，是可憾也。爰重校寫付影印，而部郎已墓木拱矣。部郎名錫祺，好古，能文章，篤嗜地理學，喜刻書，與予姻舊，晚歲以商業破家，遭訟繫，予爲言于當道，出之。而卒以餒死。憶其平生，爲之悽咽，往欲爲作一傳以章之，匆匆未果。因跋此編，附記其姓字，俾世之讀是編者，知此書之印行，實自部郎始，其豐于學而嗇于遇，爲可悲也。戊午十月，上虞羅振玉書於海東但馬國城崎旅舍之詠歸亭。

唐代海東藩閥誌存

光緒季年，予備官學部，唐春卿尚書景崇代蒙古榮文恪公來長部。公見予遽曰：「往在南中，讀君著作，至爲欽挹。今後請以退食餘閒相與商量舊學。某炳燭之明，薄有造述，願得他山之助，幸毋遜謝，可乎？」予逡巡應之曰：「唯唯。」不半月，公延予於廣西會館，出所注《新唐書》稿相商榷。且曰：「《新》、《舊》兩書以史法論，歐史爲優；記載翔實則推劉氏。顧《舊書》無善本，前輩謂《太平御覽》、《册府元龜》所引出北宋初年，可資勘定。然《元龜》今亦無佳刻。近注《東夷傳》，《隋》、《唐》兩書，皆言高麗官制凡十二級，《元龜》則言十三等，而其所書官名則仍是十二。然則，所謂十三等「三」字，必「二」字之譌，雖有異同，可依據乎？」予對以似未可遽以爲譌，且須得善本定之耳。公似不謂然，乃又曰：「京師人文淵藪，然求書不易。同治初，於獨山莫氏假寫本《東國史略》。偲翁言，順德丁氏藏《東國通鑑》詳於此書。予訪求有年，始知李君木齋許有之，而吝不見假，令人慨喟。」予曰：「《東國通鑑》以前尚有《三國史記》，皆彼邦人所箸。行篋中有此二書，顧書中所採，大要出中國諸史，於注《歐書》無甚裨益也。」公聞之驚喜，借觀月餘，告予曰：「詳撿兩書，果如君言，然更從何處得他資材耶？」予以唐代石刻文字對。公曰：「君聞見博，倘見有裨《歐書》之石刻，幸見告。」予唯唯應之，然實無以報公也。及辛酉後，予寓居津沽，得中州石刻甚多。首見《百濟故太子扶餘隆墓誌》，嗣又見泉男生諸誌、高慈、高震誌，先後得墨本七通，咸有裨《歐書》。而《泉男產誌》，實有十三等之班次，語與《册府元龜》同，足釋往者尚書之疑。顧是時尚書墓草已宿，欲踐往約已末由矣。頃養疴嵎夷，撿笥得諸誌。其中泉男生、男産、扶餘隆三誌，尚有流傳。「高慈誌」在予家，他三誌則僅見一本，不知存否，且多爲學者所未知，因録爲一編。舊有跋尾者，增損録後。其無跋尾者，補加考證，顔之曰《唐代海東藩閥誌存》。校録既竣，追念往者春明舊約，淒然腹痛。論學之侣日稀，賞析之歡難再，俛仰今昔，感慨係之矣。丁丑仲冬，羅振玉書。目如左：

卞國公泉男生墓誌調露元年十二月

帶方郡王扶餘隆墓誌永淳元年十二月

左豹韜衛郎將高慈墓誌聖歷三年臘月

左衛大將軍泉獻誠墓誌大足元年二月

營繕大匠泉男産墓誌長安二年四月

淄川縣子泉毖墓誌開元廿一年十月

安東都護郯國公高震墓誌大歷十三年十一月

唐代海東藩閥誌存

泉男生墓誌

高廣各三尺八寸，四十六行，行四十七字，正書。蓋題《大唐故特進泉君墓誌》，篆書。

大唐故特進行右衛大將軍兼撿校右羽林軍仗內供奉上柱國卞國公贈并州大都督泉君墓誌銘并序

中書侍郎兼撿校相王府司馬王德真撰。

朝議大夫、行司勳郎中、上騎都尉、渤海縣開國男歐陽通書。

若夫虹光韞石，即任土而輝山；蠙照涵波，亦因川而媚水。洎乎排朱閤登紫蓋，騰輝自遠，踰十乘於華軒；表價增高，裂五城於奧壤。況復珠躔角互，垂景宿之精芒；碧海之衆，感名山之氣色。舉踵柔順之境，濫觴君子之源。抱俎豆而窺律吕，懷錦繡而登廊廟。移根蟠壑，中大厦之隆村；轉織加庭，奉元戎之切寄。與夫隋珠鳫櫝，楚璧緘繩，豈同年而語矣，於卞國公斯見之焉。公姓泉，諱男生，字元德，遼東郡平壤城人也。原夫遠系本出於泉，既託神以隤祉，遂因生以命族。其猶鳳産丹穴，發奇文於九苞；鶴起青田，禀靈姿於千載。是以空桑誕懿，虚竹隨波，並降乾精，式摽人傑；遂使洪源控引，態掩金樞，曾堂延袤，勢臨瓊檻。曾祖子遊，祖太祚並任莫離支。父蓋金，任太大對盧。乃祖乃父，良冶良弓，並執兵鈐，咸專國柄。桂婁盛業，赫然凌替之資；蓬山高視，確乎伊霍之任。公貽厥傳慶，弁幘乃王公之孫；宴翼聯華，沛鄒爲荀令之子。在髫無弄，處丱不群，乘衛玠之車，塗光玉粹；綴陶謙之帛，里映珠韜。襟抱散朗，摽置宏博，廣峻不疵於物議，通分無滯於時機。書劒雙傳，提蔗與截蒲俱妙；琴碁兩翫，鴈行與鶴迾同傾。體仁成勇，静迅雷於誕據，抱信由衷，亂驚波於禹鑿。天經不匱，教乃由生，王道無私，忠爲令德。澄陂萬頃，游者不測其淺深；繚垣九仞，談者未窺其庭宇。年始九歲，即授先人。父任爲郎，正吐入榛之辯；天工其代，方昇結艾之榮。年十五，授中裏小兄；十八，授中裏大兄；年廿三，改任中裏位頭大兄；廿四，兼授將軍，餘官如故；廿八，任莫離支，兼授三軍大將軍；卅二，加太莫離支，摠録軍國阿衡元首。紹先疇之業，士識歸心；執危邦之權，人無駮議。于時蘿圖御寓，楛矢賓期，公照花照蕚，内有難除之草；爲榦爲楨，外有將顛之樹。遂使桃海之濱，隳八條於禮讓；蕭墻之内，落四羽於干戈。公情思内欵，事乖中執，方欲出撫邊甿，外巡荒甸，按嵎夷之舊壤，請羲仲之新官。二弟産、建，一朝兇悖，能忍無親，稱兵内拒。金環幼子，忽就鯨鯢；玉膳良莛，俄辝顧復。公以共氣星分，既飲淚而飛撽；同盟雨集，遂銜膽而提戈。將屠平壤，用擒元惡。始達烏骨之郊，且破瑟堅之壘。明其爲賊，鼓行而進。仍遣大兄弗德等奉表入朝，陳其事迹。屬有離叛，德遂稽留。公乃反旆遼東，移軍海北，馳心丹鳳之闕，飭躬玄兔之城。更遣大兄冉有，重申誠効。曠林積怨，先尋閼伯之戈；洪池近遊，豈貪虞叔之劍。皇帝照彼青丘，亮其丹懇，覽建、産之罪，發雷霆之威。丸山未銘，得來表其先覺；梁水無孽，仲謀憂其必亡。乾封元年，公又遣子獻誠入朝，帝有嘉焉。遥拜公特進、太大兄如故，平壤道行軍大摠管兼使持節安撫大使，領本蕃兵，共大摠管契苾何力等相知經略。公率國内等六城十餘萬户，書藉轅門，又有木底等三城，希風共欵。蕞爾危矣，日窮月蹙。二年，奉勑追公入朝。總章元年，授使持節遼東大都督、上柱國、玄兔郡開國公，食邑二千户，餘官如故。小貊未夷，方傾巢鷇之幕；大君有命，還歸蓋馬之嶜。其年秋，奉勑共司空、英國公李勣相知經略。風驅電激，直臨平壤之城；前哥後舞，遥振崇墉之堞。公以罰罪吊人，憫其塗地，潛機密搆，濟此膏原，遂與僧信誠等内外相應。趙城拔幟，豈勞韓信之師；鄴扇抽關，自結袁譚之將。其王高藏及男建等，咸從俘虜。巢山潛海，共入隄封；五部三韓，並爲臣妾。遂能立義斷恩，同鄭伯之得儁；反禍成福，類箕子之疇庸。其年與英公李勣等凱入京都，策勳飲至。獻捷之日，男建將誅，公内切天倫，請重閽而蔡蔡叔；上感皇睠，就輕典而流共工。友悌之極，朝野斯尚。其年蒙授右衛大將軍，進封卞國公，食邑三千户，特進、勳官如故，兼撿校右羽林軍，仍令仗内供奉。降禮承優，登壇引拜，桓珪輯中黄之瑞，羽林光太紫之星。陪奉輦輅，便繁左右，恩寵之隆，無所與讓；腎腸之寄，莫可爲儔。儀鳳二年，奉勑存撫遼東，改置州縣，求瘼卹隱，襁負如歸；劃野疎疆，奠川知正。以儀鳳四年正月廿九日遘疾，薨於安東府之官舍，春秋卌有六。震扆傷韓，台衡弛笛，四郡由之而罷市，九種因之以輟耕。詔曰：懋功流賞，寵命洽於生前；縟禮贈終，哀榮賁於身後。式甄忠義，豈隔存亡。特進、行右衛大將軍、上柱國、卞國公泉男生，五部酋豪，三韓英傑。機神頴悟，識具沉遠。秘筭發於鈐謀，宏村申於武藝。僻居荒服，思効欵誠。去危就安，允叶變通之道；以順圖逆，克清遼浿之濱。美勣遐著，崇章荐委。入典北軍，承宴私於紫禁；出臨東階，光鎮撫於青丘。伫化折風，溘先危露，興言永逝，震悼良深。宜增連率之班，載穆追崇之典。可贈使持節大都督并汾箕嵐四州諸軍事、并州刺史，餘官並如故。所司備禮册命，贈絹布七百段，米粟七百石，凶事葬事所須並宜官給，務從優厚。賜東園秘器。差京官四品一人，攝鴻臚少卿監護，儀仗鼓吹送至墓所。往還五品一人持節賚璽書吊祭。三日不視事。靈柩到日，仍令五品已上赴宅。寵贈之厚，存殁增華；哀送之盛，古今斯絶。考功累行，謚曰襄公。以調露元年十二月廿六日壬申，窆於洛陽邙山之原，禮也。哀子衛尉寺卿獻誠，夙奉庭訓，早紆朝獻。拜前拜後，周魯之寵既隆；知死知生，吊贈之恩彌縟。茹荼吹棘，踐霜移露。痛迭微之顯傾，哀負趍之潛度。毁魏墳之舊漆，落漢臺之後素。刊翠琬而傳芳，就黄壚而永固。其詞曰：

三岳神府，十洲仙庭。谷王産傑，山祇孕靈。訏謨國緯，舄弈人經。錦衣繡服，議罪詳刑。其一伊人間出，承家疊祉。嬌嬌鳳鶵，昂昂驥子。韞智川積，懷仁岳峙。州牧鷹刀，橋翁授履。其二消灌務擾，鄒盧寄深。文摳執柄，武轄摻鈐。荆樹鶚起，蘆川鴈沉。既傷反袂，且恨移衾。其三肅影鱗洲，輸誠鳳闕。朝命光寵，天威吊伐。殄寇瞻星，行師計月。夷舞歸獻，凱哥還謁。其四彎弧對泣，叩閽祈帝。遽從秋荼，復開春棣。鏘玉高袟，銜珠近衛。寶劒舒蓮，香車褭桂。其五輊軒出撫，重錦晨遊。抑揚毬穴，堤封亶洲。贍威仰惠，望景思柔。始襜來軸，俄慌去輈。其六鎩革勤王，聞鼙悼宸。九原容衛，三河兵士。南望少室，北臨太史。海就泉通，山隨墓起。其七霜露年積，春秋日居。墳圓月滿，野曠風踈。幽壤勒頌，貞珉瘞書。千齡暐曄，一代丘墟。其八

此誌二十年前出洛陽，今藏開封圖書館。男生爲高麗賊臣蓋蘇文之子。今取《新》、《舊》兩書《東夷傳》、《新書·蕃將傳》、《三國史記》、《東國通鑑》諸書所記，與《誌》相參證，得可補正前史者八事：《誌》叙泉氏得姓之始，其文曰：「原夫遠系本出於泉，既託神以隤祉，遂因生以命族。乃追先世受氏之由。」而《新史·高麗傳》乃云：蓋蘇文姓泉氏，自云生水中以惑衆。《三國史記》、《東國通鑑》遂沿其説，誤認爲蓋蘇文生水中，其舛謬可笑。至《舊書·東夷傳》乃作姓錢氏，又誤「泉」爲「錢」。此可證史書之誤一也。《誌》稱「男生曾祖子遊、祖太祚並任莫離支；父蓋金，任太大對盧」。《三國史記》、《東國通鑑》稱「蓋蘇文或云蓋金」，與《誌》合，而《蓋蘇文傳》但稱其父爲東部大人、大對盧，不知其祖父之名，此可補高麗史之闕二也。《誌》稱「年九歲，

即授先人；年十五，授中裏小兄；十八，授中裏大兄；年廿三，改任中裏位頭大兄；廿四，兼授將軍；廿八，任莫離支兼授三軍大將軍；卌二，加大莫離支」。《新書·男生傳》所記畧同，惟稱「中裏位頭大兄」爲「中裏位鎮大兄」，而《三國史記》及《東國通鑑》則均作「頭大兄」，與《誌》合。此可訂正《新史·蕃將傳》一字之譌，三也。《新書·高麗傳》：乾封二年，蓋蘇文死，子男生代爲莫離支，與弟男建、男産相怨。〔一〕男生據國内城，遣子獻誠入朝求救。《誌》稱：二弟産、建稱兵内拒，遣大兄弗德奉表入朝，陳其事迹。屬有離叛，德遂稽留，更遣大兄冉有重申誠效。皇帝亮其丹懇。乾封元年，公又遣子入朝。是男生先後凡三遣使。弗德未能成行，再遣冉有，遂達丹懇。至獻誠入朝，則唐已允其陳乞，乃入朝申謝。史乃畧前二事，但書末次獻誠入朝，殊乖事實，此可據補史家之闕者四也。蓋蘇文之死，《蕃將傳》謂在乾封元年，《三國史記》因之。而《誌》記産、建稱戈，男生遣使入告，書于乾封元年獻誠入朝之前，則蓋蘇文之死，殆尚是乾封前一二年事。《誌》稱男生卒於儀鳳四年正月，年卌有六，是生於貞觀八年。《誌》又稱年卌二加大莫離支，其年則麟德二年也。《日本書紀》繫蓋蘇文死于天智天皇三年甲子，則麟德元年也。究在元年二年雖未能確定，然決非乾封元年則可知。此前史所記應存疑者，五也。《舊書·高麗傳》：「獻誠詣闕求哀。詔令左驍衛大將軍契苾何力率兵應接之。男生脱身來奔，詔授特進、遼東大都督兼平壤道安撫大使，封玄菟郡公。」（傳繫此事於乾封元年。）《誌》稱：「乾封元年，公又遣子獻誠入朝，遂拜公特進、太大兄如故，平壤道行軍大總管兼使持節安撫大使，領本蕃兵共大總管契苾何力等相知經畧。二年，奉勅追公入朝。總章元年，授使持節遼東大都督、上柱國、玄兔郡開國公。」是男生初在國中遥授安撫大使，至總章元年，始封玄兔公，拜遼東大都督。《舊書》乃併二事爲一，悉屬之乾封元年，謬誤已甚。《新書·高麗傳》乃又將泉生總章元年所授官爵屬之行軍總管龐同善，稱「九月，同善破高麗兵，男生率師來會。詔拜同善特進、遼東大都督兼平壤道安撫大使，封玄菟郡公。」其錯誤尤爲離奇，此足訂正兩書《東夷傳》之誤者六也。《誌》稱「男生與英公李勣凱入京都，其年蒙授右衛大將軍、卞國公、食邑三千户，兼撿校右羽林軍，仍令仗内供奉。」《新書·蕃將傳》、《舊書·東夷傳》同，惟《舊書》誤「卞國公」作「汴國公」，而諸書均不載「撿校右羽林軍，仍令仗内供奉」，此可補正前史者七也。《新書·蕃將傳》叙男生之卒在儀鳳二年詔安撫遼東之後，不著年月。《舊書·東夷傳》則作儀鳳初，據《誌》則卒於儀鳳四年正月。又《舊書·東夷傳》稱男生卒於長安，據《誌》則薨於安東府，此可補正前史者八也。男生爲逆臣之子，復以兄弟鬩牆之故詣唐乞師，遂致七百年高氏宗社一朝夷滅，其人蓋無足稱。惟《誌》稱獻捷之日，男建將誅，公内切天倫，請重闈而蘂蔡叔；上感皇睠，就輕典而流共工。則男建以男生之請得改誅爲流，不以殺其子之故快心圖報，此尚稍有人心者耳。此誌撰者王德真，文頗藻麗，書者歐陽通，楷書尤精絶，近數十年唐代芒洛遺文出土者千餘品，以書迹論之，要推此誌爲第一矣。

扶餘隆墓誌

高廣各二尺四寸七分，二十六行，行二十七字，正書。

公諱隆，字隆，百濟辰朝人也。元□□孫啓祚，暘谷稱雄；割據一方，跨躡千載。仁厚成俗，光揚漢史；忠孝立名，昭彰晉策。祖璋，百濟國王。沖撝清秀，器業不羣。貞觀年詔授開府儀同三司、柱國、帶方郡王。父義慈，顯慶年授金紫光禄大夫、衛尉卿。果斷沉深，聲芳獨劭。趍藁街而沐化，績著來王；登棘署以開榮，慶流遺胤。公幼彰奇表，夙挺瓌姿。氣蓋三韓，名馳兩貊。孝以成性，慎以立身。擇善而行，聞義能徙。不師蒙衛而□發慙工，未學孫吴而六奇間出。顯慶之始，王師有征。公遠鑒天人，深知逆順。奉珎委命，削衽歸仁。去後夫之凶，革先迷之失。欵誠押至，褒賞荐加。位在列卿，榮貫蕃國。而馬韓餘燼，狼心不悛，鴟張遼海之濱，蟻結丸山之域。皇赫斯怒，天兵耀威。上將擁旄，中權奉律。吞噬之筭雖禀廟謀，綏撫之方且資人懿。以公爲熊津都督，封百濟郡公，仍爲熊津道揔管兼馬韓道安撫大使。公信勇早孚，威懷素洽。招攜邑落，忽若拾遺。翦滅姦匈，有均沃雪。尋奉明詔，脩好新羅。俄沐鴻恩，陪覲東岳。勳庸累著，寵命日隆。遷秩太常卿，封王帶方郡。公事君竭力，徇節亡私。屢獻勤誠，得留宿衛。比之秦室則由余謝美，方之漢朝則日磾慙德。雖情深匪懈，而美疢維幾，砭藥罕徵，舟壑潛從，春秋六十有八，薨于私苐。贈以輔國大將軍，謚曰　公，植操堅慤，持身謹正。〔二〕高情獨詣，遠量不羈。雅好文詞，尤翫經藉。慕賢才如不及，比聲利於遊塵。天不憖遺，人斯胥悼。以永淳元年歲次壬午，十二月庚寅朔，廿四日癸酉葬于北芒清善里，禮也。司存有職，敢作銘云：海隅開族，河孫效祥。崇基峻峙，遠派靈長。家聲克嗣，代業逾昌。澤流浠水，威稜帶方。餘慶不孤，英才繼踵。執爾貞慤，載其忠勇。徇國身輕，亡家義重。迺遵王會，遂膺天寵。桂婁初擾，遼川不寧。薄言携育，寔賴威靈。信以成紀，仁以爲經。宣風徼塞，侍蹕云亭。爵超五等，斑叅九列。虔奉天階，肅恭臣節。南山匪固，東流遽閱。敢託明旌，式昭鴻烈。

大唐故光禄大夫行太常卿使持節熊津都督帶方郡王扶餘君墓誌

《百濟故太子扶餘隆墓誌》，往歲出洛陽，今藏開封圖書館。以《新》、《舊》書《東夷傳》及《三國史記》、《東國通鑑》與《誌》相參校，知《誌》所書有失實者，有可據史補《誌》之畧者，有可據《誌》以補史闕文者。《誌》稱：「祖璋，貞觀年詔授開府儀同三司、柱國、帶方郡王。父義慈，顯慶中授金紫光禄大夫、衛尉卿。」考《舊書·高祖紀》璋授帶方郡王在武德七年正月，《舊書·東夷傳》亦載封爵在是年；《新書·東夷傳》則書於武德四年朝貢後；《誌》作貞觀中，其誤無疑。

至《太宗紀》及《東夷傳》均稱貞觀十五年，扶餘璋卒，遣使册命義慈爲柱國、帶方郡王、百濟王。《誌》乃但書亡國後授官，嗣爵事遂避而不敢書，雖非乖誤，然失實，一也。至《新書·東夷傳》載百濟亡後隆授司稼卿，《誌》但言襃賞薦加，位至列卿，不言司稼卿，此史詳於誌者也。至《誌》載「馬韓餘燼，狼心不悛，鴟張遼海之濱，蟻結丸山之域。以公爲熊津都督、封百濟郡公，仍爲熊津道總管兼馬韓道安撫大使。公信勇早孚，威懷素洽。招携邑落忽若拾遺，翦滅姦匈有如沃雪」云云。乃指百濟亡後，璋從子福信與浮屠道琛據周留城，立故王子扶餘豐。隆曾受命將兵平亂，兩書《東夷傳》則均不載此事，惟《舊書》有劉仁軌及别將社爽〔三〕、扶餘隆率水師及糧船，自熊津口往白江以會陸軍，同趨周留城語，於此一見其名。《新書》記此事則並隆名亦删之，至隆於是時任熊津都督、馬韓道安撫大使及授爵百濟郡公則皆失而不書。且稱是時熊津道總管爲孫仁師，但稱隆爲别將，殊不可解。誌刻於當時，必無誤理。又隆陪覲東嶽，授太常卿，亦諸書所不載。此可據《誌》以補史闕文者也。其他記事則史《誌》相同，惟《新史·高麗傳》又載總章元年十二月，投男建黔州，百濟王扶餘隆嶺外。隆何以與泉男建同時流徙，殊無此理。且隆當時亦無百濟王之稱，其爲譌繆殆無可疑。但何以致此譌，則不可解矣。《誌》稱「以永淳元年歲次壬午，十二月庚寅朔，廿四日癸酉，葬于北芒清善里」。以長術考之，是年十一月爲庚寅朔，廿四日得癸丑，十二月爲己未朔，二十四日得壬午。《誌》稱十二月庚寅朔，廿四日癸酉，則十二月殆十一月之誤，癸酉又癸丑之誤也。誌文頗簡净，殆出於能文者之手。至誌題列於文末，亦爲誌石中所罕見者。

高慈墓誌

高廣各三尺一寸六分，三十七行，行三十六字，正書。

大周故□□將軍、行左豹韜衛郎將，贈左玉鈐衛將軍高公墓誌銘并序

夫揔旅卂軍陷陣降城者號良將，有一無二糜軀殞首者謂忠恧。詳諸結刻，已還弦矧之後，實一不雙濟，名罕兩兼。緬尋東觀之書，遐披南史之筆。文才接踵，武士磨肩。其於資父事君，輕身重義，植操於忠貞之表，定志於吉凶之分，雷霆震而不變，風雨晦而未已，在於將軍矣一。公諱慈，字智捷，朝鮮王也。先祖隨朱蒙王平海東諸夷，建高麗囶。已後代爲公侯宰相，至後漢一末，高麗與燕慕容戰〔四〕，大敗，囶幾將滅。廿代祖密當提戈獨入，斬首尤多。因破燕軍，重存本囶。賜一封爲王，三讓不受。因賜姓高，食邑三千户。仍賜金文鐵券曰：宜令高密子孫，代代封侯，自非烏一頭白，鴨渌竭，承襲不絶。自高麗囻立至囶破已來，七百八秊，卅餘代，代爲公侯、將相不絶。忠爲一令德，勇乃義基。建社分茅，因生祚土。無隔遐裔，有道斯行。况乎坒藴三韓，坒承八教。見危授命一，轉

敗爲功。圀賴其存，享七百之綿祚；家嗣其業，纂卅之遥基。源流契郭樸之占，封崇苻畢萬之━筮。禦侮傳諸翼子，帶礪施於謀孫。此謂立功，斯爲不朽。曾祖式，本蕃任二品莫離支。獨知圀政━，位極樞要，職典機權，邦圀是均，尊顯莫二。祖量，本蕃任三品栅城都督、位頭大兄兼大相。少稟━弓冶，長承基搆。爲方鎮之領袖，實屬城之准的。父文，本蕃任三品位頭大兄兼將軍。預見高麗━之必亡，遂率兄弟歸款𨲢朝。奉總章二𠡦四𠥱六𡆠制，𥠢明威將軍、行右威衛━翊府左郎將。其𠡦十一𠥱廿四𡆠奉制，𥠢雲麾將軍、行左威衛翊府中郎將。永隆二𠡦━四𠥱廿九𡆠，除左威衛將軍。舟偏遂去，知虢公之禄殃；宫奇族行，見虞邦之不臘。庇身可封之━域，鶡弁司階；革面解愠之朝，虎賁陪輦。禁戎五校，衛尉八屯。長劍陸離，琱孤宛轉。奉光宅元𠡦━十一𠥱廿九𡆠制，封柳城縣開圀子、食邑四百户，累奉恩制，加𥠢柳城郡開圀━公、食邑二千户。桓子之狄悪，千室比此爲輕；武安之拔郢，三都方兹豈重。公少以父勳，迴𥠢上━柱圀；又𥠢右武衛長上；尋𥠢游擊將軍，依舊長上；又汎加寧遠將軍，依舊長上；又奉恩制，汎加定遠將軍，長上如故。萬歲通𠑺元𠡦五𠥱奉勑，差父充瀘河道討擊大使。公奉━勑從行，緣破契丹，功𥠢壯武將軍、行左豹韜衛翊府郎將。忝跡中權，立功外域，既等耿恭之寄━，旋霑來歙之榮。尋以寇賊憑陵，晝夜攻逼。埊孤援闕，糧盡矢殫。視死猶生，志氣彌勵。父子俱陷━，不屈賊庭。以萬歲通𠑺二𠡦五𠥱廿三𡆠，終於磨米城南，春秋卅有三。𨲢上哀悼，傷慟━于懷。制曰：故左金吾衛大將軍、幽州都督高性文男智捷，隨父臨戎，殞身赴難，忠孝兼一極。至性高於二連，義勇俱申遺烈。存於九死，永言喪没。震悼良深，宜加褒贈，式慰泉壤。可左玉玉鈐衛將軍〔五〕。又奉勑曰：高性文父子忠鯁身亡，令編入史。又奉勑令准式例葬。粵一以壟曆三𠡦臘𠥱十七𡆠，窆於洛州合宫縣平樂鄉之原，禮也。公忠孝成性，仁智立身。克嗣家一風，夙摽罔望。雖次房之見獲苟宇，宜僚之被脅楚勝。形則可銷，志不可奪。精誠貫𡆠，哀響聞𠀑。爰加死事之榮，𡕀編良史之册。有子崇德，奉制襲父左豹韜衛翊府郎將。𠡦登小學一，才類大成。孝自因心，哀便毁貌。始擇牛亭之埊，爰開馬鬣之封。將營白鶴之墳，先訪青烏之兆一。將恐舟壑潛運，陵谷貿遷，雖歸東岱之魂，終紀南山之石。其銘曰

蓬丘趾峻，遼海源長。種落五族，襟帶一方。氣苞淳粹，𤯔號貞良。戎昭致果，胤嗣承芳。其一卓矣顯一祖，猗哉若𤯔。橫戈靖難，拔劍清塵。見義能勇，有讓必仁。丹青信誓，礪帶書紳。其二蠢爾犬羊，扇兹一兇慝。王子出師，既成我服。揚颿滄溟，搗戈蝨蟹。子孝恧忠，自家形圀。其三積善無禄，輔德一有違。蒭狗一致，美惡同依。白狼楥絶，黃龍弌稀。李陵長往，温序思歸。諒𡆠𠥱之更謝，寄琬琰於一泉扉。其四

此誌二十年前出洛陽，今藏予家。《誌》稱：「慈字智捷，朝鮮人。先祖隨朱蒙平定海東諸夷，建高麗國。已後代爲公侯、宰相。至後漢末，高麗與慕容戰，大敗，國幾滅。二十代祖密當提戈獨入，斬首尤多。因破燕軍，重存本國。賜封爲王，三讓不受。因賜姓高，食邑三千户。仍

賜金文鐵券曰：宜令高密子孫代代封侯，非烏頭白，鴨淥竭〔六〕，承襲不絕。曾祖式，本蕃任二品莫離支，獨知國政。祖量，本蕃任三品栅城都督、位頭大兄兼大相。父文，本蕃任三品位頭大兄兼將軍。」敘其先世門閥至高，而其祖、父、孫三世之名不見於麗史及《新》、《舊》兩書《東夷傳》，至其二十代祖密，麗史亦不載其人，惟《三國史記》載烽上王二年秋，慕容廆來侵。王欲往新城避賊，行至鵠林。慕容廆知王出，引兵追之將及。王懼。時新城宰北部小兄高奴子領五百騎迎王，逢賊，奮擊之，廆軍敗退。王喜，加奴子爵爲大兄，兼賜鵠林爲食邑。所記與《誌》畧同，惟人名則異。疑高密或即高奴子。至慕容侵高麗時當晉世，《誌》作後漢末者，誤也。《誌》稱二十代祖密始賜姓高，顧不載其本姓，其所記先世佐高麗開國者爲何人，益不可考矣。古昔誌墓之文，多誇張門閥而乖其實，此誌所載或亦類是歟。《誌》又稱：「父文，預知高麗之必亡，遂率兄弟歸欵聖朝。總章二年四月，授明威將軍、行右威衛翊府左郎將；其年十一月，授雲麾將軍行左威衛中郎將；永隆二年四月，除左威衛將軍；光宅元年十一月，封柳城縣子〔七〕。累奉恩制，加柳城郡開國公。公以父勳，授上柱國，又授右武衛長上，尋授游擊將軍，又加寧遠將軍，汎加定遠將軍。」考高麗以總章元年亡國，慈父子殆隨國王降附授官者。觀其恩禮頗渥，其爲高麗重臣可知，惜名不見麗史，已無可徵矣。《誌》又載：「萬歲通天元年五月奉勑，差父充瀘河道討擊大使，公奉勑從行，緣破契丹，功授壯武將軍、行左豹韜衛翊府郎將。尋以糧盡矢殫，父子俱陷，不屈賊庭。以萬歲通天二年五月五日，終於磨米城南。」案《唐書・則天皇后本紀》：〔八〕萬歲通天元年五月，營州契丹首領、松漠都督李盡忠與其妻兄媯誠州刺史孫萬榮舉兵反。乙丑，命鷹揚將軍曹仁師等二十八將討之。其年九月李盡忠死。二年五月，孫萬榮爲其家奴所殺，亂平。慈父殆爲二十八將之一而死於萬榮垂敗之月者也。《誌》稱慈父文，後載褒卹制又稱「左金吾衛大將軍幽州都督高性文男智捷，隨父臨戎，殞身赴難」。其名又作性文。觀制文中稱高慈爲高智捷，以此例之，則其父殆名文，字性文。唐制中稱人臣之字而不名，此例習見，不僅此誌然也。慈父子以降將臨敵殞身，而名不見蕃將傳，殆無他事實可稱歟！高麗古無史籍，其國史多根據中國諸史傳。中國史籍所不載，故在彼亦無所取資。此誌是其明證矣。

泉獻誠墓誌

高三尺一寸五分，廣三尺一寸，四十一行，行四十一字，正書。

大周故左衛大將軍右羽林衛上下上柱圀卞圀公贈右羽林衛大將軍泉君墓誌銘并序

朝議大夫、行文昌膳部員外郎、護軍梁惟忠撰。

君諱獻誠，字獻誠。其先高勾驪圀王也。夫其長瀾廣泒，則河之孫；燭後光前，乃日之子。柯茱森欝，世爲蕃相。一曾祖大祚，本圀任莫離支捉兵馬。氣壓三韓，聲雄五部。祖蓋金，本圀任太大對盧捉兵馬。父承子襲，秉權耀一寵。父男生，本圀任太大莫離支。率衆歸唐，唐任特進、兼使持節遼東大都督、右衛大將軍撿校右羽林軍，仍一仗內供奉、上柱圀、卞圀公贈并益二州大都督，謚曰襄。智識明果，機情朗秀。屬孱王在圀，不弟鬩墻。有男建一、男產，同惡相濟。建蓄捷菑之禍，產包共叔之謀。襄公覩此亂階，不俟終囸。以爲圀之興也，則君子在位；圀之一亡也，則賢臣去之。公即避危邦而不居，通上京而請謁。昆邪之率衆降漢，即拜列侯；由余之去圀歸秦，先優客禮一。公即襄公嫡子也。生於小貊之鄉，早有大成之用。峑榮門寵，一圀罕儔。九歲在本蕃即拜先臣之職，敬上接一下，遼右稱之。美風儀，工騎射。宏宇瓌量，幽淵不測。𡕀襄公按部于外，公亦從焉。洎建、產等兇邪，公甫秊十六一。時禍起倉卒，議者猶豫。或勸以出鬬，謀無的從。公屈指料敵，必將不可。乃勸襄公投圀內故都城，安輯酋庶一。謂襄公曰：今發使朝漢，具陳誠欵。圀家聞大臣之來，必欣然啓納，曰請兵馬，合而討之。此萬全決勝計也。襄一公然之。謂諸衷長曰：獻誠之言甚可擇。即囸遣首領冉有等入朝。唐高宗手勑慰喻，便以襄公爲東道主臣、一兼穡大摠管。公圖去就之計，審是非之筞，不踰晷刻，便料安危，故能西引漢兵，東掃遼祲。襄公之保家傳圀一，實公之力也。尋穡襄公，命詣京師謝恩。𡗧子待之以殊禮，拜右武衛將軍，賜紫袍金帶并御馬二疋。銜珠一佩玉，方均許褚之榮；錫綬班金，更等呼韓之賜。頃之，遷衛尉𤰈卿。門樹勳績，軄惟河海。儀鳳四秊，丁父憂，哀—毁過禮。中使借問，道路相屬。祖母以公絶漿泣血，益增悖念，每勉强，不從則爲之輟食。公由是稍加飲啜，以—喻慈顔。愛養之深，不獨李虔之祖母；孝感之極，豈止程曾之順孫。調露元秊九匨，有制奪禮，充定襄軍討—叛大使。金革無避，非公所能辭也。使還録功，稐上柱圀。開耀二秊，襲封卞圀公，食邑三千户，崇建侯之勳，傳—賞埊之業。永淳元秊，丁祖母憂，以嫡去職。光宅元秊十匨，制稐雲麾將軍，守右衛大將軍員外置同𠙺員—，勳封並如故。又奉其匨廿九𡆠勑令右羽林衛。上下心膂，大恧爪牙。深寄汪濊德澤，綢繆恩奬。垂拱二—秊三匨，奉勑充神武軍大揔管。部領諸色兵，西入寇境。公妙閑風角，深達鳥情。山川起伏之形，原野孤虛之—勢，莫不暗苻鈐决，洞合胸襟。次迴滿川，賊徒大去。善戰不陣，斯之謂歟。四秊九匨，奉勑充龍水道大揔管—，討豫州反叛，賜綵一百段，御馬一匹。尋屬賊平，遂止。𠀑稐元秊九匨，制稐左衛大將軍員外置同𠙺員，餘—並如故。二秊二匨，奉勑充撿挍𠀑樞子來使兼於玄武北門押運大儀銅等。事未畢，會逆賊來俊恧秉弄—刑獄，恃摇威勢，乃密於公處求金帛寶物。公恧以賄交，杜而不許。回誣陷他罪，卒以非命，春秋卌二。嗚呼，孫—秀利石崇之財，苻氏及王家之患。遽而皇明燭曜，𠀑波藻濯。雪幽冤以非罪，申涣汗於褒崇。漢帝之恨—誅晁錯非無太息，晉皇之追贈馬敦式加榮寵。久視元秊八匨，乃下制曰：　故左衛大將軍、右羽林衛上下、上—柱圀、卞圀公泉獻誠，望高蕃服，寵被周行。情欸深至器懷，温厚擢居親近，委以禁兵。誣構奄興，冤刑莫究。歳匨—遄邁，狀跡申明。言念過往，良深悼惜，褒崇靡及，宜在追榮。窀穸未周，當須改卜。式加縟禮，以慰營魂。可贈一右羽林衛大將軍，賜物一百段。葬⊙量□，縵幕手力。其男武騎尉、柳城縣開囯男玄隱，可游擊將軍、行左玉一鈴衛右司階員外置同正員，勳封並如故。賞延于世，眭孟之子爲郎；殁而垂聲，隨武之魂可作。有子玄隱、玄一逸、玄静踐霜濡露，崩襟殞神。懼今昨遞遷，陵谷頽易，乃祐故域，建新墳。簫挽之聲哀以聞古來，不獨今逆昔一。陌上飛旌空靡靡，郭門弔客何紛紛。粤以大足元秊歲次辛丑，二匝甲辰朔，十七⊙庚申，葬於芒山之舊營一，禮也。膴膴郊原，近棱布金之埒；蒼蒼松栢，由來積石之封。其詞曰：

濱海之東兮昔有朱蒙，濟河建囯兮世業崇崇。崇崇世業，扶木枝菜。枝菜伊何？諒曰泉氏。上傳下嗣，孕靈誕一祉。皇考有屬，危邦不履。粤自蕃悪，來朝亓子。削彼左衽，遊此中囯。赫赫朝章，明明睿德。餐教沐化，扶仁一抱則。列簴撞鍾，軒遊鼎食。公之象賢，秉厲操堅。識綜機兆，理措冥先。倉卒之際，謨謀在旃。辭戎禍却，還漢功一宣。河海之位，爪牙之寄。出入光暉，頻繁寵賜。凛凛風骨，邕邕禮義。忠孝傳門，山河賞𡍮。居上則悪，用明乃煎一。浸潤之漸，誠哉必然。苟曰身殁，能以仁全。光光顯贈，實慰平津。洛陽阡陌，芒山丘隴。愊憶長辝，充窮奚奉。悲一世世兮塵滅，見秊秊兮樹拱。是故思厚葬之所由，莫不知送終之爲重。

獻誠之父《男生墓誌》前數歲出洛陽，此誌今年繼出。以新舊《唐書·高麗傳》及《新史·蕃將傳》考之，間有異同。《新史・高麗傳》言蓋蘇文或號蓋金，《誌》稱祖蓋金，《泉男生誌》亦作父蓋金，與《新史》合。兩傳均不載蓋蘇文祖父名，《男生誌》作曾祖子游，祖太祚，此誌亦云曾祖大祚，與《泉生誌》合。兩傳稱蓋蘇文自稱莫離支，蓋蘇文死，男生襲。而《男生誌》及此誌，則作蓋金任太大對盧，泉生任太大莫離支。《舊史・高麗傳》及《新史・蕃將傳》並稱男生卒贈并州大都督。《泉生誌》作「贈使持節大都督并汾箕嵐四州諸軍事、并州刺史」。此誌作「并益二州大都督」。《舊史》不載男生贈謚，《新史》作「謚曰襄」與此誌及《男生誌》均合。至獻誠歷官，兩史所載不免疏略。《新史・蕃將傳》載男生内附，遣獻誠訴諸朝。高宗拜獻誠右武衛將軍，賜乘輿馬瑞錦寶刀。《高麗傳》稱高麗平，以獻誠爲司農卿。《誌》稱「尋授襄公，命詣京師謝恩，天子待之以殊禮，拜右武衛將軍，賜紫袍金帶並御馬二匹」，與傳略合。惟《誌》稱拜衛尉正卿，不作司農卿。又《蕃將傳》稱「天授中，以右衛大將軍兼羽林衛」，《舊史・高麗傳》作「授右衛大將軍兼羽林衛上下」，《誌》則作「光宅元年十月，制授雲麾將軍、守右衛大將軍；其月廿九日，勅令右羽林衛上下；天授元年九月制授左衛大將軍」。《蕃將傳》誤併光宅元年守右衛大將軍、天授元年授左衛大將軍爲一事。《舊史》不誤，惟「右羽林衛」失「右」字耳。至《誌》稱獻誠於調露元年充定襄討叛大使，既還，録功授上柱國。開耀二年，襲封卞國公，食邑三千户。垂拱二年、三年，奉勅充神武軍大總管。四年九月，充龍水道大總管，討豫州反叛。天授二年，充檢校天樞子來使，則兩史均失書。〔九〕案《舊書・高宗本紀》：調露元年冬十月，單于大都護突厥阿史德溫傅及奉職二部，相率反。十一月甲辰，裴行儉爲定襄道大總管，與營州都督周道務等兵十八萬，并西軍程務挺，東軍李文暕等總三十萬，以討突厥。二年三月，裴行儉大破突厥於黑山，擒其首領。又，《則天皇后本紀》：垂拱四年八月壬寅，博州刺史，琅邪王沖據博州起兵。庚戌，沖父豫州刺史、越王貞又舉兵於豫州，與沖相應。九月，命內史岑長倩、鳳閣侍郎張光輔、左監門大將軍鞠崇裕率兵討之。丙寅，斬貞及沖等。又，延載元年八月，梁王武三思勸率諸蕃酋長，奏請徵東都銅鐵造天樞於端門之外，立頌以紀上之功德。獻誠於調露元年充定襄討叛大使，乃隨裴行儉軍征突厥。垂拱四年九月，充龍水道大總管，乃同鞠崇智軍征越王貞。至武三思之造天樞，史雖載於延載元年，而獻誠則先於天授二年已充天樞子來使，是天樞之作先後凡三載，獻誠充子來使其職，蓋在勸率酋長使之奏請也。《舊書・玄宗紀》：先天二年七月甲戌，令毀天樞，取其銅鐵充軍用、雜用。開元二年三月又書，去年九月有詔毀天樞，至今春始。所記年月雖先後不合，然必毀於開元初年。《誌》不載其年月。據《新書・武后紀》，知爲長壽元年一月。史不載獻誠昭雪年月，據《誌》，乃知爲久視元年八月也。又，史不載獻誠子。據《誌》則長子玄隱，於獻誠昭雪時以武騎尉、柳城縣男進游擊將軍、行右玉鈐右司階員外置同正員。次玄逸、玄靜，又可補史闕文者也。《誌》爲朝議大夫、行文昌膳部員外郎、護軍梁惟忠撰，文筆頗馴雅，而《全唐文》無其人，又可據以補唐文逸篇矣。

泉男産墓誌

高廣各三尺三寸，四十一行，行四十二字，正書。蓋題大周故泉府君墓誌，篆書。

大周故金紫光禄大夫行營繕大匠上護軍遼陽郡開國公泉君墓誌銘并序

君諱男産，遼東朝鮮𤯔也。昔者東明感氣，踰淲川而啓圀；朱蒙孕𡆠，臨浿水—而開都。威漸扶索之津，力制蟠桃之俗。雖〇辰海嶽，莫繫於要荒，而俎豆詩—書，有通於聲教。承家命氏，君其後也。乃高乃曾，繼中裏之顯位；惟祖惟禰，傳—對盧之大名。君斧囊象賢，金册餘慶。生而敏惠，匆則過𤯔。𠡦始志學，本圀王—教小兄位；𠡦十八，教大兄位；十三等之班次，再舉而昇；二千里之城池，未冠—能理。至於烏拙、使者、翳屬、仙𤯔，雖則分掌機權，固以高惟旌騎。𠡦廿一，加中—裏大活；廿三，遷位頭大兄，累遷中軍主活；丗爲太大莫離支。官以埊遷，寵非—王署。折風插羽，榮絶句驪之鄉；骨籍施金，寵殊玄菟之域。屬唐封遠暨—，漢城不守。貊弓入獻，楛矢來王。君以摠章元𠡦襲我冠帶，乃稽司宰少卿，仍—加金紫光禄大夫員外置同正員。昔王滿懷燕，裁得外𢘑之要；遂成通漢，但—聞縑帛之榮。君獨鏘玉於藁街，腰金於棘署。晨趍北闕，閒簪筆於夐龍；夕宿一南隣，雜笙歌於近餀。象胥之籍，時莫先之。壂曆二秊，穐上護軍；萬歲𠀑穐三一秊，封遼陽郡開圀公；又遷營繕監大近員外置同𠙺員。坐闢朱門，遂封青土一。列旌旃於棨戟，期帶厲於山河。奄宅嵎夷，遂荒徐服。嗚呼，鼇支㫌胙，蕃屏未一勤。鯷壑摧鱗，遷舟遽遠。秊六十三，大足元秊叁𠥱廿七𡆠遘疾，薨于私苐。以一某秊四𠥱廿三𡆠，葬於洛陽縣平陰鄉某所。邙山有阡，長没鍾儀之恨；遼水一無極，詎聞莊舃之吟。故圀途遥，輤車何𡆠。鶴飛自遠，令威之城郭永乖；馬鬣一空存，滕公之居室長掩。雖黄腸題凑，與𠀑壤而無窮；而玄石紀勳，變陵谷而一猶識。其詞曰：

於廓靈海，百川注焉。東明之裔，寔爲朝鮮。威胡制貊，通徐拒燕。憑險負固，厥一古莫遷。爰逮有唐，化涵東户。賓延溟渤，綏懷水滸。藍夷會同，桂婁董溥一。惟彼遒長，襲我龜組。遂榮蘽街，爰分棘列。甲苐朝啓，承明旦謁。勳懋象胥，寵一均龍卨。遽開青社，山河内絶。遼陽何許，故圀傷心。鍾儀永恨，莊舃悲吟。旌旃一棨戟，珮玉腰金。鼓鍾憂眩，逾憶長林。留秦獨思，濟洹爲咎。聲明長畢，佳城永一久。託體邙山，遊魂遼鼻。勒銘幽石，痳傳不朽。

通直郎、寒城縣開圀子泉光富，秊十八。

長安二秊四𠥱廿三𡆠，葬於洛陽縣界。

此誌與《泉男產墓誌》先後出土。男產、男建與兄男生以私鬩致覆其宗社。入唐以後，男建放逐；男產以先降授官。其後事實即不見于新、舊兩唐《東夷傳》及《三國史記》、《東國通鑑》。

據《誌》則總章元年，授司宰少卿至金紫光禄大夫置同正員；聖曆二年，授上護軍；萬歲天授二年，封遼陽郡開國公，又遷營繕監大匠員外置同正員。年六十三，大足元年三月廿七日遘疾，薨于私第。所記入唐後仕履，可補前史之闕。惟《誌》稱聖曆二年，授上護軍。其下書「萬歲登封□年，封遼陽郡開國公」，後將「萬歲登封□」五字磨去，於「登封□」三字上改「天授三」三字，旋又將「三」字改爲「二」。案萬歲登封先於聖曆三年，天授二年則先於天授八年。《誌》先聖曆而後天授，先後失次，殊不可解。至《誌》叙男産在國中時官職云：「年始志學，本國王教小兄位；年十八，教大兄位。十三等之班次，再舉而昇；二千里之城池，未冠能理。至於烏拙、使者、翳屬、仙人，雖則分掌機權，固以高惟旌騎。年廿一，加中裏大活；廿三，遷位頭大兄；累遷中軍主活，世爲太莫離支。」由其累遷之迹，可考高麗官制之等差。惟《三國史記》稱高句驪、百濟官職年代久遠，文墨晦昧，是故不得詳悉。今但以其著於古記及中國史書者爲之志。因録《隋書》所載太大兄以下十二等，《新唐書》所載大對盧以下十二級，《册府元龜》所記大對盧以下十三等。然諸書所記官名等差或同或異，又或云十二級或云十三等。據《誌》有十三等之班次語，則作十三等者是。而《元龜》雖云十三等，而所記官名仍僅十二而佚其一。兹以泉氏三誌及《高慈誌》所載意定爲十三等：曰太大對盧、曰大對盧、曰太大莫離支、曰大莫離支、曰莫離支、曰中裏位頭大兄、曰中裏大活、曰中裏大兄、曰中裏小兄、曰烏拙、曰使者、曰翳屬、曰仙人。至中裏位頭大兄，此誌省稱位頭大兄，又有稱太大兄者，疑即位頭大兄。此誌所稱教大兄位、教小兄位疑即中裏大兄、中裏小兄。此誌所稱烏拙、使者、翳屬、仙人四等，《隋書》列之等末，而《男生誌》之先人，疑即仙人。男生釋褐由先人，男産殆亦由仙人累昇也。兹所肊定十三等必不能無誤，而次第或不甚懸殊，惟諸書所載尚有諸官名未見誌中，安得海東唐代誌墓之文續有出土者，再比附考正之乎。至《三國史記》引本國古記所載左輔、右輔、大主簿、國相、九使者、中畏大夫諸官名，無一見之諸誌者，而隋唐諸書所記則信而可徵，于此令人對海東史籍益抱杞宋無徵之歎矣。《誌》文中「雜笙歌於近敀」，「敀」字不可識。銘末「痳傳不朽」之「痳」字則庶之别搆，他石刻所未見也。誌後「通直郎寒城縣開國子泉光富，年十八」。當是男産之子，於此知男産後人尚有授爵者。

泉毖墓誌

高廣各二尺五寸五分，二十五行，行二十五字，正書。

唐故宣德郎驍騎尉淄川縣開國子泉君誌銘

父光禄大夫、衛尉卿、上柱國、卞國公隱撰文。

夫温良恭儉，人之本也。詩書傳易，教之宗也。其有捴百行之懿德一，稟兩儀之正性，吐納和氣，佩服禮經。體仁義以立身，藴忠貞而行一已，造次不踰於規矩，顛沛必蹈於矜莊。蓋古人之所難，匪唯今之一所易兼而有者，其在茲乎。諱毖，字孟堅，京兆萬年人也。曾祖特進一、卞國襄公男生；祖左衛大將軍、卞國莊公獻誠；父光禄大夫、衛尉一卿、卞國公隱，並繼代承家，榮章疊祉。惟子剋茂貽厥，早著聲芬。年一甫二歲，受封淄川縣開國男；尋進封淄川子，食邑四百户；又授驍一騎尉；以蔭補太廟齋郎；屬有事於后土，授宣德郎；尋蒙放選一，即開府儀同三司、朝鮮王高藏之外孫、太子詹事、太原公王暐之一子聟。豈徒門承鼎乃〇兼亦姻婭，蟬聯雅度稟乎天姿。詩禮聞於庭一訓，加以强學請益，休譽日新。韜鈐遁甲之書，風角鳥情之術，莫不一研幽洞奥，精賾探微。方將步天衢以高驤，登太階而論道。何知百一齡倏忽，五福之驗無徵；一代英靈，九泉之悲俄及。粤以開元十七一年歲次己巳，九月四日終於京兆府興寧里之私第，春秋二十有一二。以開元廿一年歲次癸酉，十月甲午朔，十六日己酉遷措於河一南府洛陽縣之邙山舊塋，禮也。高墳崔嵬，望二室於雲端；茂柏蕭一森，俯三川於掌内。將恐風移欝島，海變桑田，式昭貞士之名，用表一藤公之室。乃爲銘曰：

天之蒼蒼兮其色正耶，人之悠悠兮其能久耶。蠢茲萬類兮生老一病死，悟彼百齡兮今也已矣。生於氣兮立於空，倏而見兮忽而終一。何賦命之飄索，知造化之無窮。　重曰：梁木其壞兮太山其頽一，哲人一去兮不復再來。幽扃永閟兮邙山之隈，萬古千秋兮嗚呼一哀哉！

毖爲泉獻誠之孫，與其祖誌同時出土。《兩唐書》於獻誠事迹、歷官記載疏略，予既據《獻誠誌》一一爲之訂補。此誌稱祖左衛大將軍、卞國莊公獻誠，父光禄大夫、衛尉卿、卞國公隱。《獻

誠誌》載久視元年昭雪制不云予謚，載其長子名玄隱，爵柳城男。此誌隱爵下國公，則獻誠之贈謚、隱之襲爵，皆在獻誠葬後，足補彼誌之闕。至彼誌稱玄隱此誌作隱，豈一爲名一爲字耶，抑後來改玄隱爲隱，不可知矣。《誌》稱毖字孟堅，年甫二歲封淄川縣男；尋進封淄川子，食邑四百户；又授驍騎尉；以蔭補太廟齋郎；屬有事后土，授宣德郎。以開元十七年九月終，春秋二十有二。《誌》爲其父隱所撰，而銘文乃云「梁木其壞兮太山其頽，哲人一去兮不復再來」。父之諛子乃不倫至是，亦可異也。兩史于泉生以降但載獻誠、玄隱，以後均不載。不有此誌，且無可考矣。聞《隱墓誌》亦出土，苦墨本不可見，書此俟之。

高震墓誌

高廣各二尺一寸三分，二十一行，行二十二字，正書。

唐開府儀同三司工部尚書特進右金吾衛大將軍安東都護郯國公上柱國　公墓誌銘并序

獻書待制揚憼撰。

大曆八年夏五月廿有七日右金吾衛大將軍、安東都護—公薨于洛陽教業里之私弟，春秋七十三。前年四月—十二日，郯國夫人、真定侯氏先薨于博陵郡。以十三年十—一月廿四日丙寅，祔葬于洛之北邙之陽新塋，禮也。公諱一震，字某，渤海人。祖藏，開府儀同三司、工部尚書、朝鮮郡王一、柳城郡開國公。祢諱連，雲麾將軍、右豹韜大將軍、安東都一護。公迺扶餘貴種，辰韓令族。懷化啓土，繼代稱王。嗣爲國一賓，食邑千室。公竭丹懇以輔主，力鬬戰以册勳。雄冠等彝，氣遏獯司。封五級自子男，以一建公侯官品九階，越游擊而昇開府，斯亦人臣之自致也一。享年不永，壤崩揀墜；地坼沙篦，天落將星。夫人淑質，明婦一儀母訓。虹梁墜日，仙鄗殿雲；桐折劒沉，鏡移鸞斃。命矣！嗣一子朝請大夫、深澤令叔秀，孝逾江革，禮越王祥。扶母兄以一發博陵，就嚴孝而遷洛邑。涉雪千里，銜哀九冬。金石紀一終，文詞見託。銘曰：

其一曰：朝鮮貴族，弈棻稱王。戡剪獯虜，翊亮皇唐。盧一龍柳塞，都護封疆。其二曰：惟祢克崇勳族，食封苴茅。承家一桂玉，蘧赴松檟。邙山南麓。其三曰一同仁孝，千里扶喪。履一□冒雪，裂膈抽腸。哀號擗地，仰訴穹蒼。

此誌題書「開府儀同三司工部尚書、特進、右金吾衛大將軍、安東都護、郯國公、上柱國、厶公」上空一格。文首稱「大曆八年夏五月廿有七日，右金吾衛大將軍、安東都護、厶厶公薨于洛陽教業里之私第」。公上空二格，均不著其姓，然以文所書先世考之，知其爲高麗王高氏之裔也。誌稱「公諱震，字某，渤海人。祖藏，開府儀同三司、工部尚書、朝鮮郡王、柳城郡開國公。祢諱連，雲麾將軍、右豹韜大將軍、安東都護。公迺扶餘貴種，辰韓令族。懷化啓土，繼代稱王。嗣爲國賓，食邑千室」。案《舊書·高麗傳》，藏以高宗乾封三年降唐，以其地置都督府，又置安東都護府以統之。儀鳳中，授高藏開府儀同三司、遼東都督，封朝鮮王，新史作郡王。居安東鎮。藏至安東，謀叛事覺，配流邛州。垂拱二年，又封高藏孫寶元爲朝鮮郡王。聖歷元年，進授左鷹揚衛大將軍，封爲忠誠國王，委其統攝安東舊户。事竟不行。二年，又授高藏男德武爲安東都督，以領本蕃。自是舊户在安東者漸空少，分投突厥及靺鞨等，高氏君長遂絶矣。似藏以後再世君長遂絶。震亦藏之孫，卒於大歷。上距其亡國之歲已百有六年，雖尚官安東都護，而已失其爵矣。誌載震妻鄚國夫人，真定侯氏。嗣子朝散大夫、深澤令叔秀。是震已與中土通婚姻，至其子且出仕爲地方長吏，不復襲安東都護矣。又，《舊書·玄宗紀》開元三年二月，書高王莫離支高大簡自突厥來奔，高大簡不知爲其王宗支與否，要亦高麗遺族之可考者也。

〔校記〕

泉男生墓誌

〔一〕「乾封二年，蓋蘇文死，子男生代爲莫離支」。《新唐書·東夷傳·高麗》原文作：「乾封元年，藏遣子男福從天子封泰山，還而蓋蘇文死，子男生代爲莫離支。」

扶餘隆墓誌

〔二〕「謚曰」下之空位恐是原闕文，擬留添謚號處。

〔三〕「社爽」，中華書局標點本《舊唐書·東夷傳》作「杜爽」。其《校勘記》謂：「杜」字各本原作「社」，據本書卷八四《劉仁軌傳》、《通鑑》卷二〇一改。

高慈墓誌

〔四〕「墓容」當作「慕容」，未見拓本不知是否原文如此，未便擅改。

〔五〕恐衍一「五」字，或當是原誌石之誤刻，未便擅去。

〔六〕「鴨渌竭」，原誤作「鴨緑歇」。

〔七〕「柳城縣子」，原誤作「柳城孫子」。

〔八〕《唐書》指《舊唐書》，引文多有删節。

泉獻誠墓誌

〔九〕「兩史」，原誤作「兩使」。

遼帝后哀册文録

往歲寓津沽，林西歐洲宣教師閔宣化爲言，林西遼聖宗陵中有契丹國書碑。且言陵土至堅，盗所發處小僅容人，縋而下，甚昏黑。夏期，陵中有水，不可入；冬，水涸，然寒凜，不可久留。其地無氈墨工，乃手摹其文，出以示予。又十年，始得見原石墨本，凡契丹國書者二，漢文者五，皆有蓋。又一，則蓋存而碑佚，均聖宗、興宗、道宗帝后《哀册文》，不僅聖宗也。契丹國書向無傳世者，又當時書禁甚嚴，不許傳於鄰國，致文字亦罕流傳。此諸哀册撰人名或具或否。其具名者，若張琳，若耶律儼，均當時文章宗匠，文皆爾雅可誦。書人無署名者，而具有大小歐陽、顔魯公、柳誠懸筆意。且按其文字，可補正史事，乃近歲出土古金石刻中尤可貴重者。

近人最録遼文，以傳世寥寥，遂采及《焚椒録》等僞書。今諸石晚出，爲前人所未見，亟手録其文，加以考證，成書一卷。其國書雖不可識，亦依樣橅寫，附於卷末。又同時出土《賈相國墓誌》，别爲附録一卷，並存之以示來兹。至閔君言聖宗陵盗發之迹，似遠在數百年前，殆在金源有國時，爰附記之，以告當世考遼事者。壬申仲秋，上虞羅振玉書於遼東寓居。

遼帝后哀册文録

聖宗皇帝哀册

高廣各五尺五寸，三十五行，行三十六字，正書。蓋書「文武大孝宣皇帝哀册」九字，篆書。

文武大
孝宣皇
帝哀册

文武大孝宣皇帝哀册文

推忠翊聖保義守節同德功臣、樞密使、開府儀同三司、左丞相、守太傅兼政事令，監修國史、上柱國、魯國公、食邑一万户，食實封壹阡户，臣張儉奉　勑撰

維太平十一年歲次辛未，六月丁丑朔三日己卯，

睿文英武宗道至德崇仁廣孝功成治定啓元昭聖神贊天輔皇帝崩于大福河之行宮。以其—月八日甲申，發赴慶州。八月丙子朔二十七日壬寅，殯于
攢塗殿之西階。有司定議，上　尊謚曰
文武大孝宣皇帝，廟號聖宗。即以冬十一月甲戌朔，二十一日甲午，遷座于
永慶陵，禮也。古樹號風，寒山帶雪。會同軌於萬方，啓攢塗於七月。縞仗俄排，祖庭斯設。淩晨將—御於龍輴，遠日欲辭於鳳闕。哀子嗣皇帝臣宗真孺慕絶漿，哀摧泣血。爰命召於輔臣，俾祖述—於鴻烈。其辭曰：　肇分覆載，建立皇王。德惟善政，邦乃其昌。遠則有虞大舜，近則唐—室文皇。既比崇於功業，故可得而揄揚。　先皇帝位纘六朝，君臨四紀。乃聖乃神，盡—善盡美。自推戴以居尊，每勵精而求理。昔也朝元聽政，長樂承　顔。行孝治於天下—，布惠化於人間。舉直措枉，求賢審官。詔搜巖穴，庭列鵷鷺。視兆民而如子，敷五教以在寬。以欲—從人，盛暑不張於傘蓋；去奢從儉，常朝不服於羅紈。乙夜觀書，披衣待旦。博採摭於典謨，恒憂—勤於聽斷。寶穀務農，從繩納諫。惠養鰥寡，欽恤刑名。稟道毓德，惡煞好生。洽前代無爲而治，見—時政不肅而成。四民殷阜，三教興行。開拓疆埸，廓静寰瀛。東振兵威，辰卞以之納欵；西被聲教，爪沙繇是貢琛。夏國之羌渾述職，遐荒之烏舍來賓。惟彼中土，曩歲渝盟。自汴宋而親驅虵豕—，取并汾而來犯京城。絶信棄義，黷武窮兵。蓋　先朝之積忿，須再駕以徂

征。七德制勝，千一里橫行。戈戟霜攢而蔽野，鼓鼙雷動於連營。逢大陣而皆尅，攻邊壘以旋平。凋瘵户民，盡離居一而失業；傷殘將卒，竟閈壁以偷生。遂仗黄鉞，直抵洪河。會若林之鋭旅，揮却日之琱戈。我欲濟一以焚舟，彼方危於累卵。乃命使軺，疊伸誠欵。懇求繼好，乞効刑牲。貢奉金帛，助贍甲兵。尊

聖善而庶稱兒姪，敦友愛而願作弟兄。保始終之悠久，著信誓於丹青。因廻天睠，俯順物情。念一兹慴服，爰議凱旋。行與國之大義，解諸夏之倒懸。下詔而歡聲動地，班師而利氣盈川〔二〕。暫勞吊一伐，永息烽煙。自兩朝修聘，已三十餘年。取威定覇，燁後輝前。至若天錫勇智，神賛聖聰。無幽不一燭，有感必通。化民成俗，比屋可封。祝史正辭，備禮而交禋天地；奉先思孝，謁陵而追册祖宗。欲固丕基，恭行茂典。繼正體而立元良，啓承華而開望苑。慶帝祚之昌延，見皇圖之宏遠一。方期偃修御極，垂拱臨軒。保遐齡於萬壽，應寶運於千年。照臨如日，覆燾如天。揚周王歸馬之一風，正安下土；促軒后乘龍之馭，遽歎上僊。嗚呼哀哉！九霄降禍，四海纏哀。積陰晦而告變，經旬一浹而不開。厭留塵世，却返瑶臺。嗟貞魂而何往，隨逝水以無廻。嗚呼哀哉！虞殯將期，宋朝感義一，命六使以臨喪，備百物而來祭。諸侯畢至，群方咸曁。奠旨酒以如澠，思仁君而流涕。嗚呼哀哉！疊嶂千重，高凌碧空。虔奉遺旨，卜葬玄宫。負龍岡之巨麗，敞神闕以彌一崇。洎窀穸之協兆，皆匍匐而送終。嗚呼哀哉！殿幕開兮星已稀，靈駕動兮天欲曙。馬跼地以

悲一鳴，人執紼而號訴。丹旐飄風，金錢買路。百寮哭兮不聞，萬乘泣兮何怙？嗚呼哀哉！入松阡兮駐一金輅，藏玉匣兮掩泉門。愁雲忽慘，夕照俄昏。往如慕兮灑雙淚，返如疑兮傷百神。功高今古，道一煥典墳。俾形容於
聖德，遂聊宣乎斯文。嗚呼哀哉！

此文張儉奉勑撰。首稱維太平十一年歲次辛未，六月丁丑朔三日己卯，睿文英武宗道至德崇仁廣孝功成治定啓元昭聖神賛天輔皇帝崩于大福河之行宫。以其月八日甲申發赴慶州，八月丙子朔二十七日壬寅，殯于攢塗殿之西階。有司定議，上尊謚曰文武大孝宣皇帝，廟諱聖宗。即以冬十一月甲戌朔二十一日甲午，遷座於永慶陵，禮也。今考之《遼史》，得異同五事。《聖宗紀》載：「景福元年閏十月壬申，上尊謚曰文武大孝宣皇帝，廟號聖宗。」册文則上謚在十月，一也。紀載聖宗最末所上尊號，在太平元年十一月癸未，作「睿文英武遵道至德崇仁廣孝功成治定昭聖神賛天輔皇帝」，誤「宗道」作「遵道」，「昭聖」上奪「啓元」二字，二也。《興宗紀》載六月「乙未，奉大行皇帝梓宫，殯於永安山太平殿。」景福元年「八月壬午，遷大行皇帝梓宫於菆塗殿。」與册文作「六月八日甲申，發赴慶州。八月丙子朔二十七日壬寅，殯於攢塗殿」不合，三也。《興宗紀》：景福元年七月甲寅，「建慶州於慶陵之南，徙民實之。」册文稱「六月八日赴慶州」，是六月已有慶州之名。又慶陵，册作「永慶陵」，四也。文前張儉結銜推忠翊聖保義守節同德功臣、樞密使、開府儀同三司、左丞相、守太傅兼政事令、監修國史、上柱國、魯國公，食邑一万户，食實封壹仟户。《張儉

傳》稱：開泰中，累遷同知樞密院事。太平五年，出爲定武軍節度使。六年，入爲南院樞密使，拜左丞相，《聖宗紀》：「太平五年三月壬辰，以左丞相張儉爲武定軍節度使。六年三月戊寅，以大同軍節度使張儉入爲南院樞密使。」紀傳不同。封韓王。帝不豫，受遺詔輔立太子，賜貞亮弘靖保義守節耆德功臣，拜太師、中書令、尚父，徙王陳。與此所載結銜多不合，五也。五者之中，或慶州之設，確在七月，撰文者由後追記，遂於六月已豫書慶州，亦未可知。其餘則皆當據此以勘正史氏者矣。

聖宗欽愛皇后哀册

高廣各五尺，二十五行，行二十五字，正書。蓋題「欽愛皇后哀册」六字，篆書。

欽愛皇
后哀册

維清寧三年歲次丁酉，十二月癸卯朔二十七日己巳，　大行太皇太后崩於中會川行宮之壽安殿，旋殯於慶州北別殿一之西階。粤明年夏五月四日癸酉，將還祔于永慶陵，禮也。夕攢方開，夜漏甫盡。龜兆告時，龍輴移軔。緜山之縞素凝霜，離殿之帷帟一飛燼。奠樽既撤，哀仗徐進。想舊事兮若新，計遠日兮如近。孝孫嗣一皇帝臣弘基義感　祖先，情深胄胤。憶戀風猷，追思恩信〔二〕。命相輔一以爲文，期音徽之大振。詞曰：周室德業，文母居先。漢朝儀範，馬后一稱賢。致延祚於七百載，克流芳於二百年。伊彼徃矣，其誰繼焉！

大行太皇太后慱厚成儀，中和毓德。婉淑慈仁，聰明正直。嬪嬙卑一下，示之以謙抑；子孫衆多，勗之以温克。對褘褕之纖靡，輙不更衣一；處宮室之深嚴，嘗無踰閾。若天之清，若地之貞，若江海之量，若日一月之明。於　孝宣有婦順之容，所以承愛敬；於　孝章有王一業之訓，所以享推稱。乃即前宫之大號，乃膺太上之徽名。禮度在一躬，不取珩璜之節；廉純爲事，不從簪珥之榮。行不旁履，視不斜睨一。好尚古風，勤求實際。普全六行之餘，洞達三乘之義。動必協於人一心，静必從於佛意。勃興皇運，肆及孫謀。邦國蓋承於垂慶，宗親皆一荷於貽休。有兄之女兮，還尊居於永樂；有女之子兮，復貴處於長一秋。若昆若季，乃王乃侯，一門之盛，千古無儔。屬壽齡之向暮，眄𠂔一景以難留。方大恢於聖化，遽上促於僊游。嗚呼哀哉！水逝悲川，花一愁泣露。顧繐幄以凝戀，對練衣而增慕。去復去兮天上侣，遠復遠一兮人間路。追末命兮如在，悵慈顔兮何處！嗚呼哀哉！長天慘兮簫一笳動，悲風起兮林麓閑。當夏天之炎燠，變秋日之凋殘。將臨乎玄一闕，將届乎陰山。望　神座兮徒有恨，痛仙輧兮不可攀。惟一貞節兮確然金石，惟淑譽兮藹若椒蘭。雖女史兮有彤管，紀清芬一兮靡殫。嗚呼哀哉！

此蓋書欽愛皇后哀册，而文但稱大行太皇太后，蓋即《后妃傳》之欽哀也。册文首稱清寧三年歲次丁酉，十二月癸卯朔二十七日己巳，大行太皇太后崩於中會川行宫之壽安殿，旋殯於慶州北別殿之西階。粤明年夏五月四日癸酉，將遷祔于永慶陵，禮也。考《欽哀皇后傳》稱：「清寧初，尊爲太皇太后。崩，謚曰欽哀皇后。」於卒葬之年，皆不詳。惟《道宗紀》載：「清寧元年九月庚午，尊皇太后爲太皇太后。三年十二月戊辰，太皇太后不豫。己巳，太皇太后崩，尊謚曰欽哀皇后。癸酉，葬慶陵。」與册文合。惟史不載崩於中會川行宫之壽安殿及殯於慶州北別殿，又譌「欽愛」之謚爲「欽哀」耳。欽愛專權攝政，廢弒仁德，涼德甚多。而册文襃美甚至，則文章之體應爾，不能以史筆例之也。文中明字避諱，作「明」，缺二筆。

聖宗仁德皇后哀册

高廣各五尺，二十六行，行二十七字，正書。蓋書「仁德皇后哀册」六字，篆書。

仁德皇
后哀册

維大康七年歲次辛酉，十月甲夤朔八日辛酉，先謚　仁德皇后蕭氏，發自祖州西之玄寢，遷祔于永慶陵，禮也。歲琯均時，應一鍾肇律。鹵仗煙凝，重岡霧蔚。望神座之甫安，却靈輴之將出。嗣孫皇帝一弘基深軫孝思，固存哀恤。遵遺旨以披誠，考舊章而備物。温詔俄宣，徽猷一載述。詞曰：

坤順而正，承乾以行。月隨而運，續日之明。陰體至静，陽用而生。后德中一助，帝功大成。唐媛興嬀，塗山翼夏。娀贊殷昌，嫄裨周化。秦漢已還，隋唐一而下。我國迭隆，其賢相亞。曾沙瑞集，剖石文傳。覆玉人異，鑄金像全。極一儷而已，俔妹之然。義昭配地，號峻齊天。體軒之星，儲婺之宿。舜顔既芳一，蘭儀亦郁。漁涉圖書，浣濯禕鞠。《樛木》謌能，《關雎》詠淑。柔嘉婉麗，慈愛謙一沖。珩璜綴節，綦組維功。寵專萬乘，教被六宫。亢恩易失，至美難終。嗚呼一哀哉！屬孝宣奄促於僊遊，戾玄寧躬嚴於時祭。攀鼎駕以何階，悵瑶齋而永閉一。雷雨之澤不流，霧露之憂莫濟。蒼梧之戀兮徒冥茫，素奈之謡兮類符一契。暮景遄臻，韶容告逝。嗚呼哀哉！垂懿範于層城之下，散淑風于大邦一之閒。塗椒之屋兮閴其户，供桑之室兮空其壇。極朝家之愴悼，動戚里一之傷歎。啓攢于別殿，歸引于他山。嗚呼哀哉！世事去兮若驚塵，年光度一兮如流水。從宴樂者，思北園以無期；守禋祀者，望西陵而曷已？闕梓槨一兮追五十年，隔松阡兮嚮二百里。嗚呼哀哉！彼定命兮既往，此飾終兮一可追。列太廟之遺像兮，婉爾其質；存曲臺之舊册兮，焕乎其辭。想興皇留囑之語兮，有靈而潛知；謂

聖宗誌記之地兮，有時而同歸。爰徇僉輿之議，方陳從合之儀。嗚呼哀一哉！帷帟封路兮日影重，簫鼓鳴郊兮風韻咽。逗古陌以淒霜，駐空林而一慘月。當初之夜壑孤藏，今夕之逝川共閲。鑰固泉扃，關沉穸闕。嗚呼哀一哉！永恨消兮天梯之曲，香魂來兮慶雲之陽。人神協意兮靡瀆，

祖考降祉兮無疆。惟餘芳之藹藹，與地久兮天長。嗚呼哀哉！

此文無撰人名。文首稱維大康七年歲次辛酉，十月甲寅朔八日辛酉，先謚仁德皇后蕭氏發自祖州西玄寢，遷祔於永慶陵，禮也。案：《后妃傳》：聖宗仁德皇后蕭氏，統和十九年册爲齊天太后，生皇子二，皆早卒。開泰五年，宫人耨斤生興宗，后養爲子。帝崩，耨斤自立爲皇太后，是爲欽哀皇后。遷后于上京。《興宗紀》：欽哀遷后于上京，在十一年六月辛丑。車駕春蒐，欽哀慮帝懷鞠育恩，馳遣人加害。《興宗紀》載，后遇害在景福二年春。又曰：「追尊仁德皇后，與欽哀並祔慶陵」，不言仁德之謚追尊于何時。册文先謚仁德皇后，則非追尊于遷祔時可知。《興宗紀》：「景福二年十一月己卯，帝率羣臣，上皇太后尊號曰德天應運仁德章聖皇太后。」而《欽哀傳》又稱「重熙元年，尊爲仁慈聖善欽孝廣德安靖貞純寬厚崇覺儀天皇太后」，與紀所記不同。意「法天應運仁德章聖」，乃后之追謚。至「欽哀」，則爲「仁慈聖善」十八字，史官誤其文也。仁德蓋崩於春，至冬乃追謚也。至后初葬祖州，大康七年自祖州遷慶陵，則傳所失載，可據以補史氏之闕者也。又《道宗紀》載，帝諱洪基，他紀傳同此作「弘基」，則當據以訂史文之譌矣。

興宗仁懿皇后哀册〔三〕

文佚蓋存。蓋高廣各五尺五寸，篆書。

仁懿皇
后哀冊

此冊但存篆蓋，文曰：「仁懿皇后哀冊」。冊文不知是否尚在，抑余所得墨本未全，均未可曉。仁懿有淑行，于國有大功，遼后之賢者。異日當更訪求，冀爲延津之合也。

道宗皇帝哀冊

高五尺二寸，廣五尺二寸七分，三十六行，行三十七字，正書。蓋書「仁聖大孝文皇帝哀冊」九字，篆書。

仁聖大
孝文皇
帝哀冊

道宗仁聖大孝文皇帝哀冊

經邦守正翊贊功臣、開府儀同三司，行尚書左僕射兼門下侍郎，同中書門下平章事，監修國史，知樞密院事，上柱國、趙國公，食邑六千五百户，食實封陸佰伍拾户，臣耶律　儼撰

維壽昌七年歲次辛巳，正月壬戌朔十三日甲戌，　大行天佑皇帝崩于韶陽川行在所，徙

殯於僊遊殿之西階。粤乾統元季六月庚寅朔二十三日一壬子，將遷　座于永福陵，禮也。
穆駿不歸，軒龍已陟。萬國悲聲兮猶喪　考妣，七月期近兮俄營陵域。彫輅轔一轔，襄儀翼翼。三
奠終撤，百靈慘惻。　孝孫嗣皇帝延禧仰成威明，承繼社稷。感象物以號泣，恨　一僊遊之冥默。
追録其功兮異世使望，欲報之　恩兮昊天罔極。爰　詔輔臣，具銘
聖德。其辭曰：　猗歟
聖元，天帝之孫。蕩海夷岳，旋乾轉坤。經營草昧，掃滌妖昏。宏圖善繼，盛德益尊。已卜萬祀，方
傳一八葉。宇宙惟清，日月相接。綱要修整，聲文暐曄。一統正朔，六合臣妾。清寧將末，姦蘖潛
生。蜂蠆奮一毒，雷霆振驚。幄騰瑞氣，幕見神兵。醜類既勦，皇階益亨。禮祠
先廟，神靈來格。孝養
長樂，敬恭無斁。朝陵幸邑，建號加册。天旋雲被，風施雨澤。高穹乃眷，景命惟諶。天日奇表，笙鏞一
德音。務農重穀，抵璧捐金。洞判邪正，詳觀古今。輟寐夜分，忘食日旰。決柔象夬，發號占渙。天人分
一際，帝王條貫。觸類鑑照，乘權電斷。一十三次，選士懸科。官材棫樸，育善菁莪。五辰協運，九序興一
歌。亟翔丹鳳，迭變洪河。睿思敏麗，宸襟洞達。沛築高唱，薰琴閒發。刑憲三千，惟務全活。師徒一百
萬，不喜征伐。敦睦親族，駕馭英雄。累開赦宥，數賑貧窮。人心自樂，地利常豐。聲猷普暨，教令遐一
通。鯨海之東，鯤溟之北，若木西荒，桂林南側，遠近庶邦，强弱諸國，占風効款，慕義述職。頃以汴寇一，

侵　予夏臺。包藏貪噬，勝敗往來。垂二十載，傷生蠹財。詔命一至，煙塵兩開。蠢爾韃靼，自取凶—滅。擾我邊陲，萃其巢穴。上將既行，奇兵用設。即戮渠魁，群黨歸悦。奠枕於京，垂衣而治。七曜齊正—，百嘉蕃遂。嶽貢川珎，地符天瑞。赫奕難名，紛綸畢至。時遊江渚，或獵雲峯。威稜震疊，逸豫從容。

大聖射法，

人皇書蹤。妙該玄理，博達空宗。上性自然，生知不學。瞻形繪像，調律修樂。君臣宴會，内外—恩渥。禮文若古，制度復朴。姧邪屏逐—，朝列肅清。冤憤咸雪，昭懷正名。臨朝四紀，御世一平。化流—廣夏，福庇群氓。憂勤茲久，勞倦興痗。燕國英明，决其傳付。冀泰宇之不撓，保長年而克固。元孫牢讓，勉臨庶務。難求堯聖之高蹈，遽迫崦嵫之已暮。俄撫几以有命，遂遺弓而忽去。徒云呼—歲之祥，虚紀夢齡之數。嗚呼哀哉！封人祝兮雲且至，杞國憂兮　天乃崩。欻風號而景涂，紛雨哭—而愁興。彤庭寂寞兮闃無象，　寶座深嚴兮空有憑。鏘挽鐸以伸戀，灼靈龜而告徵。嗚呼哀哉！先—遠屬期，同軌皆會。隨蜃輅以殞涕，仰龍輴而心碎。凄肅肅之仙儀，慘悠悠之神旆。蒼山空兮晚籟—吟，白日澹而寒煙晦。嗚呼哀哉！駐春蒐兮尚邇，變夏節以將闌。行且暮兮慶陵下，望如朝兮　聖廟間。去華闕兮茲邈，即泉宫兮不還。紫笛收兮曲聲闋，緑驥留兮轍迹閑。霧幽凝兮漠漠，溜哀—瀉兮潺潺。植重林兮露泫，敞層殿兮苔斑。觸物類兮黯　天意，想威容兮悲　聖顔。嗚呼哀哉！維—蒸民之所歸，須　大人之有作。乘時而出也天曆爰在，極數而終也　神器是託。大葬之制，舊章用度。鄙珠玉之華侈，尚甄陶之儉約。闕清暉兮幽默，置洪業兮盤礴。别垂理世之謨訓，昭示嗣君之矩矱。被雅頌兮洋洋，焕簡編兮灼灼。庶延亘於無窮，自遐揚於景爍。嗚呼哀哉！

此册耶律儼撰。首稱「維壽昌七年歲次辛巳，正月壬戌朔十三日甲戌，大行天佑皇帝崩于韶陽川行在所，徙殯於僊游殿之西階。粤乾統元年六月庚寅朔十三日壬子，將遷座於永福陵，禮也」。案：《道宗紀》：「壽隆七年正月壬戌朔，力疾御清風殿，受百官及諸國使賀。……癸亥，如混同江。甲戌，上崩于行宫。……六月庚子，上尊謚仁聖大孝文皇帝。」與册文合。惟延昌史作「壽隆」，乃後世避諱追改也。至册文稱「乾統元年六月庚寅朔十三日壬子，將遷座于永福陵」。《天祚紀》則誤壬子爲「辛亥」，誤永福陵爲「慶陵」，則均史氏之失矣。撰文耶律儼，結銜「經邦守正翊賛功臣、開府儀同三司，行尚書左僕射兼門下侍郎，同中書門下平章事、監修國史，知樞密院事，上柱國、趙國公，食邑六千五百户，食實封陸佰伍拾户」。以校儼傳，但稱「帝晚年倦勤，用人不能自擇，令各擲骰子，以采勝者官之。儼嘗得勝采，上曰：上相之徵也！遷知樞密院事，賜經邦佐運功臣，封越國公。脩《皇朝實録》七十卷。帝大漸，儼與北院樞密使阿思同受顧命。乾統三年，徙封秦國」。于儼歷官多疏畧，又誤功臣之號六字爲四字，又誤趙國之封爲越國，均當據此補正史氏。至書食邑六千五百户用五六字，書實封則作「伍陸」。《聖宗哀册》張儉撰文欵亦書食邑一万户，食實封壹阡户，亦有「一壹」之别。《宣懿皇后哀册》，張琳結銜亦書食邑二千户，食實封貳佰户。殆當時之例，固如是耶。

道宗宣懿皇后哀册

高廣均五尺二寸，三十四行，行三十二字，正書。蓋書「宣懿皇后哀册」六字，篆書。〔四〕

皇后
哀册

宣懿皇后哀册

樞密副使、崇禄大夫，行尚書户部侍郎、修國史，上護軍、清河郡開國公、食邑二千户，食實封貳佰户，臣張琳撰。

維大康元秊歲次乙夘，十一月己未朔三日辛酉，
先懿德皇后崩于長慶川，旋附殯于　祖陵。即以乾統元年歲次辛巳，六月庚寅朔■二十三日壬子，
將遷
座于永福陵，禮也。國路風沉，郊門雲起。月屬建未，時將在癸。協龜墨告吉之兆，應
龍攢啓行之始。　六衣卷兮收黼帳，三獻終兮撤祭簋。望望而哀仗森欝，摇摇而素■旌披靡。當時
僊馭，去復去兮殊途；今日　彤輼，行復行兮同軌。松楸泣露以何限，簫笳嗚空而不■已。

孝孫嗣皇帝延禧哀哀思報，戀戀增傷。仰順追懷之　遺旨，特從　合祔一之彝章。　玉謚流輝于殯
殿，　珠襦掩藻於玄堂。白日度兮時易改，清釭凝兮夜不一陽。　音容永訣，年祀何長？欽惟　冠
古之　聖善，豈可隨時而消亡。爰承嚴　詔，俾讚　餘芳。況盛事難窮乎銘紀，故小善不足一
以揄揚。其詞曰：　昔惟
聖人，配茲
令德。升在中壼，来從外戚。祥剖石字，　位膺天極。玉璽疏寵，象服增飾。　贊助大化一，啓廸內
職。　懽不黷而婉麗貞仁，　性不華而沉潛剛克。早熟　令訓，夙挺　英資一。螽斯集慶，樛木均
　慈。處金屋之富，而守以約素；同
天王之尊，而務在謙祇。以　恩結民心，民心皆樂乎子育；以　身教天下，天下咸遵一乎　母
儀。貴不自驕，　尊不自滿。　陰教大布，女圖茂纂。詠　淑懿於河洲，筆一勳庸於彤管。所　居
者椒掖，所　馭者丹軿。所　戒者詖謁之志，所　絕者私溺之一權。　含章于內，香蘭芊芊；　發
秀於外，飛霆闐闐。照之臨之，　明可助
日。覆之載之，　柔能配
乾。周姒齊　仁，殷莘比　聖。簪裾帷帟，必從于制度；管絃絲竹，貴合於雅正。　文章一非學至
之然，　佛法本　生知之性。靜修蘋藻，動節珩璜。儀形　祖禰，軌範嬪嬙。可一更延於　壽曆，何

遽返于仙鄉。悲纏
聖母，愛慟　元良。龍遺駒兮婉轉，鳳睠鶵兮翱翔。痛何言兮神道，嗟難諶兮昊蒼。嗚—呼哀哉，坤紀斷維，月輪覆轍。陵域暝兮苦霧暗，山楹寂兮流泉咽。萬籟噎嗚，百靈慘—烈。嗚呼哀哉！銀海寒湛，蛟函影沉。琨珮釘鐺兮無復聽，雲車縹緲兮何處尋？　聲雖—不聞六宮，側願聞之耳；形雖不見九族，傾將見之心。時不來兮杳隔霄壤，事已往—兮空成古今。嗚呼哀哉！樹蕭蕭兮秋巒，草萋萋兮春渚。皆從來　巡幸之地，盡伊昔—宴遊之所。靈跡何在，　慈顔如覩。嗚呼哀哉！載念寵渥，失於姦臣。青蠅之舊污—知妄，白璧之清輝可珎。如金石之音，默而復振。如鏡鑑之彩，昏而復新。茂集　徽册—，緬播　芳塵。庶乎千載之下，望　神華於閟宮兮，驗　聲實於哀文。嗚呼哀哉。

此册張琳撰。首稱「維大康元年歲次丁夘，十一月己未朔三日辛酉，先懿德皇后崩于長慶川，旋祔殯於祖陵。即以乾統元年歲次辛巳，六月庚寅朔二十三日壬子，將遷座於永福陵，禮也」。《遼史·后本傳》載：后以清寧初，立爲懿德皇后。大康初，宮婢等誣后與伶官趙惟一私通，賜后自盡，歸其尸于家。乾統初，追謚宣懿皇后，合葬慶陵。於年月不詳。《道宗紀》：「大康元年十一月辛酉，皇后被誣，賜死。」《天祚紀》：「乾統元年六月庚子，追謚懿德皇后爲宣懿皇后。辛亥，葬仁聖大孝文皇帝宣懿皇后于慶陵。」所記崩年，與册正合，於葬日則差一日。又謂「永福陵」爲「慶陵」，與《道宗哀册》同。至撰文張琳，結銜書樞密副使、崇禄大夫、行尚書户部侍郎、修國史、上護軍、清河郡開國公，食邑二千户，食實封貳佰户。琳傳但稱「天祚即位，累遷户部使。頃之，擢南府宰相」而已。

遼國書哀册一　附

高廣五尺四寸一分，三十七行，行三十字至三十餘字不等。蓋篆書，三十六字。

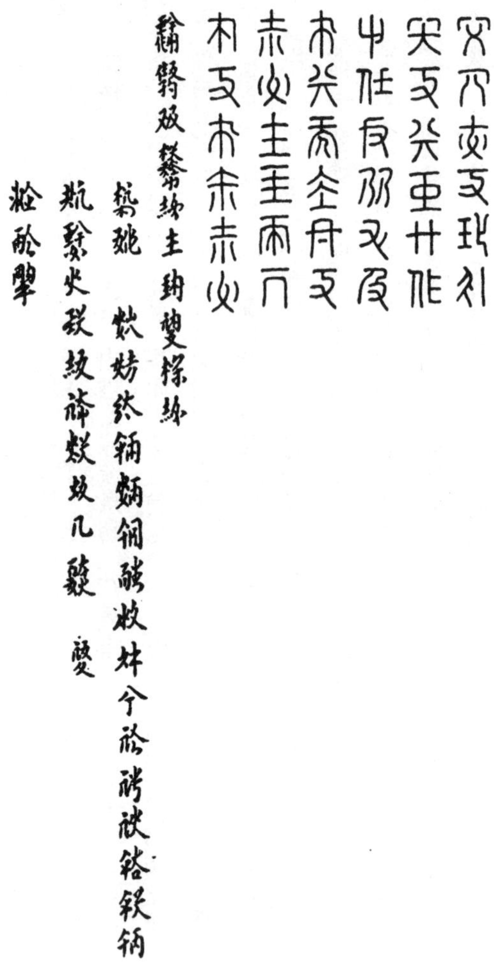

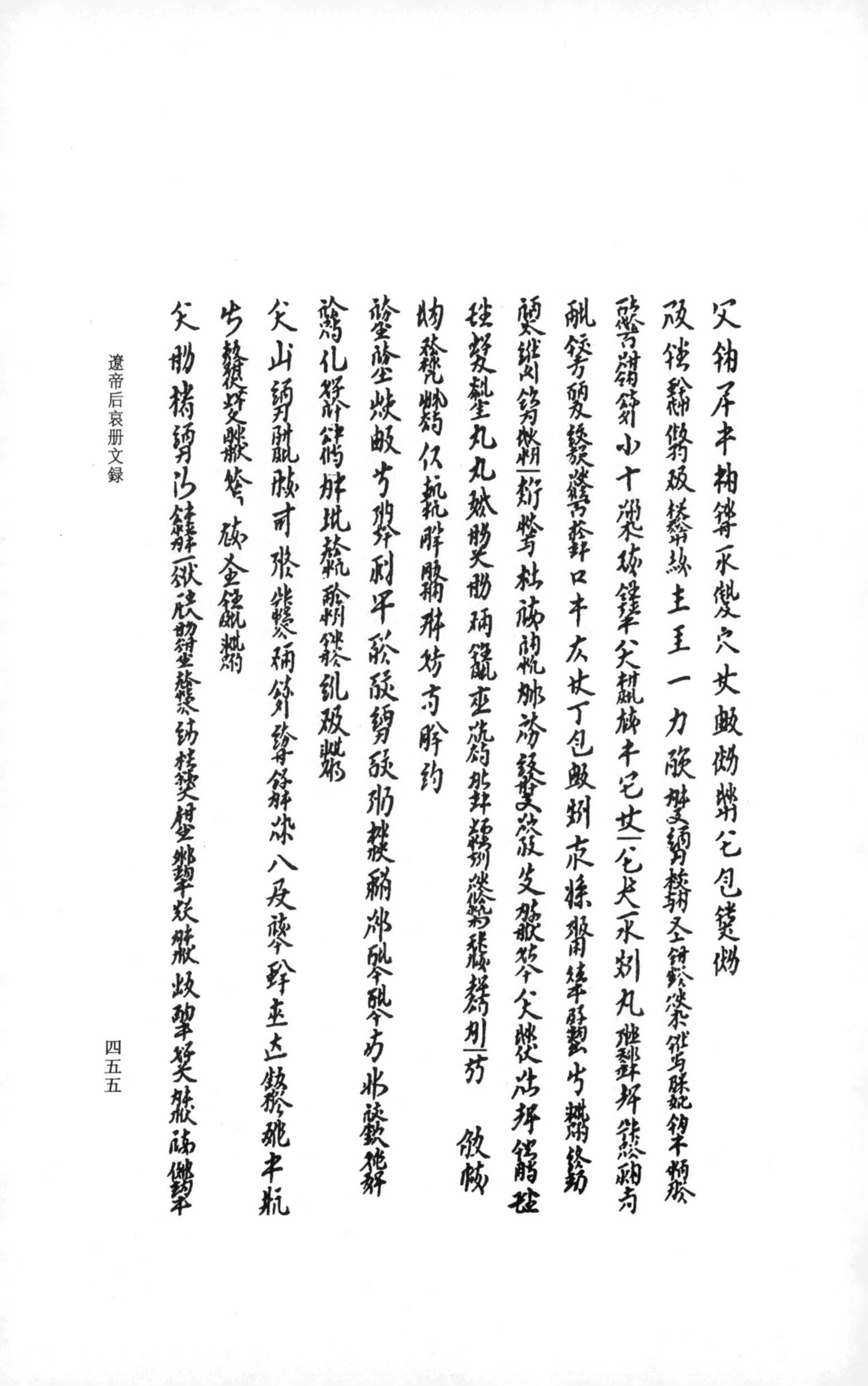

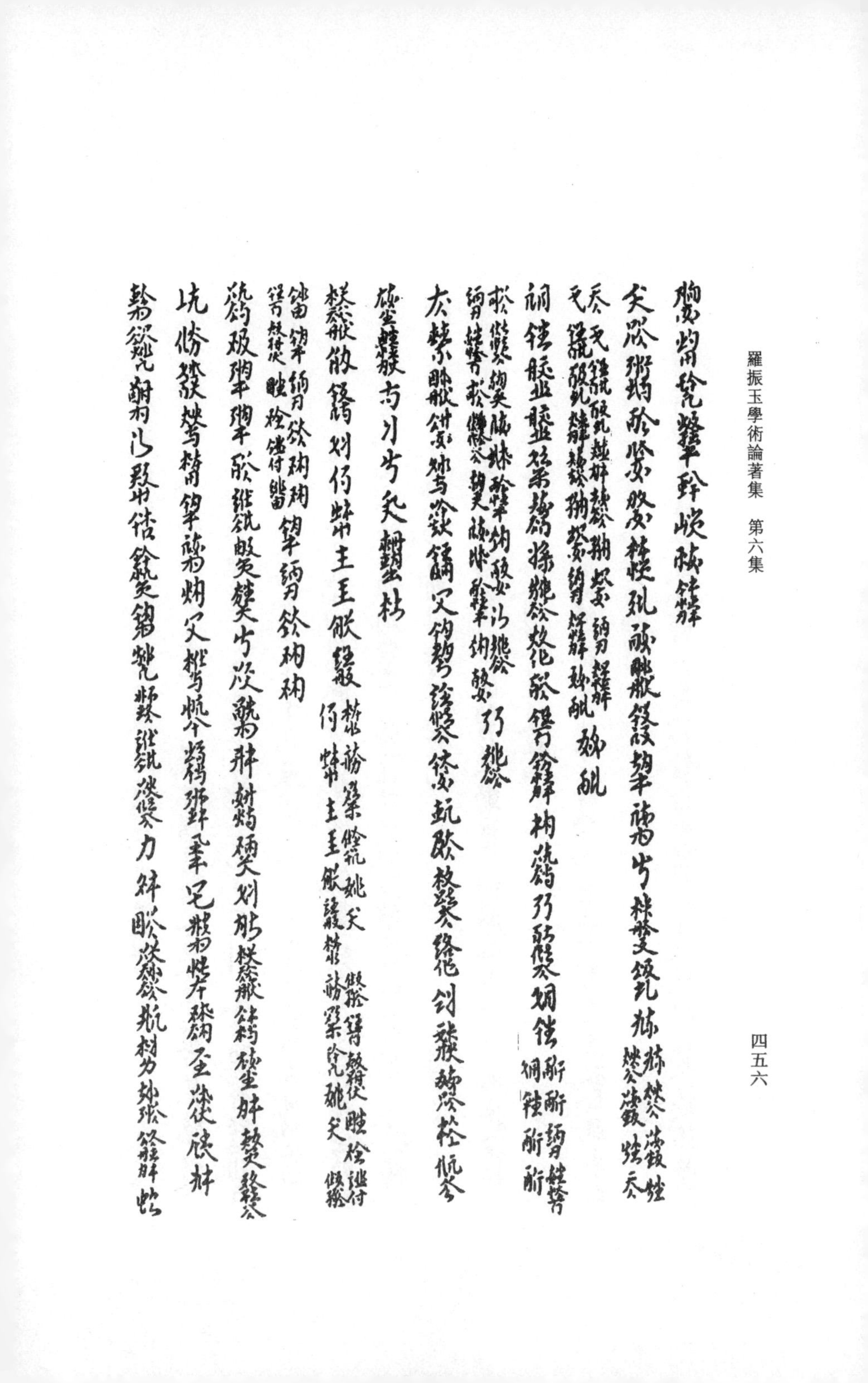

[illegible]

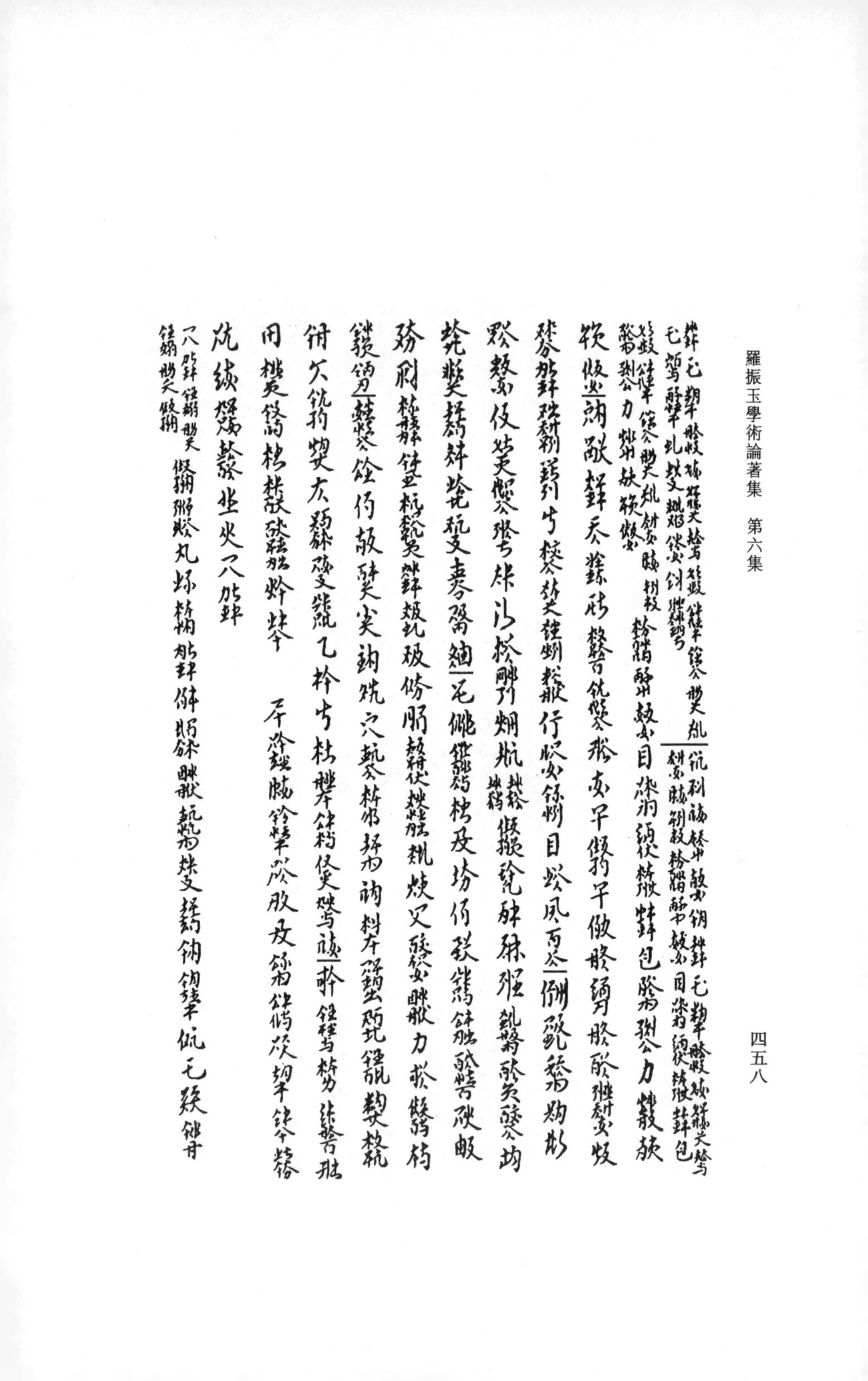

[illegible]

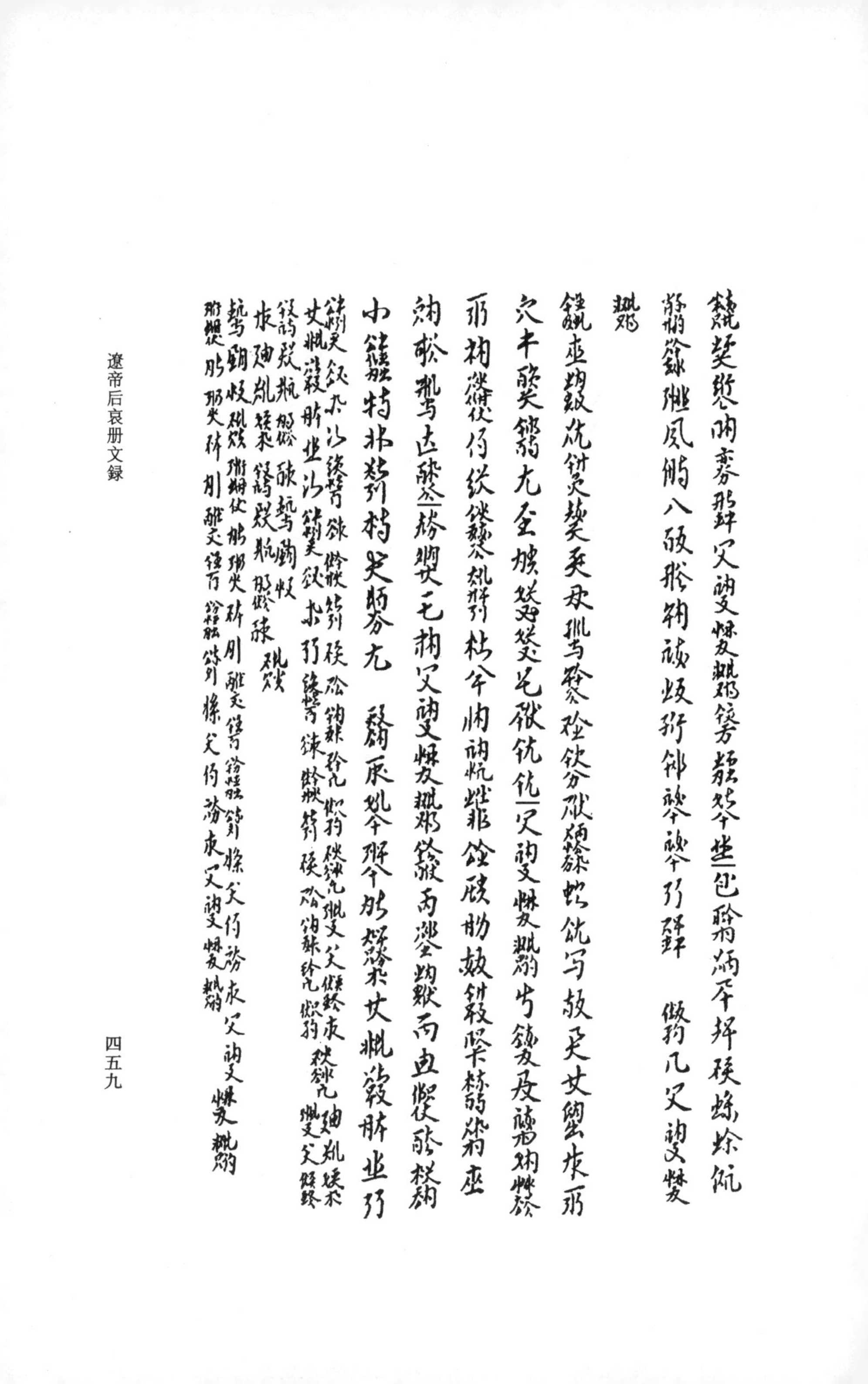

[illegible]

此冊兒子福成以金源國書推之，並證以漢文《道宗哀冊》，謂殆即《道宗仁聖大孝文皇帝哀冊》之以國書書之者。文中有改刻字十行，改字即加刻于原刻文字之上，致不可臨寫。兒子福成分析録出，茲並行書之。

遼國書哀冊二 附

高廣各五尺一寸五分，三十行，行二十餘字至三十字不等。蓋篆書，十六字。

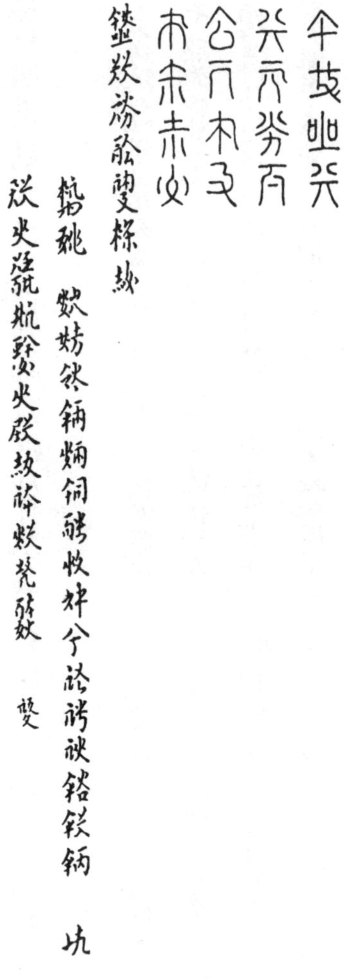

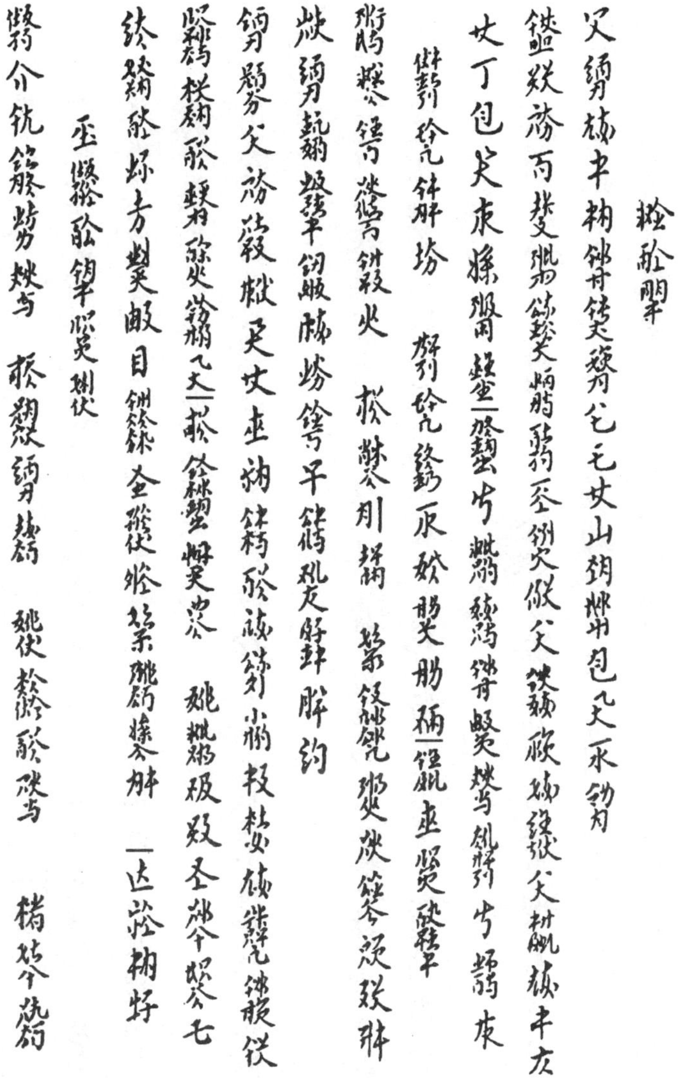

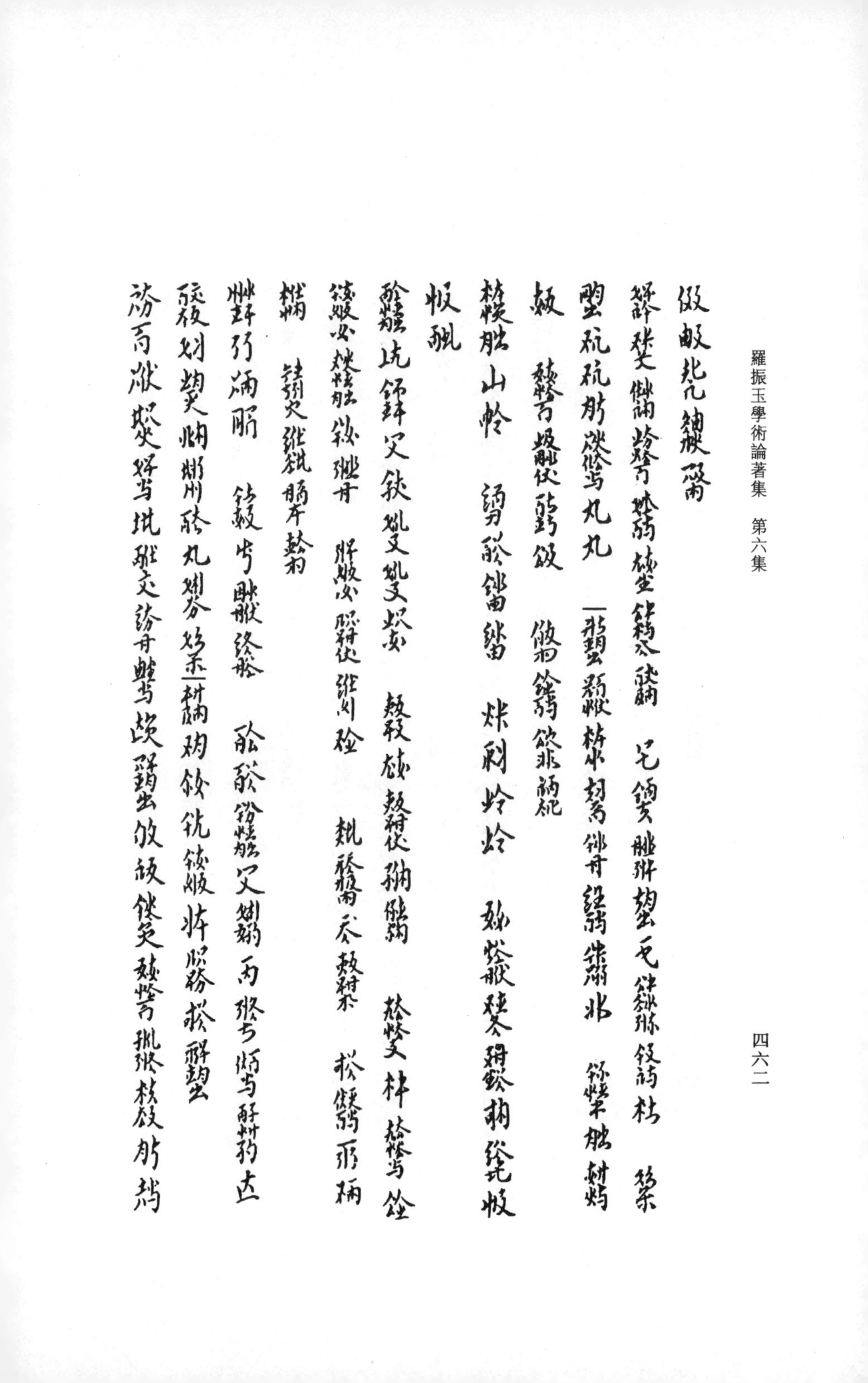

[illegible]

[illegible]

[illegible]

[illegible]

[illegible]

[illegible]

[illegible]

[illegible]

[illegible]

[illegible]

[illegible]

[illegible]

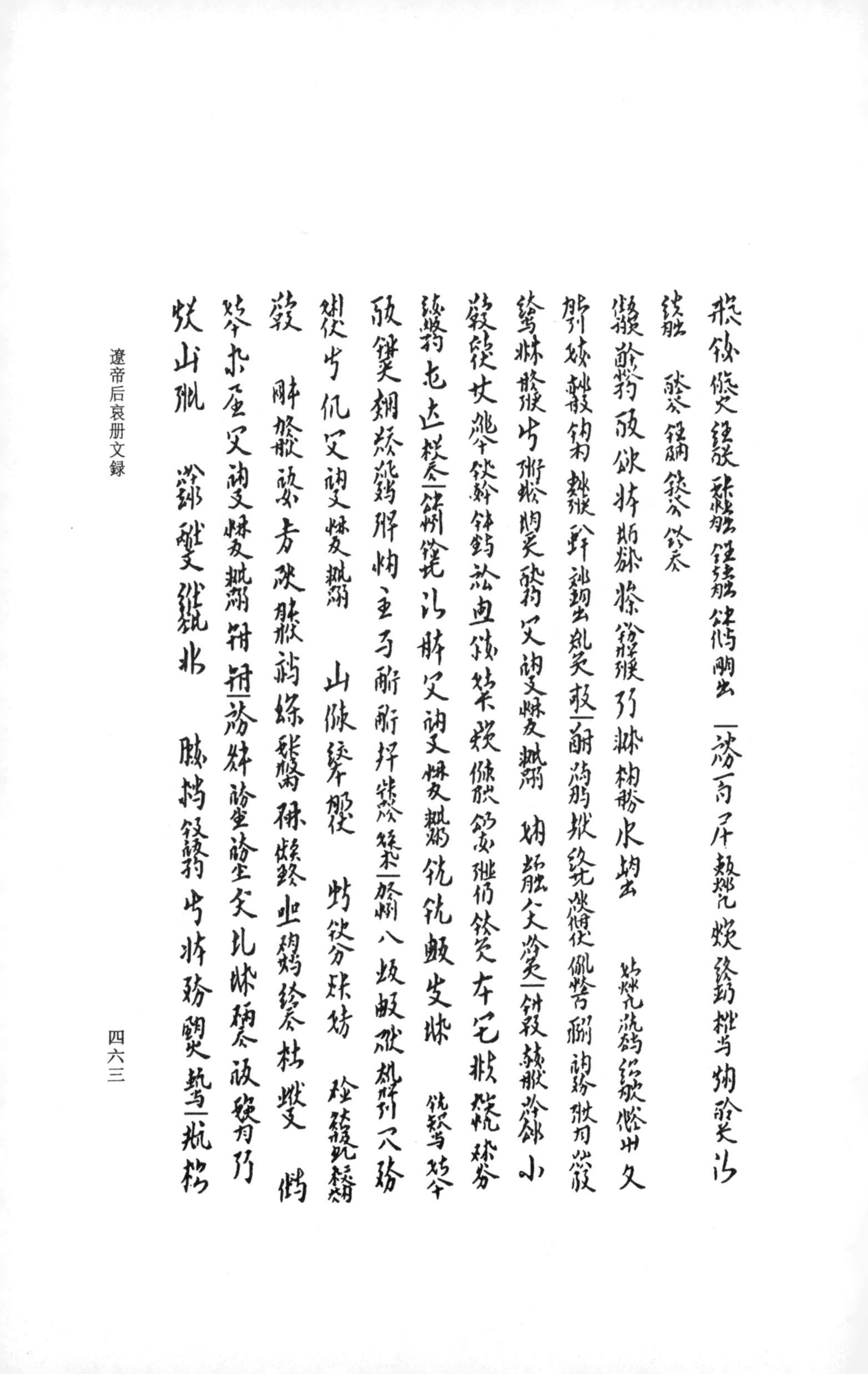

[illegible]

此冊兒子福成謂疑即《宣懿皇后哀冊》。

遼冊

附録

遼相國賈師訓墓誌

高廣各四尺二寸，五十六行，行五十六字，正書。蓋書「大遼故相國武威賈公墓誌銘」十二字，篆書。

大遼故
相國武
威賈公
墓誌銘

故同中書門下平章事致仕贈侍中賈公墓誌并序

守太常少卿〔五〕、前知臨潢少尹、騎都尉、賜紫金魚袋張　可及　奉　勑葬

朝散大夫、尚書吏部郎中、史館修撰、賜紫金魚袋楊　□　奉　勑撰

公諱師訓，字公範。其先出于周之同姓之國。春秋時有賈季、賈華，代爲名族。至兩漢，誼、山、捐之、逵、琮之輩，以儒學政行發名於世。晉唐間，充、耽致位一將相。其後有游仕于渤碣之間者，因籍爲燕人。子孫相繼，衣冠不絶。至公之七代祖曰夢殷，爲盧龍軍節度判官。盧龍君生道紀，爲營州刺史、檢校一□□〔六〕。司空生高祖曰去疑，先仕後唐，　我大聖天皇時奉使來貢，因留之。俾督工役，營上都事業。遷將作大匠，累拜始平軍節度，加撿校太師，賜号一□□奉國保定功臣。後薨于鎮。曾王父諱嵒〔七〕，乃太師之仲子也。朝廷以其才望爲民所推服，詔起家繼領始平軍事，遂家于遼，入充遼濱縣貫。王父一□□□至顯州觀察判官，以公貴，贈彰國軍節度、同中書門下平章事。王母沙氏，追封韓國太夫人。父諱□，少力學有行，喜賙施。體皃偉異。年十六一，□□皇帝幸顯陵，見之，召入近侍。以太夫人在，懇丐歸養。得請，竟終于家。贈昭義軍節度兼侍中。母沙氏，追封魯國太夫人。夫人方有娠，有異僧見一□□之曰：「當生男，必大貴。」夫人陰志之。後果生公。七歲能誦書作詩。十歲，皇考侍中以兄泳偪異籍，又欲奪其善分，憤不得已，將訴之官。公侍側曰一：「□貴皆丈夫所力爲〔八〕，豈必繫先業之有無也？願大人亟弃之。」侍中奇其言，恣兄所取。年十四，舉進士，由鄉解抵京師。丞相杜中令、駙馬侍中劉公□一□之〔九〕。文成，更相稱愛。將議聞　上，以事齟齬遂寢。十九，試禮部，奏　御。三十有五，登第，授秘書省著作佐郎。調恩州軍事判官。既至，有以盜馬□□一人者，人不之知。後爲其主執之，送官辯驗〔十〕。事連假主，假主懼，不服。公迺潛捕其家牧兒，詰問得實，引質之，始伏其罪。京守聞其能，每有疑訟，付之辨一析，必白。丁太夫人憂。卒哭，充東京麴院使。營督公課，綽有餘羨。時秤吏董猪兒得幸北樞密使乙信，怙勢日索官錢二千，人莫敢禦。公至，即不與。猪兒一憾公，累以惡言挑之。公不校，乃自以錘折齒誣公。公禁益切，遂止。服闋，授奉玄縣令，改錦州永樂令。先是州帥以其家牛羊駞馬配縣民畜牧，日一恣隷僕視肥瘠，動撼人取錢物，甚爲姦擾。公至縣，潛諷民使訴之。其始至者一二人，公叱左右逐出之。其次至者十數人，公又叱之不顧。其後得人一三百合告[十一]，公遂署其狀白州[十二]。州白其帥。帥懼，促收所俵家畜以還。倉卒之際，至有逋漏，爲貧民獲者亦衆，其帥竟不敢言。又，朝廷下教，俾撤沿海罟一。公承教曰：「天生之物，所以資民食之不給也。民得漁取，所以濟農力也。何害之有？」因緩其禁，而民悦便之。入爲大理寺丞，持法彊固，不爲權勢沮奪一。轉太子洗馬，補中京留守推官，在故侍中彭城劉公雲之幕。日直其事，裨益旁午。後屬乙信，代爲居守。乙信自以前在樞極，權震天下，每行事專□[十三]，一不顧利害。諸幕吏素憚，皆隨所倡而曲和之，公獨不從。乙信怒懀公曰：「吾秉朝政迨二十年，凡一奏議，雖　天子爲之遜接，汝安敢吾拒耶？」公起一應之曰：「公綰符籥，某在幕席，皆　上命也。安得奉公之勢而撓　上之法耶？義固不可」。乙信知不能屈，輒從。乙信又以嬖人善騎射，署爲境内巡撿一。公爭之，不從。未已，乙信被召，再入爲樞密使。將行，寮屬餞之都外，酒再行，公前跪，力白巡檢事不便。乙信歎服，遽爲之罷。朝廷知其才，召入樞府，爲一掾史，俾覆刑曹案簿。故宣政殿學士陳公覺，素與執政不相能平，方被微譴。執政緣法將奪陳公翰林之官，乃潛召公屬之。公不許，竟論如法。再歲—，知大理寺正，加秘書丞。奉　詔充高麗人使接伴。道出乾陵，故中書令李公仲禧，以當路權寵構謫是鎮。時其家親舊過門，皆縮頸不敢視。公往復候—謁獻遺，一無所顧忌。李公默器之。徙同知永州軍州事。既上，日夜經畫民事利病，奏減其部并隣道龍化、降聖等州歲供行在役調，計民功三十餘—萬，奏課天下第一。　上嘉之。就拜鴻臚少卿、知觀察使事，尋詔按察河東路刑獄。閒有酋豪〔十四〕，負勢詐良民五百口爲部曲，數爲官□爲賤民，心不厭—而隨攴之。公伺得其情，乃召酋豪詰之。一言切中其病，語立塞，遂服。因籍其户還官。時同事蕭龍虎歎伏，至驛邸，易衣以謝。又人有以死辠被誣，爲—官吏所强榜服者。將刑，公至審之，見其狀有枉。再治，果得辨而釋者數十人。以奏簿至中京，屬封册　皇子燕國王開宴，召授太常少卿、樞密都承—旨。尋扈　駕春水，詔委規度春、泰兩州河隄及諸官府課役，亦奏免數萬工。俄充南朝正旦國信副使。比還，密偵宋人軍國事宜，具□□聞。　上閲—之，不釋手者數日。遷樞密直學士。大安二年，授樞密副使、右諫議大夫。曾奏事　御所，有詔遷奚中某部〔十五〕所居漢民四百户，宰相承　詔迻出。公獨—□侍〔十六〕，上問之。公前對曰：「自松亭已北距黄河，其間澤、利、潭、榆、松山〔十七〕、北安數州千里之地，皆霫壤也。漢民雜居者半，今一部之民可徙，則數州之人盡—□徙矣。〔十八〕然則恐非國家之利。亦如遼東舊爲渤海之國，自漢民更居者衆，訖今數世無患，願　陛下裁察。」上悟，其事遂止。又以素聞燕京留守府有—□□□，凡都府事无巨細，必先閱之後行。其府置一扃，諸事連外境，情涉謀叛者，悉收付之考劾，苟語一蹉跌，即寘之孥戮，亦委是吏主之。雖□□—□□□□已下洎諸幕職，皆不與焉。以是吏得專肆胷腹，隨所喜惡，爲人禍福。開南之人，側目以視。故不待鳩率，歲所饋與甚於輸官。公患之。□□—□□□□□語其事詳熟□以南北樞密院通事一人更代，尒後其弊寖息。是歲穀稼不登，四方交請賑復流亡窮餓之民。朝議以　上心憂惻，不—□□□□□□力言之，事多見納，故民被其賜者衆。進禮部侍郎、叅知政事。再扈蒐蹕，幸韶陽。開宴，　上敕公進酒，顧左右曰：「斯人政行過於宋人—□□□□□□後故相王籍。因詔駙馬都尉，飲以卮酒。車駕回至涼陘，拜刑部尚書、中書侍郎平章事，加致主功臣。公在位直亮，不容人阿僻，遂爲同列所忌。越—□□□□□□□□，威令大行〔十九〕，豪黨惴懼，老姦宿盜不待擊逐而逸他境。未幾，政聲流聞，　上遣使授尚書左僕射，移中京留守。將行，人皆欄道塞門，挽車馬—□□□□□□□□□莫之能止〔二十〕。公俟夜閒出，翌日號泣而隨出界者數千百人。既在道，聞京中猾盜朋聚，民不安寢。公下車，即督有司盡□〔二十一〕京中浮游丐食之民—，□□□□□□□□遣之。〔二十二〕其老弱瘥疾不能自活者，盡送義倉給養。仍勑吏卒，分部里巷游徼，人或被盜，俾償其直。浹旬已來，閈市清肅。〔二十三〕是時畿內所屬州縣，會—□□□□□□□□□能決者〔二十四〕，公至府，促吏條別其事，隨小大皆剖析之无留。又擇高年有行之吏，與法官叅掌憲律，席之座右，隨簿所上，輒付讞之。一日之閒，斷一□□□□□□□□□□□□，邑大治〔二十五〕。公以莅事，夙夜矻矻不自已，事不訖不飲食。以竊成疾，遂表還政。上聞，遷延久之，竟以公病重煩以事，遂許之。加同中書門下一□□□□□□□□□□□〔二十六〕。至誕日，遣中使賫物就第以賜。壽昌二年冬，薨于中京之里第，時年六十有五。訃聞，上嗟悼。詔贈侍中，謚以靖懿，敕將作少□□復一□□□□□□□□□□□□張可及監督葬事〔二十七〕，皆官給其費。以次年四月十七日，葬于京南勸農縣西德山之陽。公爲人剛果峭直，有大志。□□□矯矯自□□□一□□□□□□□□□□□□□其善善惡惡，必使黑白灼晰乎其胷中。爲政其始若小煩，卒治有裕如。治千里之地，有毛髮之害，萌孽虐□□□□□□□□□一□□□□□□□□□□□自固。公遽折之曰：「吾豈能爲一日之利，而貫詬笑于千載閒耶？」其不自罔如此。又常謂所親曰：「吾起布□□〔二十八〕位公□□□□□一□□□ □□□□□□□□□□〔二十九〕。」時故相國太原王公言敷方箠樞務，國朝舊體，宰相闕則多取人于參副之間。太原公以典貢舉□□□□□□□□□□ □□□□□□□□無後人先己之意〔三十〕。又在永樂，嘗與嚴州刺史姚企回，行視其州銀冶之□〔三十一〕，旁有水曰海〔三十二〕□□□□□□□□□□一□□□□□□□□□□□□□維護也。〔三十三〕夫人清河張氏，純謹溫裕，事公以順，畜子孫以愛，□下以有法度。累封□□□□□□□□□□□□一□□□□□□□□□

□□□□□□□□以幹決聞。娶故乾州節度使韓暐女，蚤逝，生子中孫。再娶故侍中邢熙年次

□□□□□□□□□□□□□□□□一□□□□□□□□□□□□□□□□□□□□ □□適將作少監

三司户部判官李君謙。其次適秘書郎周必慶。下缺

下缺

上缺正匪權行，訖無所應。一有一無，皆政之病。公其挺生，下缺

上缺□慮內定，沛焉矢之。法中于事，時無不宜。凡厥□□下缺

上缺□□烈烈，百僚之師。柄任王國，未卒我施。下缺

上缺□□□□　姦孽是夷。輦轂之下，陽春熙□。下缺

上缺□□□□　善人已矣。爰敕有司，下缺

上缺昌三年四月十九日甲下缺

此誌與契丹帝后諸哀册同時出土，文累三千餘言，後半有殘損，幸事實尚可考見。文首稱：「公諱師訓，字公範，七代祖夢殷生道紀，道紀生去疑，去疑生岳」，至祖父名則文泐不可辨。稽之《遼史》無師訓傳，故其先世亦無可考。惟《誌》稱師訓以大安二年授樞密副使、右諫議大夫、刑部尚書、中書侍郎平章事，加致主功臣、尚書左僕射，移中京留守，以疾表請還政，詔加同中書門下平章事致仕。壽昌二年冬，薨于中京之里第。攷《遼史・道宗紀》，五大

安五年六月壬戌以前，樞密副使賈士勳參知政事兼同知樞密院事。「士勳」殆即「師訓」。《誌》稱：師訓充東京麴院使時，秤吏董猪兒得幸北樞密使乙信，怙勢日索官錢，公不與。又稱：其補中京留守推官時，乙信居守，自以前在樞極，權震天下，每行專□，不顧利害，公獨不屈云云。《誌》所稱乙信，即《姦臣傳》之耶律乙辛，《傳》稱乙辛以清寧五年爲南樞密使，改知北院，後出爲中京留守，與《誌》所述乙信歷官時代均合，則「乙信」即「乙辛」。「信」、「辛」音近，「師訓」、「士勳」亦音近，二者互證，則「師訓」之即「士勳」，審矣。師訓所莅有政績，其不爲姦臣乙辛所挫撓，其大節有足稱者，惜《遼史》于漢臣多不立傳，賴此誌得存師訓仕績也。誌題之後撰文欵之前，列守太常少卿、前知臨潢少尹、騎都尉、賜紫金魚袋張可及奉勑葬欵一行，此例除晉《荀岳誌》外，爲六朝以來墓誌所未見，可見契丹之世，於漢臣未嘗不加優遇，而史無漢臣傳，不能知其故矣。且契丹重臣用漢人頗多，此誌所載有故侍中彭城劉公雲、故宣政殿學士陳公覺、故中書令李公仲禧、故相王藉、故相國太原王公言敷、故侍中邢熙年，此六人中，惟李仲禧附見其子《耶律儼傳》中。仲禧本姓李，其賜國姓見《道宗咸雍七年紀》，他如陳覺、王言敷、邢熙年之名，亦均見《道宗紀》而無傳。《紀》稱咸雍三年三月，宋主曙殂，遣右護衛太保蕭韃不也、翰林學士陳覺等弔祭。太康七年六月丁卯，以翰林學士王言敷參知政事。九年十二月辛卯，以王言敷爲漢人行宮都部署。大安五年六月壬戌，以參知政事王言敷爲樞密副使。太康九年十二月丁亥，以邢熙年知南院樞密使事。大安元年正月癸卯，以邢熙年爲中京留守。惟劉雲、王藉名不見《紀》中。然《道宗紀》：太康八年六月丁巳，以劉筠爲南院樞密使，王績爲漢人行宫都部署。九年閏月，以漢人行宫都部署王績爲南院樞密使。十月己卯，南院樞密使劉筠薨。雲筠、藉績音近。以「師訓」之作「士勳」，「乙信」之作「乙辛」例之，則「劉雲」殆即「劉筠」，「王藉」殆即「王績」矣。因考師訓事而并及之，此亦言遼代史事者所未知也。

册附

〔校記〕

聖宗皇帝哀册

〔一〕利氣盈川：《全遼文》作「和氣盈川」，見該書第一四二頁。

聖宗欽愛皇后哀册

〔二〕追思恩信：《全遼文》作「追思恩信」，見該書第三六頁。

興宗仁懿皇后哀册

〔三〕《全遼文》載有册文，耶律孝傑撰，見該書第二一三頁。

道宗宣懿皇后哀册

〔四〕蓋書篆文原書稿中缺「宣懿」二字。

遼相國賈師訓墓誌

〔五〕守太常少卿：《全遼文》作「守太常卿」，見該書第二五五頁。

〔六〕檢校□□：《全遼文》作「檢校司空」，見該書第二五二頁。

〔七〕父諱□：《全遼文》作「父諱冲」，見該書第二五二頁。

〔八〕□貴皆丈夫所力爲：《全遼文》作「富貴皆丈夫所力爲」，見該書第二五二頁。

〔九〕劉公□□之：《全遼文》作「劉公召□之」，見該書第二五三頁。

〔十〕送官辯驗：「送」當是「送」字，《全遼文》作「逆」字，非是，見該書第二五三頁。

〔十一〕其後得人三百合告：《全遼文》作「其後得人三百人合告」，多一「人」字，見該書第二五三頁。

〔十二〕公遂署其狀白州：「遂」字《全遼文》作「遽」，見該書第二五三頁。

〔十三〕每行事專□：《全遼文》作「每行事專恣」，見該書第二五三頁。

〔十四〕閒有酋豪：《全遼文》作「閒有酋豪」，見該書第二五三頁。

〔十五〕奚中某部：《全遼文》作「奚中其部」，見該書第二五四頁。

〔十六〕公獨□侍：《全遼文》未留缺字符號作「公獨侍」，見該書第二五四頁。

〔十七〕松山：《遼史·地理志》有松江州而無松山州，該書《中京道》記有「松山」。其松江州條記：「松江州勝安軍下刺史。開泰中置，統和八年省復置。屬中京，統縣一。」在其統松江縣下記「有松山川」。

〔十八〕盡□徙矣：《全遼文》作「盡可徙矣」，見該書第二五四頁。

〔十九〕越……威令大行：缺文處此書作九字，《全遼文》作十字，見該書第二五四頁。

〔二十〕挽車馬……莫之能止：缺文此書作九字，而《全遼文》作十字，見該書第二五四頁。

〔二十一〕盡□：《全遼文》作「盡索」，見該書第二五四頁。

〔二十二〕民……遣之：缺文此書作九字，《全遼文》作十字，見該書第二五四頁。

〔二十三〕開市清肅：開當是「閧」字，與「鬨」同。《全遼文》作「開」字，恐有誤，見該書第二五四頁。

〔二十四〕會……能決者：缺文此書作九字，《全遼文》作十字，見該書第二五四頁。

〔二十五〕斷……邑大治：缺文此書作十字，《全遼文》作十一字，見該書第二五四頁。

〔二十六〕門下……至誕日：缺文此書作十一字，《全遼文》作十二字，見該書第二五四頁。

〔二十七〕復……張可及：缺文處此書作十二字，《全遼文》作十三字，見該書第二五五頁。

〔二十八〕吾起布□□□：《全遼文》作「吾起布衣□□」，見該書第二五五頁。

〔二十九〕位公……時：缺文處此書作二十一字，《全遼文》作二十二字，見該書第二五五頁。

〔三十〕貢舉……無後人：其間缺文此書作二十七字，《全遼文》作二十八字，見該書第二五五頁。

〔三十一〕銀冶之□：《全遼文》作「銀冶之地」，見該書第二五五頁。

〔三十二〕有水曰海：《全遼文》作「有水曰海」，見該書第二五五頁。

〔三十三〕曰海……維護也：其間缺文此書作三十字，《全遼文》作二十九字，見該書第二五五頁。

西陲石刻録

予年十有七，始蓄金石墨本。顧生長江淮間，又罕交游，於荒裔石墨不能致也。巾笥所儲，於裴岑、姜行本兩刻外，他皆無有。光緒甲午，吴興施均甫太守補華寄劉平國治關城誦，屬爲考證。並媵以沙南侯獲刻石，乃施君佐張勤果公西征戎幕時所手拓者。於是遽備西域三漢刻，爲之喜而不寐。顧讀吾鄉徐星伯先生《西域水道記》所載諸碑，尚不能致。壯游四方，始漸備其所無。宣統紀元，又得見燉煌古卷軸，據唐寫本李氏再修功德記，補石本闕泐百餘字，爲之狂喜，不異曩得三漢刻時也。去歲校定石室佚書，復據《李氏再修功德記》及索勳碑，得知張義潮家世，據以作義潮補傳，以補正前史闕失。竊謂古刻之裨益史氏，以邊裔石刻爲尤宏，於是擬將西陲諸碑勒爲一書。而經辛亥之亂，篋中所藏積三十年而漸致之者頗有紛失，乃貽書繆藝風丈荃孫段貸以足之，遂成《西陲石刻録》一卷。由漢泉元得十有七碑，而未見墨本者如《水道紀》所録金滿縣殘刻等則闕之。此卷所録雖已見前人箸録者十六七，然前賢寫定往往假手門生書佐，故多疏誤。今手自寫定，一一爲之補正。一碑或參合數本，或依據舊拓，其考證所得則俟異日别録之。此固予寫碑之例也。宣統甲寅二月，仇亭老民羅振玉記於東山僑居之大雲書庫。

西陲石刻録目録

西夏

元

西陲石刻録

裴岑紀功刻石

高四尺二寸，廣一尺八寸五分，六行，行十字，隸書。在新疆巴里坤。

惟漢永和二年八月，敦煌太守雲中裴岑將郡兵三千人，誅呼衍王等，斬馘部衆，克敵全師。除西域之灾，蠲四郡之害，邊竟艾安。振威到此，立海祠以表萬世。

沙南侯獲刻石

三面刻字，拓本每面廣二尺七、八寸不等。僅拓上截，高四尺七、八寸不等。弟一、二面存字三行，弟三面存字四行，三面共字十行，每行存一字至十二字不等，並分書。在新疆鎮西廳焕采溝。

惟漢永和五年六月十五日伊下缺。

馬雲中沙南侯獲字伯（下缺。）

孝廉（下缺。）以上弟一面。

□君□字伯（下缺。）

次元字仲（下缺。）

□□陘安（下缺。）以上弟二面。

陶（下缺。）

東（下缺。）

建盈（下缺。）

奚斯（下缺。）以上弟三面。

劉平國作關城頌

有字處高二尺，廣一尺五寸，八行，行字數目不等，照原行録之。作誦人欵三行，行四字，隸書。在新疆拜城縣。

龜茲左將軍劉平國以七月廿六日發家

從秦人孟伯山狄虎賁趙當卑萬羌

石當卑程阿羌等六人共來作

谷關八月一日始斵山石作孔至十日

〔堅固萬歲人民喜長壽億年宜〕
子孫永壽四年八月甲戌朔十二日
丁酉直建紀此東烏累關城
〔將軍所作也佐技〕
京兆長安此及下二行與文分離，不知在文之何方。
淳于伯□
作此誦

涼王大且渠安周造象記

二十二行，每行四十七字，正書。新疆吐魯番東四十里明火州故城出土。今在德國都城博物院。

□□□□□□□□□□□　中書郎中夏侯粲住

□□□□□□□□□□□□□形原始興於六度，考終著乎慈悲，然望槲理翰者，罔遊其方，悕宗研味者，莫究其極。豈玄扉沖邃—□□□□□□□見頮其城壍，天明鄣其神慧〔二〕，故使陵天之舉不出於三界，斋夷之韻莫闡於域中。非夫拔迹緣起之津—，□□□□□□□覺滯寢於昏夢，拯弱喪於炎墟。爰有含靈獨悟之士，輪日月於方寸，具十號以降生。頤塵海之飃濫，懼—□□□□□□□□□□□□櫂

於駭浪，望逌流而載馳；朝飢思饍，雨甘露於潛貸。〔二〕幽砠莫曉，明慧日以戢早。二遑粟正遍以洞
照，〔三〕四倒|□□□□□□擢化功之不建，道世之或淩，故虚懷不請之友，以隆法衽之弘。弥勒菩薩
控一乘以萇駈，超二漸而玄詣|。□□□□赴予左右虚空，藏積呰行於十地，隋𠇗化而現生。切戢寶
庄，來爲郢匠，□王震希音以移風，大士運四攝以護持|。□□□□嚴土三塗革爲道場。逝起滅以離
盡，入定窟以澄神。深心幽扣則儀形目前，乃誠孟浪則兆劫莫覩。斯信敬者𠇗|□□□□惕者𠇗以自
惕。涼王大且渠安周誕妙識於靁府，味紞戠而獨詠。雖統天理物，日日万機而誰譏之心不忘。〔四〕逭
次|□□□□之寄逆旅，猶飛軒之佇唐肆；罪福之粃行業，若影嚮之應形聲。一念之善，成菩提之
果。瞬息之恚，嬰累劫之呰。殖|□□□之中，不弜解脱之致。〔五〕隨臣波以輪迴，受後有而不息。㕎
执䒌於天衢，終頓駕於无擇。乃虚懷潛思，遠惟寔救構常住|□□□不二之韻，圖法身之妙，證无生之
玄。誰束教迷方者，覯真容以遐興；離本逐末者，守彭蔫以致極。〔六〕規誤存於兼拯，經|□□□□
成。乇庶欣然，咸発道心。於是隆業之右，惟一蕢之不倦，熙神功以悟世。爰命史臣，載藉岳訓。有鄙
之徹，思不㑒類|。〔七〕□□□之有幸，遇交泰於當年。目覩盛美，心生隨喜，嗟嘆不足，刊石杍懷。

□□□邃，扣之者尠。實際无崖，曠代莫踐。妙㱏正覺，朗鑒獨竡。不退之輪，不二而轉。彼岸
之遐興，超昇其巘。既昇其巘，又鈞其|□〔八〕。□□中流，濟彼二邊。我見不逝，我疾弗閑。果而
不證，滅而无刊。隨化現生，壹變大千。道不孤運，德必有隣。乾乾匪懈，聖敬|日躋。不請之友，自

遠而臻。補處之覺，對揚清塵。拯隧三塗，弘道交淪。唯曰法王，亦賴輔仁。於鑠弥勒，妙識淵鏡。桊以行隆，土━□□□。始覆惟懃，一蕢弥竸。道與世與，負荷顒命。恢恢大猷，弘在嗣正。藹藹戠羊，寢斤俟聘。名以表實，像亦載形。虛空无際━，□□□名。功就寶庄，來践法庭。玄珠一曜，億土皆明。何得何證，利益我生。〔九〕有感斯應，无求不盈。迴矣哲王，寔天㳅讚。覽彼羊━□，□□樣散。澡流洗心，望樹理翰。晉式皃率，經始法館。興国民顛，崇不終旦。有蔚其麗，有炳其煥。德輶難舉，尅在信心。須達━□□，應機虛衿。沖懷寘羿，古亦猶今。豈伊寶蓋，發意羊簪。〔十〕英右遐興，齊高等深。□憑斯致，兆闡法林。俾我億兆，翻飛寸蔭。

□□□平三年歲次大梁月呂无射量功興造戠集星紀朱明啓辰都竟監造法師法鎧典住御史索寧〔十一〕

姜行本紀功碑

高七尺，廣二尺七寸，十八行，行四十七字。額題大唐左屯衛將軍姜行□勒石□□，文正書。在新疆哈密。

昔凶奴不滅，竇將軍勒燕山之功；閩越未清，馬伏波樹銅柱之迹。然則振英風於絶域，申壯節於異方，莫不騰茂實於千□━，〔十二〕播芳猷於萬古者矣。　大唐德合二儀，道高五帝。握金鏡以朝万國，調玉燭以馭兆民。濟〻衣冠，煌〻禮樂。車書順軌，扶桑━之表俱同；仁化所沾〔十三〕，濛汜之鄉咸暨。莵天山而池瀚海，〔十四〕内北户以静幽都。莫不解辮髮於稾街，改左衽於夷□。〔十五〕高昌國者，乃一是兩漢屯田之壁，遺兵之所居，麴文泰即其苗裔也。〔十六〕注因〔十七〕晉室多難，群雄競馳，中原乏主，邊隅遂隔，閒届戎狄〔十八〕，竊弓盜玉，〔十九〕麻一□至今，〔二十〕靡通聲教〔二十一〕。自　皇威遠被，膂類來庭。雖沐仁風，情懷首鼠。杜遠方之職貢，阻重譯之注来。〔二十二〕律犲狼之心，起蜂蠆之一□〔二十三〕□□黎庶賦斂無已。〔二十四〕　聖上愍彼蒼生，申茲吊伐。乃　詔使持節、光禄大夫、吏部尚書、上柱國、陳國公侯君集，交河道行軍大揔管，副揔管、左屯衛大將軍、上柱國、永安郡開國公薛萬均，副揔管、左屯衛將軍、上柱國、通川縣開國男姜行本等，爰憖三軍，龔行天罰。但姬氛未弥，將軍逞七縱之威；百雉作固，英奇申九攻之略。以通川公深謀間出，妙思從横。命□前軍，營造攻具，乃統沙州刺史、上柱國、望都縣開國侯劉德敏，右監門中郎將、上柱國、淮安縣開國公衡智瑒〔二十五〕，右屯衛中郎將、上柱一國、富陽縣開國伯屈昉，左武侯郎將李海岸，前開州刺史時德衡，右監門府長史王進威等，並率驍雄，鼓行而進。以貞觀十四一年五月十日，師次伊吾，時羅漫山北登黑紺所，未盈旬月，剋成奇功。伐木則山林殫盡，叱吒則川谷蕩薄。衝梯蹔□百□□□〔二十六〕機檜一發，千石雲飛，墨翟之拒無施，公輸之妙詎比。大揔管運籌帷幄，繼以中軍，鐵騎亘原野，金鼓動天地，高旗彆日，　一長戟彗雲。自秦漢出師，未有如斯之盛也。班定遠之通西域，故迹罕存；鄭都護之滅車師，空聞前史。雄啚世著，彼獨何人？乃一勒石紀功，傳諸不朽。其詞曰：

於赫大唐，受天明命。化齊得一，功無與竟。荒服猶阻，枣君不定。

乃拜将軍，弥茲梟鏡。其一六奇一〇力思，群雄逞力。陳開龍勝(二十七)，營□□□。□麗星光，旗明日色。楊旌塞表，振威西𢩆。其二峨々峻嶺，眇々平原。塞雲暝結，胡風晝昏一。□□□□，高樹□□。銘功讚德，□□□□。

□觀十四年歲次庚子，　六月丁卯朔，廿五日辛卯立。

瓜州司法参軍、河内司馬太真詞

碑左側予藏本無，今據金石萃編録之。

交河道行軍摠管、左驍衛將□□□□□□□□□呉仁領右軍□□□

交河道行軍摠管、左武衛將軍、上柱國、□□縣開國公牛進達領兵十五万

張懷寂墓誌(二十八)

高三尺，廣二尺七寸五分，三十三行，行三十五字，正書。吐魯番出土。

大周故中散大夫、行茂州都督府司馬、上柱國□府君墓誌銘并序

君諱懷寂，字德璋，南陽白水人也。昔軒后誕孕，手文疏得姓之源，錫壤崇基，白水爲封侯之一邑。賢明繼軌，代有人焉。佐漢相韓，備該策史。襄避霍難，西宅燉煌。餘裔遷波，奄居蒲渚，遂爲一高昌人也。曾祖務僞右衛將軍、都綰曹郎中，器度温雅，風神秀朗。祖端僞建義將軍、都綰曹一郎

中，識鑒明敏，弘愽多通。父雄僞左衛大將軍、都絔曹郎中，神性俊毅，志懷剛直。片言折獄，無謝仲
由；諾重千金，寧慚季布。故得入籌帷幄，出揔戎機，緯武經文，職兼二柄。公良冶是傳一，箕裘不
墜。乖在繦褓，僞稐吏部侍郎，爵被孩童，以旌恩寵。貞觀之際，率國賓　　王。永徽一之壐，再還
故里。都督麴湛以公衣纓望重，才行可嘉，乖甫至學，奏稐本州行叅軍。雖莅職舊一邦，榮同衣錦。展
私不虧鄉禮，存公無越憲章。俄轉伊州録事叅軍，糺刻六曹，剛柔一貫，駮議一無隱，躬操直繩。轉稐
甘州張掖縣令，肅清百里，仁政一同。草靡其風，人化其德。令譽扇於三一輔，逸響聞於九睪。遷稐朝
散大夫，除疊州長史，此州境隣渾寇埊帶山巖，烽候屢驚，草竊爲一□，公雖職佐千里，而微洞六奇設
計，運籌窮其巢穴，下人謡德上徹　　𠀑聰，旌善賞功一，□波曲被。公歷任多𠦚，闕覲　　慈
顔。念噬指以思歸，想投機而自勵，未申反哺之戀，俄丁一□下之憂。一溢僅存，毀瘠過禮。屬葱山小
醜，負德鴟張。瀚海殘妖，孤恩蟻聚。同惡相濟，刼掠一成群。　　𠀑子命將登壇，推輪伐罪，以公
果略先著，簡在　　帝心。恩制奪情，令揔戎一律，特稐右玉鈐衛假郎將，充武威軍子揔管。公固辤
不獲，俯履轅門，輟孝殉忠，義資盡命。於一是飛懸旌而西上，擁戎卒以啓行。鳴鼓角於埊中，竦長劒
於天外。是𠥱賊頭跛論逆次拒輪一，兵戈纔衝，賊徒俄潰，如秋風之掃枯葉，類春景之鑠薄氷。殲厥
渠魁，脅從罔治。於是金方静一柝，玉塞清塵，十箭安毳幙之鄉，四鎮復飛泉之埊。元帥王孝傑録功聞
奏，　　恩制遽下一，日朝請大夫、前行疊州長史、武威軍子揔管張懷寂識具通濟，器能優舉，夙承

榮犇，出戟蕃一條。近揔戎麾，遠清荒儌。恢七擒之勝略，致三捷之嘉庸。逆黨氷離，姦群瓦解。譽隆裨帥，績著一幽遐。作副名都，允諧懋賞。可中散大夫，行茂州都督府司馬，仍賜緋袍、金帶及物貳伯段。公以兊野寧謐，榮賞優隆，振旅凱旋，翹欣飲至。豈謂脩途未拯，逸足中疲，玉碎荆山，珠沉漢浦一。以長壽二𠡦歲次癸巳，五𠥱巳丑朔，十一𡆠巳亥，終於幕府。春秋六十有二。於是六軍望櫬一，興埋玉之悲；元帥親臨，盡夫人之慟。即以長壽三𠡦太歲甲午，二𠥱巳夘朔，六𡆠庚申，葬於一高昌縣之西北舊塋，禮也。惟君體質貞明，機神警朗，雅善書劒，尤精草隸。彎弧擬樹巳見啼一猿，落紙飛毫行驚返鵲。崇讓去伐，絶矜尚之心；重義輕財，履謙冲之迹。如珠有潤，似玉無瑕一。美績嘉猷，筆難詳𪉩。子禮忈等扣心泣血，茹粒僅存。負米無期，過庭絶訓。思蓼莪而號踴，想陟岵以崩心。恐陵谷貿遷，芳猷歇滅，聊題琬琰，迺勒銘云：尋源討氏，系自轅皇。孕珠含德，手印弓長。辭榮讓顯，戰涿功彰。爰封白水，錫土南陽。三五巳一□，代襲忠貞。珥貂漢闕，曳綬韓庭。槐門棘路，鳴珮飛纓。九□□□，□□每□□。□□□□。寔□一□軌。百行攸歸，五常是履。綏邊弥寂，鷹揚擅美。懋賞疇庸，□□□□□。□□□□□□□□□□驗二竪興灾□□頁□□□鬼歸□□□徽猷而□涕下缺

果毅□□基等造象記

殘石高一尺四寸，縱裂爲三。第一石七行，行十三字。第二石三行，第三石六行。正書。原出保惠城，今在端忠敏公家

前缺耳氵□□□□□□□□□□救沉溺於愛□□□□□□□□一功德熟能預於此。今有果毅□□一基等，跋涉砂磧，効節邊垂，瀚海愁雲，積悲心於萬里；交河淚下，忽□思於百秊。遂鳩集合營，敬造□□一□所并尊像等，剞劂彫瑑□□□以上第一石。

上缺九字。斯功□□一□衆□□□□□□登覺道

萬□通丙□□□□□[illegible]以上第二石。

□□人□□□□□□□陽藝石

□營主□□□□□□□□件

建忠師□□□□□□□□玄蓋

立義師□□□□□□□□明德

司兵劉下泐。

司胄王下泐。　以上第三石。

周李君修佛龕碑

高七尺，廣三尺一寸，兩面刻。陽面二十八行，行五十字。陰面三十行，行四十八字。末八行，祖父及子孫題名，分三列，正書。額篆大周李君□佛之碑八字。在燉煌鳴沙山。

大□□□□□□朷尼□柱圀李君莫高□□龕碑并序〔二十九〕

首望宿衛上柱圀燉煌張大忠書　　弟應制舉〔三十〕

□□□□

原夫容萬物者，𠀑埊也；容𠀑埊者，太虛焉。○辰𡆠𠥱𠀑之文，卉木山河埊之理，推之律吕寒暑之節□□□□□□□□□可□—然而三家不定，四術猶迷，□申臆斷之辭，競起異端之論。矧乎缶覺沖邃，法身常住，凝功窅冥，湛然無□□□□□□□□□鷲—乘絶有爲而□無爲〔三十一〕，獨尊三界。若迺非相示相，揔權實以運慈悲，非身是身，苞真應而開方便。不言作言，□□□□□□□□爲—有爲之宗，神儀廣現。至若吉祥菩薩，寶應真𤯔，効靈於太古之𠡦，啓壁於上皇之始。或練石而斷鼇足，立□□□□□□□□□而—察龜文，調五行而建八節。復有儒童歎鳳，生震旦而鬱玄雲；迦葉猶龍，下閻浮而騰紫氣。或因山起号，或□□□□□□□□□□風—刪《詩》《書》而立訓。莫不分條共貫，異泒同源。是知法有千門，咸帰一性，等碧空之含萬爲，均滄海之納百川。其道□□□□□□□能—使三千圀界，悉奉賚而輸琛；百億𤯔𠀑，竝承風而偃化。拔衆生之毒箭，作羣品之良醫。恚龍屏氣於盂中，狂爲亡□□□□□□□□—感灑法雨而隨根，無願不從，皦慈光而逐物。豐功厚利，誠無得而稱焉。我　大周之馭宇也，轉金輪之千輻，運□□□□□□□□—諦於心田，皎三伊於智藏，慈雲共舜雲交映，慧𡆠與堯𡆠分暉。德被四𠀑，不言而自信；恩隆十埊，不化而自行。莫节□□□□□□□—物不召而自至，瑞無名而畢臻。〔三十二〕川嶽精靈，列韜鈐而受職；風雲秀氣，儼槐棘以承榮。僸佅兜離，韻諧《韶護》，蠻夷戎狄，飾□□□□□—更紹真乘𡕀隆缶法，大雲徧布，寶雨滂流，闡無内之至言，恢無外之宏唱。該空有而閒寂〔三十三〕，括宇宙以通同。蕩蕩乎，巍巍□□□□□—名言者也。莫高窟者，厥𡔈秦建元二秊，有沙門樂僔，戒行清虚，執心恬静，當扙錫林野〔三十四〕，行至此山，忽見金光，狀有千佛，□□□□□—造窟一龕。次有法良禪師，從東届此，又於僔師窟側，更即營建。伽藍之起，濫觴於二僧。復有刺史建平公東陽王等□□□□□—後合州黎庶，造作相仍，實神秀之幽巖，靈奇之浄域也。西連九隴坂，鳴沙飛井擅其名；東接三危峯，泫露翔雲騰□□□□□□□—後顯敞川原，麗物色新。仙禽瑞獸育其阿，斑羽毛而百綵；珍木嘉卉生其谷，絢花桒而千光。爾其鐫崿開基，植端□□□□□□□—塔搆層臺以篷𠀑，刻石窮阿育之工，彫檀極優闐之妙。每至景躔丹陸節啓朱明〔三十五〕，四海士生，八方緇素，雲趨兮超□□□□□□□—歸雞足之山，似赴鷲頭之嶺。陞其欄檻，疑絶累於生閒；窺其宫闕，似遊神乎𠀑上。豈異夫龍王散馥，化作金臺。□□□□□□□—憧幡五色而焕爛〔三十六〕，鍾磬八音而鏗鏘。香積之餘俱臻〔三十七〕，純陁之供齊至。極於無極。共喜芬馨，生及非生，咸歆晟饌。□〔三十八〕□□□□□□—大周聖曆之辰，樂僔法良發其宗，建平東陽弘其迹。推甲子四百他歲，計窟室一千餘龕。今見置僧徒，即爲□□□□□□□□—讓燉煌生也。高陽頊之裔，太尉頵之苖。李廣以猿臂操奇〔三十九〕，李固以龜文表相。長源淼淼，既浴◎而涵○層構□□□□□□□□□一祖穆周燉煌郡司馬、使持節張掖郡諸軍事、張掖太守兼河右道諸軍事、檢校永興酒泉二郡大中缶盪寇□□。□□□□□□□（四十）一大都督車騎將軍，竝多藝多能，謀身謀囮。文由德進，武以功陞。爲將有禦遠之方，作牧得安邊之術。庭抽孝□□□□□□□□□一泉竭誠而奉上，謙光下物，不自驕矜，流令譽於當季，鍾餘慶於身後。考達，左玉鈐衛効穀府捡飾上䕶軍□□□□□□□□一倜儻之姿，夙負不羈之節，荆山虹玉，不能比其内潤；宋囫驪珠，無以方其外朗。行能雙美，文武兼優，臨池擅□□□□□□□□一之妙。嘗歎息而言曰：夫生生一代，難保百齡，倏短久定於遭隨，窮通已賦於冥乜。假令手能拉◎，力可拔山，□□□□□□□一條之露，何用區碌榮利，棄擲光陰者哉。於是滌胸襟，疏耳目，坦心智之所滯，開視聽之所疑，遂諷誦金言，□□□□□□□□一歸缶捨邪，遇善恭虔，必能尊重讚嘆。迺於斯勝岫，造窟一龕，藻飾圓周，莊嚴具備。妙宫建四廬之觀寧□□□□□□□□□以上碑陽。

一□不謝華嚴之説，其上寥廓，其下峥嶸，懸◎匝於□□，吐風雲於澗曲，岩嶤而鬱律，杳䆮而穹□□□□□ □□□□□□□一□□静，每季晟夏，奉謁尊容。就窟設齊，燔香作禮，爰届茲◎，斯道𢌿弘。接武歸依，信根逾固者矣。□□□□□□□□□一□□上柱囫譽表髫㚒，名揚綺際，材稱刈楚，器是扰茅，澗松以磊落見尋，巖菊以芳菲入用，其□□□□□□□□一□□而風寒。因與昆季閑居，論苦空之理，迺相謂曰：是身無常，生死不息，既如幻如化，亦隨起

□□□□□□□　□□□□一□□放習迺齊聲□和應諸風從，復於窟側，更造佛刹，穿鑿向畢，而兄遂
亡。公任左玉鈐衛効□□□□□□□□□□一□尉、行紫金鎮將、上柱圀，竝奇才卓犖，逸調昂
莊，泰埊之曉囸團團，玄度之清風肅肅，羽垂𠀑□□□□□□□□□一□之後必昌，爲賢之蹤
無絶。迺召巧匠，選工師，窮𠀑下之譎詭，盡人間之麗飾。馳心八解，脱締想
□□□□□□□□□□□一□槃之變，中浮寶刹，迎四面以環通，旁列金姿，儼千靈而侍衛，璿題留囸，
玉牖來風，露滴砌而飛珠爵□□□□□□□□一□表還同鹿苑之遊。粤以壁曆元季五囸十四𡆠，
脩葺功畢，設供塔前，陳桂饌以薫空，奠蘭羞而味野。伏願　□□□□□一□無虞，萬邦銷僞末之
萌，群品沐淳源之始。拂輕衣而石盡，釋教長流，去纖芥而城空，法輪恒轉。且夫立功立事，尚光揚於
竹一□。何况大慈大悲，不宣暢於金册。輙課庸淺，敬勒豊碑，合掌曲躬，迺爲詞曰：　法身常住，
佛性難原，形包化應，迹顯真權。無一爲卓爾，寂滅凝玄。乘機逐果，示變隨緣。　大周廣運，普濟含
靈。金輪啓壁，玉册延禎。長離入閣，屈軼抽庭。四夷偃化，重譯輸誠一。爰有名窟(四十一)，寔爲妙境，
鴈塔浮空，蜂臺架迥。珠箔〇綴，璿題囸鎣。自秦創興，于周轉晟。　西連九隴，東接三危，川坧綺鐇，
物産瑰一奇。花開德水，鳥哢禪枝。十方會合，四輩交馳。　彫甍跂鳳，鏤檻盤龍，錦披石砌，繡點山
窻。雲紫寶蓋，𡆠灼金幢，芳羞味野，香氣一氵〇空(四十二)。　粤惟信士，披誠迴向(四十三)，脱屣塵勞，拂
衣高尚。旁求巧妙，廣選名匠，陳彼鈞繩(四十四)，鑿斯巖嶂。　代脩七覺，門襲三歸，取與有信一，仁義

無違。彫鐫寶刹,絢飾金暉,真儀若在,靈衛如飛。　訾葺兮既終,丹青兮已畢,相好備兮圓滿,福祥臻
兮貞吉。百刧千刧兮一作秊,青蓮此下避石理,空九字。赤蓮兮爲𡆠,著如來之衣,入如來之室。佛道兮曠
蕩,法源兮池溢(四十五)。　勒豊碑兮塔前,庡後昆兮一可悉。

維大周𨲢曆元秊,歲次戊戌,伍匝庚申朔,拾肆𡆠癸酉敬造。

李氏之先,出自帝顓頊,高陽氏之苗裔,其後咎繇身佐唐虞,代爲大理。　既命爲理官,因而以
錫其姓。　洎殷之季秊,有理徵,字一德靈,得罪於紂。　其子理貞逹難避埊居殷,食李以全其壽,因
改爲李。　其後漢武開拓四郡,辟李翔持節爲破羌將軍,督西戎一都護,建功狄道,名高四海。　殯命
寝場,追贈太尉,遂葬此縣,因而家焉。　其後爲隴西之𤯔,遂涼昭食邑燉煌,又爲燉煌𤯔也。

遠祖頹,漢太尉公,歷幽豫二州刾史,食邑赤園宕□

顯祖昭,魏使持節武張酒瓜等四州諸軍事,四州刾史、　河右道大中丞、輔圀大將軍一。

曾祖穆周,燉煌郡司馬、使持節張掖郡諸軍事、張掖太守兼河右道諸軍事、撿挍永興酒泉二
郡大中丞、盪冦將軍。

□□隨大黄府上大都督、車騎將軍。

□□□玉鈐衛劾穀府旅帥上護軍□□□軍。(四十六)以上八行爲第一列。

亡兄感(四十七),昭武挍尉、甘州禾平鎮將、上柱圀。

弟懷節，上柱國。

弟懷忠〔四十八〕，騎都尉。

弟懷恩，昭武校尉，行西州白水鎮將、上柱國。

弟懷操，昭武校尉，行紫金鎮將、上柱國。以上八行第二列。

姪奉基，翊麾副尉，行庭州鹽池戍主、上騎都尉

姪奉逸，翊衛、上柱國。

男奉誠，翊衛。

姪奉國，翊衛。

男奉裕，翊衛。

孫令秀，翊衛。以上七行第三列。

造碑僧寥廓。上柱國。鐫字索洪亮。

都督楊公紀德頌

已斷爲二截。上截高二尺，廣二尺六寸，存字十一行，行一、二、三字不等。下截高三尺八寸，廣二尺七寸，存字二十一行，行十餘字至二十餘字不等。正書。額篆大唐都督楊公紀德頌九字。

以上似缺二行。漢□尉缺人也。曾祖諱言，随舉孝廉，累遷中散大夫、督□蒲下缺—河川大缺　皇雲麾將軍、右武衛大將軍。河華之靈，貂蟬之族，下缺緘封之。缺邁於往古，書不絶於青史。國諒焕發，其由可觀。公幼而彰，中而立，下缺—訓非四缺孰能坐致青雲，壯室之餘作搢紳龜鏡者也。初大將軍府君擅傳經下缺—舉秀才，時缺俟甲科，何必爲儒，拾其青紫。公以温凊左右文藝箕裘出將冠闕西下缺—□授汧缺高平郡沁水府果毅、絳郡桐鄉京兆崇仁二府折衝。雖莅仕之初子雲下缺—展騏驥缺郎將爪牙之任　社稷之心不屑行間，屢迴　天眷，加左司禦率府下缺—式周廬缺失羽林之佚時以山東餘孽尚軟，　皇情兮命我公宣慰四道，徵甲—下缺一身艱缺蘇之詠，河湟懷挾纊之恩，二庭發貔武之師，四鎮叙琅玕之貢。　王宮下缺—彰缺閣豈獨議功雲臺而已哉。　詔優公忠武將軍、守左威衛將軍、河西副將、下缺—西缺路人有光，下車無何，能事日集，豈㠯才用不器，所謂知機其神，此州之創也。缺郊有野馬，資彼外府，□成軍興，况時之艱，路之難，不去食存信何猛而濟寬。此缺祀修羽儀，大張禮容，　眷彼勳舊，有　詔詔公，入朝列郡，居守獨缺。日除伊西庭節度等使，攝御史中丞。霜威夏寒，勁節秋凛。惣我戎律，懿兹謀閫。缺飭裝不凝於衷，吾道西矣，此又公之惠澤。若卸傳甲仗，警候田疇，長幼夫妻缺長史滎陽□嶙謂司馬東海徐㠯戈、大將軍河南富云盈曰：公之施惠，不在報缺漢水徒有沉碑之□□去陜郊當銘聽訟之所。余實不敏，有媿於文。頌曰：

上缺天生公兮，出微入幽，竟不知變化所拯，吾將老躺以爲儔，上缺作而物覩公之心鏡
□□□□□古
上缺肖實缺十字近名黎庶異於木石洋〈缺在□如□生下缺

唐隴西李府君脩攻德碑

高八尺，廣三尺〔四十九〕，二十五行，行五十二字，正書。額篆大唐隴西李府君脩攻德碑記十二字〔五十〕，在燉煌。

燉煌之東，有山曰三危。結積陰之氣，坤爲德。成凝質之形，圯爲象〔五十一〕。峻增千峯，磅礴萬里，呀豁中絶，块圠相嵚。〔五十二〕鑿爲靈龕，上下雲矗。構以飛閣，南北霞連。〔五十三〕依然地居，杳出人境。聖燈時照，一川星懸。□鍾□□□□□引〔五十四〕靈仙鬼物，往〈而在。屬以賊臣，干紀亂殺□□□□地唯暴殄天物〔五十五〕。東自隴坻〔五十六〕，舊陌走狐兔之群；西盡陽關，遺邑聚豺狼之窟。□木夜警，和門晝扃，塔中委塵，禪處生草。時有住信士、朝散大夫、鄭一王府諮議隴西李大賓〔五十七〕，其先指樹命氏，紫氣度流沙之西；剗山騰芳，□名感懸泉之下。時高射虎，人望登龍。開國西凉，稱藩東晉。諮議即一興聖皇帝十三代孫。遠泒天兮，世濟其美。靈根地植，代不乏賢。六代祖寶，随使持節侍中、西陲諸軍事、鎮西大將軍，領護西戎挍一尉、開府儀同三司、沙州牧、燉煌公，玉門西封邑三千户。曾祖達，　皇燉煌司馬，

其後因家焉。祖操，　皇大黄府車騎將軍━。考奉國，　皇昭武挍尉、甘州和平鎮將。早逢　昌運，淂展雄材。一命是淩雲之資，百齡懷捧　日之慶。垂條布頖，業繼━弓裘，築室連閎，里成衍蓋。難兄令弟，卓然履道之賢；翼子謀孫，宛尔保家之主。諮議天授淳粹，神假正直。交遊仰其信，鄉黨稱其仁。義泉━深沉，酌而不竭。道氣虛遠，感而遂通。嘗以爲挹江海者，難測其深淺；望　乹坤者，不究其方圓。〔五十八〕況色空皆空，性相無相。豈可以名言━悟，豈可以文字知？夫然故方丈小室，默然入不二之妙；智度大道，法尔表無念之真。以其虛谷騰聲，洪鍾應物。所以魔宫山圻，佛日天開━。愛水朝清，昏衢夜曉。一音演法，四衆隨緣。直解髻珠，密傳心印。凡依有相，即是所依，若住無爲，還成有住。由是巡山作礼，歷險經行。盤迴━未周，圩檻屹斷〔五十九〕，剷削有地，揥搆無人。遂千金貿工，百堵興役，奮鎚聾鏨，楬石聒山。素涅盤像一鋪，如意輪菩薩、不空胸索菩薩各一鋪，畫━《報恩天請問》，普賢菩薩、文殊師利菩薩、東方藥師、西方浄土、千手千眼觀世音菩薩、彌勒上生下生如意輪、不空胸索等夿各一鋪，賢刧━千佛一千軀。初壞土塗，旋布錯彩，〔六十〕豁開石壁，儼現金容。本自不生，示生於千界。今則無滅，示滅於雙林。考經尋源，備物象設；梵王奔世，佛━母下天。如意聖掄，圓摶三有。不空妙索，維持四生。人其報恩，天則請问。六牙象寶，摇紫珮以栖真；五色獸王，載青蓮而捧聖。十二上願，列━於浄剎。十六觀門，閈其樂土。大悲來儀於鷲嶺，慈氏降跡於龍華，丕休哉千佛兮身，聚成沙界。八部敷衆，重圍鐵山。希夷厶聲，悉窣欲動一。尔其簷飛鴈翅，砌盤龍鱗。雲霧生於户牖，雷霆走於階陛。左豁平陸，目極遠山。前流長河，波映重閣。風鳴道樹，每韻苦空之聲；露滴禪池一，更澄清净之趣。時節度觀察處置使、開府儀同三司、御史大夫、蔡國公　周公，道洽生知，才膺命世。清明内照，英華外敷。氣邁風雲一，心懸日月。文物居執恳之重，武威當杖鉞之雄。括囊九流，住持十信。爰因蒐練之暇，以申礼敬之誠。揭午操柔，闟戟以從。〔六十一〕蓬頭胼脅，傍車一而趍〔六十二〕，熊羆啓行，鵷鸞陪乘。隱隱輷輷，蕩谷摇川而至於斯窟也。層軒九空，複道一帶。前引簫唱，上干雲霓。雖以身容身，投跡無地，而舉足一□足，登天有階。目窮二儀，心出三界。有若僧政沙門釋靈悟法師，即諮議之愛弟也。戒珠圓明，心鏡朗徹。學探萬偈，辯折千人。出火宅於一一乘，破空遣相；拍化城於四坐，虚往實歸。於是引兄大賓，弟朝英，姪子良、子液、子望、子羽等拜手於階下。法師及姪僧志融斂袂於堂上一，曰：

主君恤人求瘼，戡難濟時。井税且均，家財自給。是得傍開虚洞，横敞危樓。將以翼大化，將以福先烈，休庇一郡，光昭六親。〔六十三〕一况祖孫五枝，圖素四剎。堂構免墜，詒厥無懟。非石何以表其貞？非文何以紀其遠？且登高能賦，古或無遺；遇物斯銘，今豈遐棄？紛然遞進一，來以求蒙〔六十四〕

蔡公乃指精廬而謂愚曰：操斧伐柯，取則不遠。屬詞比事，固可當仁。仰恭指歸，俯就誠懇。敢□□其狂簡，庶髣髴於真宗。〔六十五〕一

大歷十一年龍集景辰，□□□有十五日辛未建。

妹夫鄉貢明經、攝燉煌州學博士陰庭試。

唐蕃會盟碑

高一丈四尺五寸，廣二尺八寸七分，兩側廣一尺五寸二分。碑陽前六行漢文，每行八十四字，後刻蕃文。碑陰皆蕃文，兩側蕃漢互文，漢文皆左行，均正書。〔六十六〕

大唐文武孝德皇帝與〔六十七〕　　大蕃聖神贊普　　舅甥二主商議，社稷如一，結立大和盟約，永無渝替，神人俱以證知，世世代代使其稱讚。是以盟文節目題之於柱也。〔六十八〕文武孝德皇帝與　　□□□都贊陛下二聖　　舅甥濬哲鴻被，曉今永之屯，亨矜愍之情。　　恩覆其無內外，商議叶同。務令萬姓安泰，所思如一，成久遠大善。〔六十九〕再續慈親之情，重申隣好之義，爲此大和矣。今蕃漢二國所守見管都□□□□□□□□興實已西，盡是大蕃境土。彼此不爲寇敵，不舉兵革，不相侵謀封境。　或有猜阻，捉生問事，訖給以衣糧放歸。　令社稷叶同如一〔七十〕，爲此大和。然　舅甥相好之義，善理每須通傳。彼此驛騎一□□□□□□□舊路蕃漢並於將軍谷交馬。其綏戎柵已東，大唐祗應，清水縣已西，大蕃供應。須合　　舅甥親近之禮，使其兩界煙塵不揚。罔聞寇盜之名，復無驚恐之患。封人撤備，鄉土俱一安。如斯樂業之□□□□□□□美之□遍於日月所照矣。蕃於蕃國受安，漢亦漢國受樂。茲乃合其大業耳。依此盟誓，永久不得移易然。三寶及諸賢聖日月星辰請爲知證。如此盟約，各自契陳，刑牲爲盟，設此大一約。儻不依此誓，蕃漢君臣

□□□□□□□禍也。仍須讎□及爲陰謀者，不在破盟之限。　蕃漢君臣並稽告立誓，周細爲文。　二君之合，終以雍和。〔七十一〕登壇之臣親署姓名，□□如斯誓文〔七十二〕，藏於王府焉。

以上碑陽。

大蕃宰相等和好登壇立盟官寮名位第一列。

□□宰相同平章事名位第二列。

上缺政同平章事沙下缺。　第三列。

上缺天下兵馬都元帥同平章□□尚□□□第四列。

上缺同平章事下缺。　第五列。

天下兵馬副元帥同平章下缺。　第六列。　此下第七列全泐。

宰相同平章事論結贊□熱第八列。

宰相同平章事尚綺立贊窟寧悉當第九列。

宰相同平章事尚綺立熱貪通第十列。

宰相同平章事論頰藏弩悉恭第十一列。

大蕃諸寮寀登壇者名位第十二列。

曩論琛尚頰熱窟寧贊第十三列。

紕論伽羅篤波屬盧論贊熱土公弟十四列。

悉南紕波琛尚旦熱悉諾币弟十五列。

岸奔猛蘇户屬勃羅末論矩立藏名□弟十六列。

給事中勃□伽論悉諾熱合軋弟十七列。

資悉波折逋額論悉□昔斡窟弟十八列。

紕論没盧尚□纓勃藏他□贊弟十九列。

刑部尚書□羊論結研歷贊弟二十列。

以上右側。

大唐□□等和□登壇立□□□□□弟一列。

□□宰相同平下缺。　弟二列。

正議大夫□下下缺。　弟三列。

朝散大夫中書侍郎同下缺。　弟四列。

太中大夫中書侍郎同平章事王播弟五列。

中大夫尚書户部侍郎同平章事杜元頴　弟六列。

正議大夫兵部尚書蕭俛弟七列。

大唐諸寮寀登壇者名位弟八列。
金紫光禄大夫尚書左僕射韓臯弟九列。
朝議郎御史中丞牛僧孺弟十列。
太中大夫尚書右僕射兼吏部尚書李絳弟十一列。
銀青光禄大夫户部尚書楊於陵　弟十二列。
通議大夫禮部尚書韋綬弟十三列。
□□□□大夫尚書右僕射兼太常卿趙宗儒　弟十四列。
太中大夫禮部尚書兼司農卿裴武弟十五列。
正議大夫京兆尹兼御史大夫柳公綽弟十六列。
銀青光禄大夫工部尚書兼右金吾衛大將軍郭鏦　弟十七列。
□□大□大理卿兼御史大夫劉元鼎弟十八列。
上缺御史中丞劉師老弟十九列。
上缺監察御史驍騎尉李武弟二十列。
以上左側。

賜沙州僧政勅〔七十三〕

高六尺，廣二尺七寸，三列。第一列勅文，十行，行十八字，年月銜名等八行，行字不等。第二列十八行，行十六字。第三列十五行，首行六字，餘皆五字。行書。在燉煌。

勅：釋門河西都僧統攝沙州僧政法律三學教主洪䛒—、入朝使沙州釋門義學都法師悟真等：蓋聞其先出自—中土，頃因及瓜之戍，陷爲辮髮之宗。尔等誕質戎壇〔七十四〕，栖—心釋氏，能以空王之法，革其異類之心。獷悍皆除，忠貞—是激。虔恭教旨〔七十五〕，夙夜修行。或傾向天朝，已分其覺路；或—奉使魏闕，頓出其迷津。心惟可嘉，跡頗勞正，宜酬節義—之効，或奬道途之勤〔七十六〕。假内外臨壇之名，錫中華大德之—号。仍榮紫服，以耀戎緇。洪䛒可京城内外臨壇供奉—大德，悟真可京城臨壇大德，仍並賜紫，餘各如故。

大中五年五月廿二日。

中書令闕。中書侍郎兼吏部尚書平章事臣崔龜從當奉　中書舍□臣崔瑶行奉　勅如右。〔七十七〕牒到奉行。

大中五年五月　日。

侍中闕　右僕射兼門下侍郎平章事鉉　給事中係　日月時都事　左司郎中　禮部尚書闕　禮部侍郎愨　尚書左丞瑑

告京城内外臨壇供奉大德兼釋門河西都僧統攝沙—州僧政法律三學教主賜紫洪䛒奉　勅如

右，苻到—奉行。〔七十八〕

郎中□　主事□□〔七十九〕　令史鄭全璋　書令□〔八十〕　大中五年五月　日下。〔八十一〕

當家告身依本⿰金〇石庶使萬歲千秋石□不壞。此行列勑文前。

以上弟一列。

師中華良裔〔八十二〕，西土律儀。修行而不失戒珠—，調御而深藏慧劒。而又遠懷故國，願被皇—風。專遣僧徒，備申懇切。今則達鄉閭之的—信，攄祖父之沉冤。惟孝與忠，斯謂兼美。宜—率思唐之侶，終成歸化之心。勉遵令啚，以—就休烈。今授師京城内外臨壇供奉大德—，仍賜紫衣，依前充河西釋門都僧統，知沙—州僧政法律三學教主，兼給勑牒。僧悟真忝授京城臨壇大德，仍賜紫衣，兼給勑牒—。錫兹寵渥，慰尔忠勤。當竭素誠，用荅殊遇—。師等所上陳情表，請依往日風俗大行佛法者。朕精心釋教，不捨修持。師所陳論，深—愜本意，允依來奏。其崇恩等師，宜並存問—之。今賜師及崇恩等五人少⿰亻〇物〔八十三〕，具如列—録，并師家書迴報。並賜往，至宜領之，餘並具所賜。議潮勑書處分，想當知悉。夏熱，師—比好否？遺書，指不多及。

一日

以上弟二列。

勑賜衣物録本：

賜内外臨壇—大德、河西都—僧統、賜紫僧—洪䛒物四十—疋：

錦二疋；

花吳綾二疋；〔八十四〕

色小綾二疋；〔八十五〕

色絹八疋；

雜絹廿六疋。

紫吳綾僧衣—二副（內一綿）。

銀大□椀二—枚。〔八十六〕

以上弟三列。

索勳紀德碑

石已斷。其存者高五尺三寸，廣二尺八寸。上截存十三行，行存一、二、三字不等。下截存二十四行，行存二十字至二十九字不等。額題大唐河西道歸義軍節度索公紀德之碑十六字。並正書。在燉煌縣學。

節度判官權掌書記缺**賜緋魚袋南陽張景俅**缺〔八十七〕

上缺安邦柱石分憂〔八十八〕，誕賢材而膺用，固有提綱罩俗，封長策而□□□□—上缺地中興　聖運〔八十九〕，彼有人焉。公玉裕稱諱勳〔九十〕，字封侯，燉煌人也。□□□□—上缺祖靖，仕魏晉，位登一品，才術三端，出入兩朝，功名俱遂。　曾祖諱□□□—上缺鍾慶于茲，來慕之謡既著，捐駒之詠益深。〔九十一〕乃保龍沙，永固城□十□竹□—上缺父琪，前任燉煌郡長史，贈御史中丞，早承高蔭，皆顯才能，儒雅泒□〔九十二〕，弓裘不—上缺宣宗啓運，乃睠西顧，太保東歸，□□□□河西克復〔九十三〕，昔季土宇，一旦光輝，没—上缺公則□□西節度張太保之子聟也。〔九十四〕武冠當時，文兼識達，得扣囊之上策〔九十五〕，—上缺明主□□□□皇王之□□□韜鈐而五涼廓靖〔九十六〕，布鶴列而生擒六戎—，上缺姑臧寇擾□□□□□□□□　上褒厥功，特授昭武校尉、持節瓜州諸—上缺墨釐軍押蕃□□□□□□□　先人之閥閱〔九十七〕，不媿於荀彧，効忠烈於—上缺牢落〔九十八〕□□□□□□□□□外之金湯□險〔九十九〕，自從莅守，葺以皃全〔一〇〇〕，築巍—扣缺煙布□□〔一〇一〕□□□□□□□□部，厥田惟上〔一〇二〕，周迴萬頃，沃壤肥□，溉用—卯河缺流頓絶。洎從分竹，乃運神機，土宇宏張—辶隄缺騰飛□□□□□功俄就，布磐石□□□川響波瀾衆—□輻湊缺西成□□□□□　神靈〔一〇三〕。蹤□應水源均布，人無荷鍤—□勞皷□缺日設法以濟人〔一〇四〕，摧圮□臺〔一〇五〕，悉置功而再治。城内東北隅□〔一〇六〕古昔龍缺壁猶存〔一〇七〕，摸□尚宛〔一〇八〕，□以風摧雨爛〔一〇九〕，尊象塵濛，棟宇疏廊〔一一〇〕，空—餘基冂缺貿工〔一一一〕，于時改作四廂，刱立八壁，重修南建門樓、北安寶殿。俳—佪聳仞缺艧階墀，古樹□吐鮮芳，玉砌流泉，莓苔復點城隅之下刂—刱衙

□〔一一二〕，缺就儼尔光輝。于時景福元祀，白藏無射之末。公特奉　絲一綸就加缺也，軍中投石，□誇拔拒之能〔一一三〕；幕下吏民，悉展接梟□一勇〔一一四〕。□性缺基之術〔一一五〕。材兼文武，次亞夫以當季；幸遇　昌時，□□一訾之□缺欽崇於大漢。洋洋政聲，翔于　闕下下缺功立□下缺

隴西李氏再脩攻德記碑

高八尺一寸，廣三尺，二十八行，行六十三字，正書。額篆唐宗子隴西李氏再脩功德記十二字。在燉煌。

原夫天垂万像，以遵中極之官。四輔匡持，翼一人於元首。固有承乾御宇，繼玉葉之貞芳。賛佐金門，必維城之所尚。所以帝室千房，宗城万里，固本根而枝一葉遂繁，承皇族而啚籍縻廣。乃有故府君諱明振，字九皋，即西涼□武昭王之系也。

增祖顥，唐□訁大□□□左司郎中賜緋魚袋、□□□□□□□□一□暐。歸　唐，贈右散騎常侍。英髦驤駟，河岳粹靈。皆以稽古微言，留心儒素。或登華弟，更高拔燧之名〔一一六〕。文戰都堂〔一一七〕，每中甲科之的。雖云流陷居戎〔一一八〕，而不墜弓裘，暫冠蕃一朝，猶次將軍之列。㊁子既承恩　鳳闕，父乃擢處貂蟬。朱門不媿於五侯，樹戟崇隆於貴族。至而源分特秀〔一一九〕，門繼簪裾。家承九錫之枝，流泒祥雲之胤。〔一二〇〕時遭西陲汨没，洎一于至德季中，十郡土崩，殄絶玉關之路。凡三甲子〔一二一〕，運偶大中之初，　中興啓途〔一二二〕，是金星耀芒之歲。　皇化溥洽，通乎八宏。〔一二三〕遐占雪山，綿邈万里。　府君春秋纔方弱冠一，文藝卓犖，進止規常，迥然獨秀。時則妻

父河西隴右一十一州節度管内觀察處置押蕃落營田支度等使、金紫光禄大夫、特進、食邑二千户，實封三百户，賜紫金魚一袋，南陽張公諱義潮，慕公之高望，藉公之文武，於是乃爲秦晉，遂申伉儷之儀。將奉承祂，世祚潘陽之美，公其時也。始蒙表薦，因依獻捷，親拜彤廷。 宣宗臨軒，問一其所以。公具家諫，面奏玉階。 上亦冲融破顔，群公愕視。乃從別 勑，授凉州司馬、撿挍國子祭酒兼御史中丞，賜紫金魚袋，錫金銀寶貝。 詔命陪臣，乃歸戎幕。二一十餘載，河右麾戈，拔幟抉囊。龍韜盡展，克復神烏，而一戎衣，殄勍寇於河蘭，馘獯戎於瀚海。〔一二四〕加以隴頭霧卷，金河泯湍瀨之波；蒲海梟鯨，流沙弛列烽之患。復天寶之一子孫，致 唐堯之壽域，晏如也。百城無拜井之虞，十郡豐登，吏士賀來蘇之政。此乃三槐神異，百辟稀功。英雄半千，名流万古。公又累蒙 朝獎，恩渥日深。方佩隼旟一，用堅磐石。勳猷未萃，俄已云亡。享齡五十有二，歿于燉煌之私弟。

亡叔僧妙弁在蕃，以行高才峻，遠邇瞻依。名達戎王，賛普追召，特留在内，兼假臨壇供奉之号。師一以擅持談柄，海辯呑流，恩洽燉煌，庇庥家井。高僧寶月，取以爲儔。〔一二五〕僧叡餘蹤，扇于河隴。

亡妣汜氏太夫人龍沙鼎鼐，盛族孤摽。庭訓而保子謀孫，軌範而清資不乏。承家建業，荐累代而揚名。閥閲聯綿，長緒 帝王之室。今乃逝矣，佳譽存焉。 故府君贈右散騎常侍生前遇三邊無警，四人有暇於東皋。命駕傾誠，謁 先人之寶剎。迴顧粉壁，念疇昔之遺蹤；瞻礼 玉豪，歎紅樓之半側。豈使林風透闥，埃塵寶座之前；峗嶺陽烏，曝露荼毗之所。嶝道之南，復有當家三窟，今亦

重修。泥金華石〔一二六〕，篆一籀存焉〔一二七〕。於是乃慕良工，訪其杞梓。貿材運斧，百堵俄成。魯國
班輸，親臨勝境。雲霞大豁，寶砌崇墉。未及星環，斯搆矗立。雕簷化出，巍峩不讓於龍宫；懸閣重
軒，曉万層一於日際〔一二八〕。其功大矣，筆何宣哉。　亡兄河西節度衙推兼監察御史明達，天與孤
貞，松筠比節。懷文挾武，有張賓之筞謀；破虜擒姧，每得玉堂之術。曾朝　絳闕，敷奏　一金鑾。
指畫山川，盡蹤横於天險。　兄明德任沙州録事叅軍。操持吏理，六曹無阿黨之言。深避四知，切
慕乘鷗之詠。　兄明詮，燉煌處士，仐古滿懷，灑落卿雲之彩；仁一先効義，兊騰喬露之文。五柎閑
居，慕逍遥於荘老。　夫人南陽郡君張氏，即河西萬户侯太保張公弟十四之女。温和雅暢，淑德
令聞。深遵陶毌之仁，至切齊眉之一操。　先君歸　覲，不得同赴於京華。外族留連，各分飛於南
北。於是兄亡弟喪，社稷傾淪。假手託孤，幾辛勤於苟免。所賴　太保神靈，辜恩勦斃。重兊嗣子，
再整遺孫一。雖手刱大功，而心全棄致。見機取勝，不以爲懷。乃義立姪男，秉持旄鉞。惣兵戎於
舊府，樹勳績於新墀。内外肅清，秋豪屏迹。慶豊山踴，呈瑞色於朱軒。陳覇動容，歎高一粱壯室。
四方嚮義，信結隣羌。運籌不媿於梓橦，貞烈豈慙於世婦。間生神異，成　太保之徽猷。雖處閨門，
寔謂丈夫之女。然心悟道〔一二九〕，併棄樊籠。廵礼仙巖，彫圖鐐於瑞一象。于時頓捨青凫，市紫金於
上國。解瓔珞，棄珠珎，銷金鈿於廊廡，運噓橐於庭際。乃得玉豪朗耀，兊衝有頂之峯；寶相發輝，
直抵大羅之所。　長男使持節沙州諸軍一事、□沙州刺史兼節度副使、撿挍右散騎常侍、御史大夫、

上柱國弘愿，輔唐憂國，政立祥風，忠孝頗懇於君親，禮讓靡忘於伯玉。六篠布化，千里随車。人謌來暮之謡一，永續龔黄之績。　次男使持節瓜州刺史墨離軍押蕃落等使兼御史大夫弘定，文武全材，英雄賈勇。晉昌要險，能布頗牧之威；巨　野大荒，屏盪匈奴之迹。挾纊有一幽於士卒，泯燧不媿於襄陽。都河自注，神知有道之君；積貯万廂，東郡著雕金之好。　次男使持節甘州刺史兼御史中丞、上柱國弘諫，飛馳拔拒，雖慶忌而難儔；七一札穿楊，非由基而莫比。洎分符於張掖，孜恤惸孤〔一三〇〕，布　皇化於專城，懸魚發詠。　次男朝議郎、前守左神武軍長史兼侍御史弘益三端俱備，六藝精通。工書有類於一鍾繇，碎札連芳於射戟。　子雲特達〔一三一〕，文雅而德重王音。于時豊年大稔，星使西臨，親扝燉煌，頒宣　聖旨。内常侍楊□□□□康玉裕稱克珣、副倅師大夫稱齊珙、判官陳大夫曰思回，偕　殿廷英俊，樞密杞材。　遐耀　天威，呈祥塞表。因鑿樂石，共紀太平。余所不才，斐然狂簡。

□□□□元季，歲次甲寅，拾月庚申朔，伍日甲□〔一三二〕，□□□戊改□□□　叻

吋宋國約缺八九字伊西等州節度使兼司徒張淮深　妻，弟前沙瓜伊西□河□節度使檢校□尚書兼御史大夫張淮□缺史缺等州節度使兼御史大夫下缺

重修護國寺感應塔碑

高一丈，廣三尺四寸，四周已損，存二十六行，行存七十字，正書。額篆□□重修□□寺感□□碑銘三行十二字。碑陰甚完

好，廣三尺九寸，西夏書。在甘肅武威。〔一三三〕

上缺大抵與五常之教多有相似。〔一三四〕其實入人深厚，令智愚心服，歸向信重。汪洋廣博，□—缺起八万四千寶塔〔一三五〕，奉安舍利，報 佛恩重。今武威郡塔，即其數也。自周至晉，千有餘載。中間興廢，經典莫記。張軌稱制，□—缺中□□重瑞〔一三六〕，天錫異其事。時有人謂天錫曰：昔阿育王奉 佛舍利，起塔遍世界中，今之宫，乃塔之故基之一也。天錫遂捨其宫，爲□—□其圯建塔□□□□□技類班輸者〔一三七〕，來治其事。心計神妙，準繩特異。材用質簡，斤蹤斧迹極甚踈略，視之如容易可及。然歷代工巧營心役思，終不能度其規矩。兹塔之建，迄今八□—二十餘年矣。〔一三八〕 大夏開國，奄有西土。涼爲輔郡，亦已百載，塔之感應，不可殫紀。然聽聞詳熟，質之不謬者云。嘗有欹仄，每欲薦整，至夕皆風雨大作，四隣但聞斧鑿聲，質明塔已正矣。□—是者再。先后之朝，西羌梗邊，寇乎涼土。是夕亦雷雹於冥晦中〔一三九〕，上現瑞燈，羌人覩之，駭異而退。頃爲南國失和，乘輿再駕，躬行薄伐。申命王人，稽首潛禱，故天兵累捷，蓋冥祐之□—矣。前年冬，涼州地大震，因又欹仄。守臣露章具列厥事， 詔命營治，鳩工未集，還復自正。今 二聖臨御，述繼先烈，文昭武肅，内外大治。天地禋祀，必莊必敬；宗廟祭享，以時以思。□□—釋教，尤所崇奉。近自畿甸，遠及荒要，山林磎谷，村落坊聚， 佛宇遺址，隻椽片瓦，但髣髴有存者，無不必葺。况名迹顯敞，古今不泯者乎。故將是塔，旌乎前後靈應，遂命增飾。於是□□—率職，百工效技。朽者續者，是墁是飾。丹雘具設，金碧相間，輝耀日月，焕然如新。麗矣壯矣，莫能名狀。況武威當四衝地，車轍馬迹，輻湊交會，日有千數。故憧憧之人，無不瞻礼隨喜，□□信也。兹我　二聖，發菩提心，大作　佛事，興無邊勝利。接引聾瞽，日有饒益。巍巍堂堂，真所謂慈航巨照者矣。異哉，　佛之出世，歲月寖遠。其教散漫，宗尚各異。然奉之者無不尊重□一嘆。雖兇很庸愚，亦大敬信，況宿習智慧者哉。所以七寶粧嚴，爲塔爲廟者有矣。木石瓴甓，爲塔爲廟者有矣。鎔塑彩繢，泥土沙礫，無不爲之。故浮啚梵刹，遍滿天下。然靈應昭然，如兹□一特異者，未之聞也。豈　佛之威力獨厚於此耶？豈神靈擁祐有所偏耶？不然，則我大夏植福深厚，　二聖誠德誠感之所致也。營飾之事，起癸酉歲六月，至甲戌歲正月厥功告畢。其□一十五日。　詔命慶讚，於是用鳴法鼓，廣集有緣，兼啓法筵，普利群品，仍飾僧一大會，度僧三十八人，曲赦殊死罪五十四人，以旌能事。特賜黄金一十五兩，白金五十兩，衣着羅帛□□一段〔一四〇〕，羅錦雜幡七十對，錢一千緡，用爲　佛常住。又賜錢千緡，穀千斛，官作四户，充番漢僧常住，俾晨昏香火者有所資焉，二時齋宿者有所取焉。至如殿宇廊廡，僧坊禪窟，支頒和□□一物之用者〔一四一〕，無不仰給焉。故所須不匱，而福亦無量也。乃　詔□臣〔一四二〕，俾述梗槩。臣等奉　詔，辝不獲讓。抽毫抒思，謹爲之銘。其詞曰：

巍巍寶塔，肇基阿育。以因緣故，興無量福。奉安舍利，粧嚴具足。歷載逾千，廢置莫録。

西凉稱制，王曰張軌。營治宮室，適當遺址。天錫嗣世一，靈瑞數起。應感既彰，塔復宮毀。大夏開國，奄有凉土。塔之祥異，不可悉數。嘗聞欹仄，神助風雨，每自正焉，得未曾覩。先后臨朝，羌犯涼境一，亦有雷雹，暴作昏冥。燈現煌煌，炳靈彰聖，寇戎駭異，□迹潛屏。〔一四三〕南服不庭，乘輿再討，前命星使，恭有祈禱。我武旣揚，果聞捷報，葢資冥祐一，助乎有道。況屬前冬，壬申歲直，武威地震，塔又震仄。凌雲勢撓，欲治工億，龍天護持，何假人力。二聖欽崇，再詔營治。杇者績者，罔有不備。〔一四四〕五彩復焕，金碧增麗。舊物惟新，所謂勝利。我后我皇，累葉重光。虔奉竺典，必恭必莊。誠因内積，勝果外彰。覺皇妙蔭，万壽無疆。

天祐民安五年，歲次甲戌，正月甲戌朔，十五日戊子建。書番碑旌□典集冷扣渾嵬名遇。供寫南北章表張　政思書并篆額。石匠人負韋移移崖任遇子康㺂〔一四五〕。

慶寺都大勾當銘賽正㢘挨黎臣梁行者乜。　慶寺都大勾當卧則囉正兼頂直囉外母囉正律晶賜緋僧卧屈皆。　慶寺監修都大勾一當三司正右廂孽祖乩介臣埋鳥皆。　慶寺監修都大勾一當行宫三司正兼聖容寺感通塔兩衆提擧律晶賜緋僧藥乜永詮。　修寺准仡吴箇行宫三司正湊銘臣吴没兆。　修塔寺小監行宫三司正栗銘臣劉屈栗崖。　修塔寺小監崇聖寺僧□一□緋僧令介成厖。　護國寺感通塔番漢四衆提擧賜緋僧王約缺五字。〔一四六〕寺諸匠夫監感通塔漢衆僧正賜緋僧酒智清。　修塔寺監石碑感通塔漢衆僧副賜緋僧□智宣。　修塔寺結瓦□一上缺劉㺂□〔一四七〕石匠右□□卯三缺卯下缺〔一四八〕

碑陰

計二十八行，行六十五字，額二行，每行三字。

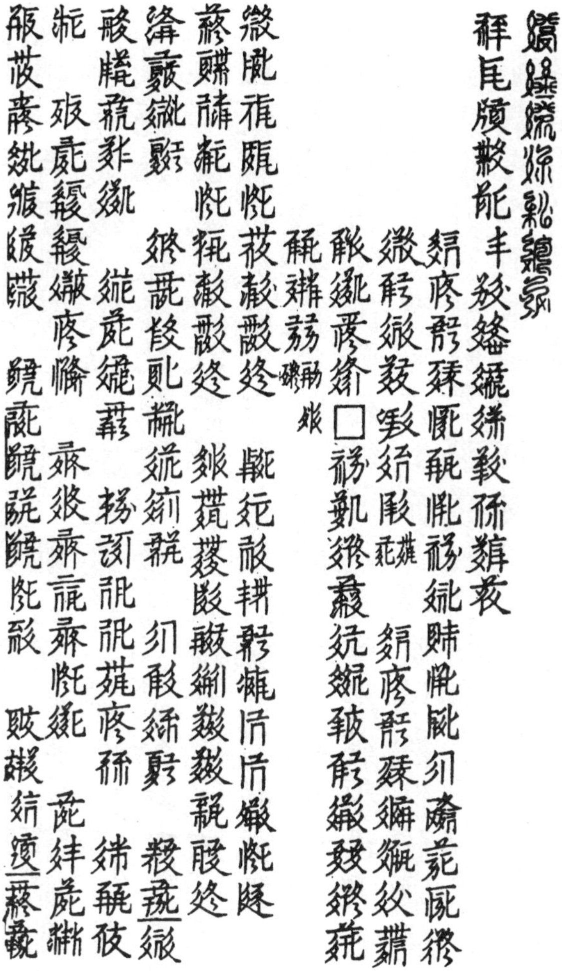

[illegible]

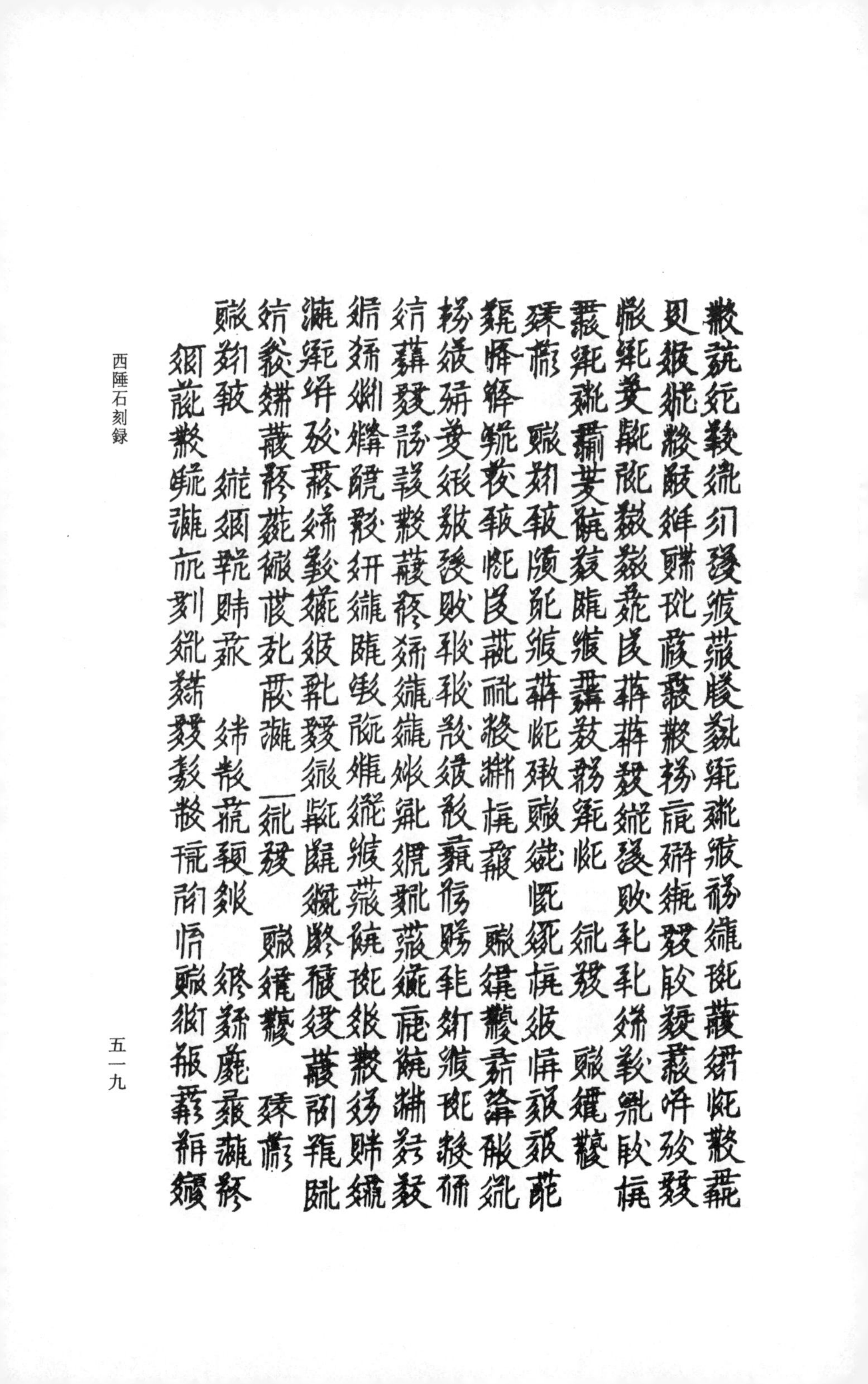

[illegible]

[illegible]

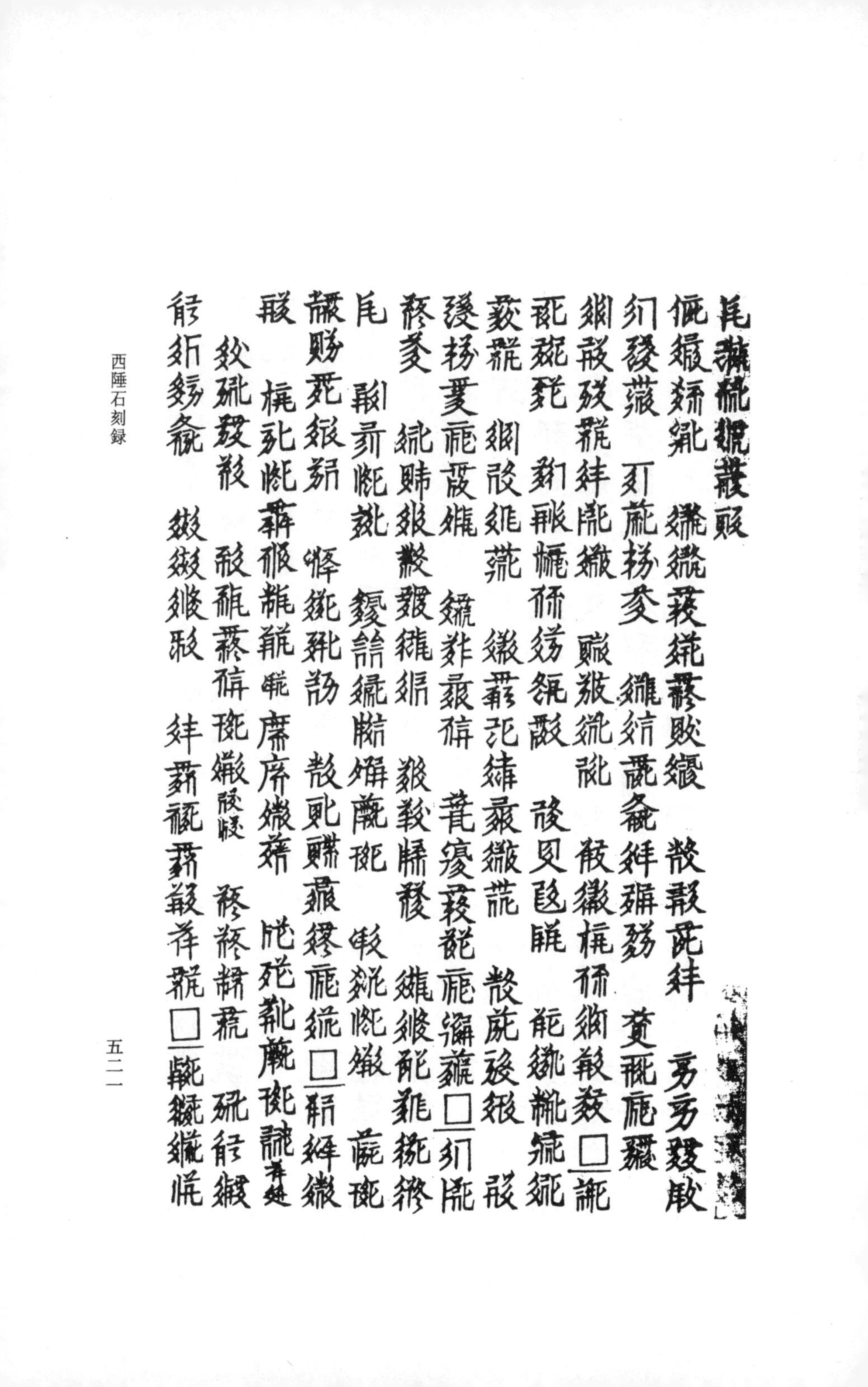

[illegible]
[illegible]
[illegible]
[illegible]
[illegible]
[illegible]
[illegible]
[illegible]
[illegible]
[illegible]
[illegible]
[illegible]
[illegible]
[illegible]

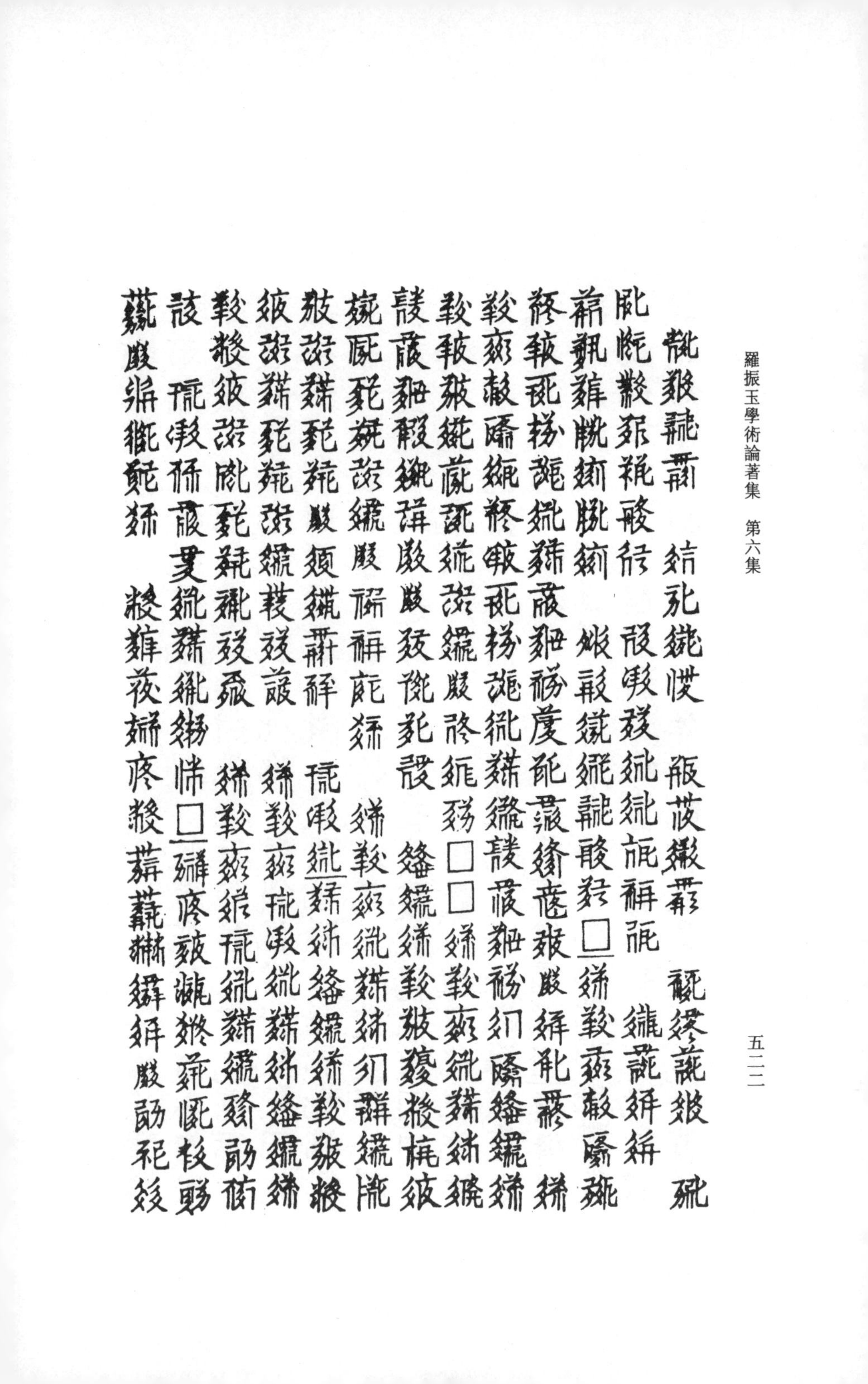

[illegible]

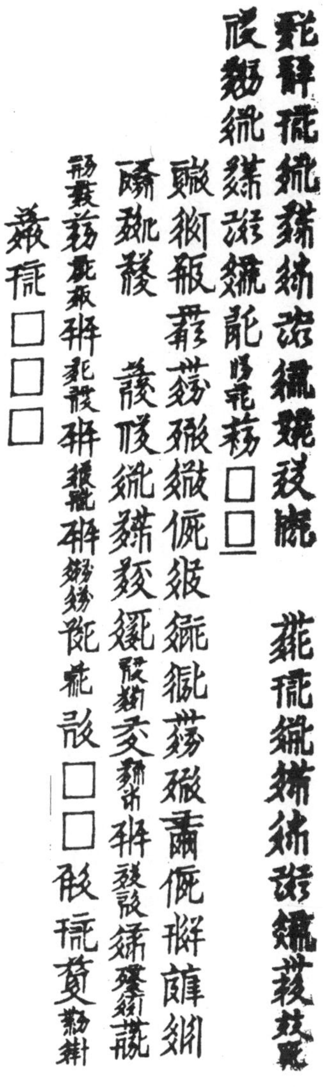

西夏告黑水河諸神敕

高三尺九寸，廣二尺八寸，文八行，行三十字，年月題名五行，正書。在甘州。聞碑陰有西夏文，未見拓本。

敕鎮夷郡境内黑水河上下所有隱顯一切水土之主山神、水神、龍神、樹神、土|地諸神等咸聽朕命：昔　賢覺聖光菩薩哀憫此河年年暴漲、漂蕩人畜，故□|大慈悲興建此橋。普令一切往返有情咸無徒涉之患，皆霑安濟之福，斯誠利|國便民之大端也。朕昔已曾親臨此橋，嘉美　賢覺興造之功。仍罄虔懇，躬|祭汝諸神等。自是之後，水患頓息。固知諸神，冥歆朕意，陰加擁祐之所致也。今朕載啓精虔，幸冀汝等諸多靈神廓慈悲之心，恢濟渡之德，重加神力，密運威□|，庶幾水患

永息，槁道久長。令此諸方有情，俱蒙利益，佑我邦家。則豈惟上契一十方諸聖之心，抑亦可副朕之弘願也。諸神鑒之，毋替朕命。

大夏乾祐七年，歲次丙申，九月二十五日立石。

上缺。郭□正□　司吏駱□安

上缺。筆手張世恭　□安善□

上缺。□水監王延慶

內大勾當鎮夷郡正兼郡□教下缺。　右二行拓本不可辨，據葉氏昌熾語石録之。

莫高窟造象記

高三尺三寸，廣二尺八寸。上截刻佛象，象左右及上方以六體書唵嘛呢八唻吽六字，象之上端橫書莫高窟三大字，左旁書起初二字，兩旁及下方皆題名正書。

莫高窟三字橫列在佛象上。

起初小字，在莫高窟三字左方。

唵嘛呢八唻吽

[illegible]此二行在象左。

此二行在象右。

此二行橫列象之上方，自右而左。

功德主

妃子　屈朮

速來蠻西寧王以上三行在起初二字左方。

太子養阿沙　速丹沙　阿速歹　結來歹

脱花赤大王以上二行在唵嘛呢八𠺗吽六字左方。

卜魯合真　陳氏妙因此行又在太子養阿沙行之左方。

維大元至正八年歲次戊子五月十五日守朗立

長老妻耳立嵬　劉交肴　張即立俺布　劉耳立嵬　弄卜灰令布

琓肴藏布　□忍東　吴乂賽　把里耳兒　弄卜耳者　翟忍□

奢藍令旃刻龕此行又在年月後二行之右，拓本奪，據水道記補。

沙州路河渠司

提領威羅沙　哈只　大使逆流吉
大使呉都　百户宜吉　科忍布
善友脱术　荅失蠻　楊若者
華嚴奴　吴脱延　刘拜延
解逆立嵬　解㡛布　文殊奴
罕班　耳的剌　也先怗木
張宣　梁黑狗　玉立勾
李世榮　逆立嵬　刘三蛮
陳世昌　翟文通　李刘家狗
曾失罕　拜延　阿三布
僧令栴監掺　令只合巴　公哥力加
張耳赤　弄卜忍勿　德沼
□惠　穌乙尼　迭立迷失
院主□革　乂束　乂立即
没□卬　律竜布　奂即

掠兀沙　哈剌陽　阿卜海牙
陳教化　吴教化　智寶
耳立嵬　□正布　閭乙尼
朶立只　波洛反　昆都思
尼智成　天的哥失以上二十一行在下方。

〔校記〕

涼王大且渠安周造像記

〔一〕天明鄣其神慧：「天明」《增補校碑隨筆》（「王壯弘增補上海書畫出版社一九八一年七月出版下簡作《隨筆》」第二一一頁）作「无明」。

〔二〕雨甘露於潛貸：《隨筆》作「雨甘露以潛貸」。

〔三〕二適粟正遍以洞照：「二適」應作「適」，誤析爲二字，見《扶桑再遊記》十六日（星期）日記。

〔四〕不忘：《隨筆》作「不妄」。

〔五〕不弖解脱：《隨筆》作「而弘解脱」。

〔六〕彭萬：《隨筆》作「彭厲」。

〔七〕徵思不单：《隨筆》作「澂思不畢」。

〔八〕又鈞其□：《隨筆》作「又鈞其□」。

〔九〕利益我生：《隨筆》作「利益載生」。

〔十〕發意羊簪：《隨筆》作「發意翠簪」。

〔十一〕□平三年：□當作「泰」，見《扶桑再遊記》十二日（星期三）日記。題下署年同。

姜行本紀功碑

〔十二〕千□：《金石萃編》（卷四五）、《續古文苑》（孫星衍輯，下簡作《文苑》）（卷十七）皆作「千秋」。

〔十三〕仁化所沾：《文苑》與此同，而《八瓊室金石補正》（下簡作《補正》）（卷三四）作「治化所沾」。

〔十四〕瀚海：《文苑》作「瀚海」。《補正》作「滮海」，並釋「滮即滮」。

〔十五〕袁□：《補正》作「袁洦」並釋「洦當即泊」。《文苑》作「夷俗」。

〔十六〕苗豙：《文苑》作「苗裒」。

〔十七〕注因：《文苑》作「往因」。

〔十八〕閒屆戎狘：《補正》作「閒屆戎旅」，《文苑》作「閒屆戎狄」。

〔十九〕竊弓盜玉：《文苑》作「竊号稱王」。《補正》作「竊多榜五」，並釋「榜五者，旁午之異文」。

〔二十〕麻□至今：《補正》作「磿□至今」，並釋「磿即歷」。《文苑》逕作「歷□至今」。

〔二十一〕靡通聲教：《補正》作「靡遵聲教」。

〔二十二〕注來：《文苑》作「往來」。

〔二十三〕蜂蠆之□：《補正》作「蜂蠆之毒」。

〔二十四〕黎庶賦歛無已：《文苑》作「黎庶賊殺無已」。《金石萃編》作「衆庶賊殺無已」。《補正》更《萃編》之「賊殺」作「賊數」。

〔二十五〕衡智瑒：《文苑》作「衡智錫」。

〔二十六〕百□□：《補正》作「百木冰砰」，《文苑》作「冰釋」。

〔二十七〕陳開龍膴：《補正》作「陳開龍膴」。

張懷寂墓誌

〔二十八〕《隨筆》增補：　宣統二年巡檢張清在吐魯番之三堡掘得，携歸省城途中，不慎損壞數十字。

周李君修佛龕碑

〔二十九〕□□龕碑并序：　徐星北《西域水道記》（下簡作《徐記》）作《大周李君修功德記》。

〔三十〕弟應制舉：　其下《徐記》作缺六字。

〔三十一〕□鷲乘絶：　《徐記》作「□鷲一乘絶」。

〔三十二〕蓂芑□□□□□：　《徐記》作「蓂莢生□□□□□」。

〔三十三〕閒寂：　《徐記》作「聞寂」。

〔三十四〕當杖錫：　《徐記》作「嘗杖錫」。

〔三十五〕景蹕丹陸：　姜亮夫《莫高窟年表》（上海古籍出版社一九八五年十月出版，二七〇頁）作「景蹕丹陛」。

〔三十六〕憧憣：　《姜表》作「幢幡」。

〔三十七〕香積之餘：《姜表》作「香積之餅」。

〔三十八〕饌□：《姜表》作「饌。遥」。

〔三十九〕操奇：《姜表》作「標奇」。

〔四十〕盪寇□□□□□□□：《徐記》作「盪寇將軍祖□隨大黄府上」。

〔四十一〕爰有名窟：《姜表》作「爰爲名窟」。

〔四十二〕香氣氵□空：《姜表》作「香氣浮空」。

〔四十三〕披誠迴向：《姜表》作「披誠迴向」。

〔四十四〕鈞繩：《徐記》作「鈎繩」。

〔四十五〕池溢：《徐記》作「池濫」。

〔四十六〕□□□玉鈴：《徐記》作「考達左玉鈴」。

〔四十七〕亡兄感：《徐記》作「亡兄盛」。

〔四十八〕弟懷忠：《姜表》作「弟懷惠」。

李府君修功德碑

〔四十九〕高八尺、廣三尺：姜亮夫《莫高窟年表》（第三六〇頁。）作「碑高建初尺八尺三寸，寬三尺三寸」。

〔五十〕脩攻德碑：《姜表》作「修功德碑」。

〔五十一〕圮爲象：《姜表》作「起爲象」。

〔五十二〕坱圠相廞：《姜表》作「坱圪相廞」。

〔五十三〕南北霞連：《姜表》作「東北霞連」。

〔五十四〕□□弘□：《姜表》作「□□雷發」。

〔五十五〕地□隹：《姜表》作「地維」。

〔五十六〕東自隴土□：《姜表》作「東自隴坻」。

〔五十七〕李大賓：《姜表》作「李太賓」。

〔五十八〕不究其方圓：《姜表》作「不究其方圓」。

〔五十九〕軒檻屹嶄：《姜表》作「軒轞屹嶄」。

〔六十〕旋布錯彩：《姜表》作「施布錯彩」。

〔六十一〕闢戟以從：《姜表》作「闢戟以從」。

〔六十二〕傍車而趍：《姜表》作「傍車而趨」。

〔六十三〕光昭六親：《姜表》作「光照六親」。

〔六十四〕來以求蒙：《姜表》作「來以當蒙」。

〔六十五〕真宗：《姜表》作「真宮」。

唐蕃會盟碑

〔六十六〕《中國名勝詞典》（上海辭書出版社一九八一年十月出版，第九八九頁）：「碑身呈方柱形，高四・七六米，寬九十五厘米，厚五十厘米。」

〔六十七〕皇帝與：《八瓊室金石補正》（卷七一下簡稱《補正》）無「與」字。

〔六十八〕於柱：《補正》作「於碑」。

〔六十九〕大善：《補正》作「大治」。

〔七十〕令社稷：《補正》作「今社稷」。

〔七十一〕二君之合，終以雍合：《補正》作「二君之驗，搭比有印」。

〔七十二〕□□如斯：《補正》作「手執如斯」。

賜沙州僧政勅

〔七十三〕《姜表》（第三九二頁）作「僧洪䛒受牒碑」。

〔七十四〕誕質戎壇：《姜表》（第三九二頁）作「誕質戎壇」。

〔七十五〕虚恭教旨：《姜表》作「虔恭教旨」。

〔七十六〕道途之勤：《姜表》作「演道之勤」。

〔七十七〕中書舍□：《姜表》作「中書舍人」。

〔七十八〕苻到奉行：《姜表》作「牒到奉行」。

〔七十九〕主事□□：《姜表》作「主事祝從」。

〔八十〕書令□：《姜表》作「書令史」。

〔八十一〕五月　日下：《姜表》無「下」字。

〔八十二〕師中華良裔：《姜表》此句上尚有「勑洪詈師：　所遣弟子僧悟真上表事具悉」。

〔八十三〕少⿰亻口物：《姜表》作「少信物」。

〔八十四〕花吴綾：《姜表》作「色吴綾」。

〔八十五〕色小綾二疋：《姜表》無此項而有「紫絹六疋」。

〔八十六〕銀大椀：《姜表》作「大散椀」。

索勳紀德碑

〔八十七〕張景□：《姜表》（第四四六頁）謂「下一字當爲球字」。「球又作俅」。

〔八十八〕安邦柱石：《姜表》作「安那柱石」。

〔八十九〕封長棨：《姜表》作「封長榮」。

〔九十〕公玉裕稱：《姜表》作「公王裕稱」。

〔九十一〕揹騶之詠：《姜表》作「精騶之詠」。

〔九十二〕儒雅泒□：《姜表》作「儒雅泒衍」。

〔九十三〕歸□□□□河西：《姜表》作「歸□平□義河西」。

〔九十四〕則□□西：《姜表》作「則□河西」。

〔九十五〕得扣：《姜表》作「得秘」。

〔九十六〕明主□□□□皇王之□□□韜鈐：《姜表》作「明主皇王之□□□韜鈐」。

〔九十七〕□先人：《姜表》作「繼先人」。

〔九十八〕牢落□□：《姜表》作「牢落□天」。

〔九十九〕外之金湯□險：《姜表》作「外乏金湯之險」。

（一〇〇）茸以皃全：《姜表》作「茸以完全」。

（一〇一）煙布□□：《姜表》作「煙布□纏（又似彊字）」。

（一〇二）□部歐田：姜表作「以部歐田」。

（一〇三）西成□□□□神霊：《姜表》作「西成□□□咸感如神靈」。

（一〇四）荷鍤□勞皷□：《姜表》作「荷鍤之勞鼓腹」。

（一〇五）摧圮□臺：《姜表》作「摧圮毀臺」。

（一〇六）城内東北隅□：《姜表》作「域内東北隅有」。

（一〇七）壁猶存：《姜表》作「壁相猶存」。

（一〇八）摸□尚宛：《姜表》作「模儀尚宛」。

（一〇九）□以風摧：《姜表》作「重以風摧」。

（一一〇）棟宇疏廊：《姜表》作「棟宇疏廊」。

（一一一）基阯：《姜表》作「基阯」。

（一一二）刖翃衙□：《姜表》作「别翃衙□」。

（一一三）□誇：《姜表》作「争誇」。

（一一四）接梟□勇：《姜表》作「接梟之勇」。

〔一一五〕□性：《姜表》作「某性」。

隴西李氏再脩攻德記碑

〔一一六〕拔燧：《姜表》（第四五一頁）作「拔幟」。

〔一一七〕文戰：徐松《西域水道記》同此，而《姜表》作「文職」。

〔一一八〕流陷：《徐記》同。《姜表》作「流陜」。

〔一一九〕至而：《道光敦煌志》作「至其」。

〔一二〇〕之胤：《徐記》作「之允」。

〔一二一〕凡三甲子：《姜表》等作「凡二甲子」。

〔一二二〕啓途：《道光敦煌志》作「啓運」。

〔一二三〕八宏：《姜表》謂「宏當作紘」。

〔一二四〕澣海：《徐記》作「澣」即「翰」。

〔一二五〕取以爲儔：《道光敦煌志》作「收以爲儔」。

〔一二六〕泥金：即「泥金」。《姜表》作「巨金」。

〔一二七〕篆籀：《姜表》作「曾籀」。

〔一二八〕曉万：《姜表》作「繞万」。「万」字《徐記》作「方」。

〔一二九〕然心悟道：《姜表》作「然栖心悟道」。

〔一三〇〕詃恤：《姜表》作「救恤」。

〔一三一〕子雲：《姜表》作「□深」。

〔一三二〕甲□：《姜表》作「甲子」。

重修護國寺感應塔碑文

〔一三三〕《中國大百科全書·考古學》（第五六〇頁）：碑「原在涼州（今武威）護國寺内，現存甘肅武威縣文化館。碑一面爲西夏文，另一面爲漢文。碑額爲西夏文篆書八個字，譯意爲『敕感應塔之碑文』。漢文碑額全稱爲『涼州重修護國寺感應塔碑銘』」。「碑身高二·五米，寬〇·九米。西夏文一面楷書二十八行，每行六十五字」。

〔一三四〕大抵：《八瓊室金石補正》（卷一二二）于「大」字上有「上缺二十六字。□智慧因糹□□□喻□□□□」。

〔一三五〕□缺起：《補正》作「□上缺二十四字。起」。

〔一三六〕□缺中□□重瑞：《補正》作「□涼治監缺十四字錫宮中數□靈瑞」。

（一三七）其圯建塔：《補正》作「其地建塔」。

（一三八）八□二十：《補正》中間未留缺字符號。

（一三九）亦雷電：《補正》作「亦大雷電」。

（一四〇）□□段：《補正》作「十□段」。

（一四一）支頒礻0□□：《補正》作「支頽補□□」。

（一四二）乃詔□臣：《補正》作「乃詔辞臣」。

（一四三）□迹潛屏：《補正》作「牧迹潛屏」。

（一四四）冈有不備：《補正》作「冈有不備」

（一四五）子康喙：《補正》作「子康猗」。

（一四六）王約缺五字寺：《補正》作「王郇征遇　修寺」。

（一四七）劉喙□：《補正》作「劉獄兒」。

（一四八）石匠右□□卯三缺卯下缺：《補正》作「石匠左支□□三□缺都左□移□伴兄孫惹子殷開奴下缺」。

西陲石刻後録

西陲石刻後録序目

癸丑冬，予既寫定西陲石刻録，顧以平生足迹未嘗度隴，僅就耳目所及，遺漏必多，頗欲從事補輯。今年春，在滬上繆氏藝風堂見元和葉鞠裳學使昌熾視學甘隴時所得墨本，於予所録外尚得六十餘種，以行程匆迫，不及移寫，手録其目以歸。已又聞新城王晉卿方伯樹枏儲玉門以西石刻至備，意必有可補予書者，亟遺書乞假觀，乃不得報書，方以爲悵。夏六月，日本大谷伯光瑞以西陲訪古所得陳於武庫郡之别邸，以資學者之流覽。予亟冒暑往觀，見武周康居士寫經功德記殘石，不能得打本，爰携氈墨往手拓之。復見高昌墓磚十餘，朱書粲然，皆以延昌、延和、延壽紀年，具書月朔干支，手寫其文歸。依長術求之，則當陳、隋、唐三朝，蓋高昌麴氏有國時紀年也。爲之狂喜。諸史高昌傳至多疏誤，予既據以作高昌麴氏有國時年表，復次弟所録，爲西陲石刻後録。諸誌既是朱寫，不可撫拓，而躬度流沙，得此奇迹之吉川君小一郎乃影照見詒，其不可辨者再往就校焉，於是此録乃得無遺憾。勘定既訖，將寄鄂中彫版，爰書大谷伯及吉川君之嘉惠於卷端，並遺書方伯，載申前請，將續編以爲三録。方伯倘且許我乎。書以俟之。宣統甲寅八月，上虞羅振玉書於大雲書庫。

目如左：

陳

高昌徐寧周妻張氏墓表延昌四年　當陳天嘉五年
又郭恩子妻解氏墓表延昌廿年　當陳太建十二年
又賈買苟妻索氏墓表延昌廿二年　當陳太建十四年
又賈買苟墓表延昌廿六年　當陳至德四年
又郭恩子墓表延昌廿九年　當陳禎明三年

隋

又汜崇慶墓表延昌卅二年　當隋開皇十二年
又殘墓表延昌卅八年　當隋開皇十八年
又麴孝嵩妻張氏墓表延昌卌年　當隋開皇二十年
又麴孝嵩墓表延和九年　當隋大業六年

唐

西陲石刻後録

陳高昌

高昌徐寍周妻張氏墓表

磚高一尺五寸，廣一尺五寸强。六行，行七八字不等。朱書，正楷。出吐魯番。

延昌四年，甲申歲｜，三月己未朔，十七日｜乙亥，虎牙將軍後遷｜明威將軍，遥遥郡徐｜寍周妻，仝城張氏之｜墓表。

高昌郭恩子妻鮮氏墓表

磚高一尺五寸二分，廣一尺五寸四分。五行，行六字，朱書，正楷。出吐魯番。

延昌廿年，庚子｜歲，九月朔癸未｜，廿五日丙午開｜，郭恩子妻鮮氏之墓表。

高昌賈買苟妻索氏墓表

磚高一尺四寸九分，廣一尺五寸一分。四行，行八字十字不等，朱書，正楷。出吐魯番。

延昌廿二年，壬寅歲，二月|朔乙亥，廿一日乙未，虎牙|將軍、相上將賈買苟|妻索氏謙儀之墓表。

高昌賈買苟墓表

磚高一尺五寸六分，廣一尺五寸七分。五行，行八字，朱書，正楷。出吐魯番。

延昌廿六年，丙午歲|，四月朔辛巳，十一日|辛卯，虎牙將軍，後遷|相上將，追贈宣威將|軍賈買苟之墓表。

高昌郭恩子墓表

磚高一尺四寸五分，廣一尺四寸三分。五行，行六字，朱書，正楷。出吐魯番。

延昌廿九年，已|酉歲，十一月朔|庚寅，十八日丁|未，虎牙將軍郭|恩子之墓表。

隋高昌

高昌汜崇慶墓表

磚高廣各一尺六寸九分。八行，行八字，朱書，正楷。出吐魯番。

延昌卅二年，壬子歲|，閏正月丁未朔，十七|日水充，新除内直主|薄，後遷内直叅軍，追|贈殿中將軍汜崇慶|之墓表之寫也。

高昌殘墓表

磚高一尺五寸二分，廣一尺四寸八分。六行，行六、七字不等，朱書，正楷。出吐魯番。

延昌卅八年，戊|午歲，二月壬寅|朔，二日癸卯，新|除虎牙□□追贈|殿中□□□□伯|□之下泐二、三字，不明。

高昌麴孝嵩妻張氏墓表

磚高廣各一尺四寸二分。六行，行八字，朱書，正楷。出吐魯番。

延昌卅年，庚申歲，閏|三月辛酉朔，十九日|巳卯，新除葙上將，後|遷爲曲尺將，後遷爲|巷中將，金城麴麴孝|嵩妻張氏之墓表。

高昌麴孝嵩墓表

磚高一尺五寸四分，廣一尺五寸。五行，行七八字不等，粉書，正楷。出吐魯番。

延和九年，庚午歲，正|月十一日，新除鹿門|子弟將，遷殿中中|郎將，追贈殿中將|軍麴孝嵩之墓表。

唐

高昌侯慶伯墓表

磚高一尺四寸九分，廣一尺四寸八分。六行，行七字，朱書，正楷。出吐魯番。

延壽十一年，歲次一甲午，五月壬申朔一，廿九日庚子，新除一領兵將，遷兵部叅一軍侯慶伯，春秋五一十有八，殯葬斯墓。

張君夫人毛氏墓誌

磚高一尺四寸四分，廣一尺四寸五分。十二行，行十七字至二十一字不等，朱書，正楷。出吐魯番。

夫人毛氏，諱姿臺，高昌人也。夫人秀質挻生一，共恒娥而等艷；華容內發，與洛浦而侔顏。鄉閈一歎其和柔，隣里仰其貞順。祖僞叅軍，孝悌爲心一，依仁作志。父僞領兵將，武若弁庄，文同累席。夫人一笄年出嫁，適張氏爲妻。四德不日而成，六禮浹時而一備。勤勞家事，難易共爲。丞接舅姑，寒暑弗謝。一宿載君子，唯諾是從。撫育兒羅，均平爲務。何期一積善無徵，禍傷其福。隨命不遇，遭羅橫逢。龍一朔二年十月廿六日，玉樹摧柯，奄於正寢。春一秋六十有五。子孫躃踴，哀滿長途。親屬咸悲，衵曾慈一母。即以其年十一月六日，葬於高昌縣北原，禮也。嗚呼一哀哉，殯之斯墓。

侯府君夫人張氏墓誌

磚高一尺六寸二分，廣一尺六寸七分，已碎爲六塊。十行，行十一字至十六字不等，朱書，正楷。出吐魯番。

□唐侯[illegible]觀府君夫人張氏墓

夫人西州高昌人，雲麾將軍之孫一，殿中監之女。降年不永，以儀鳳一[illegible]年十二月甲辰朔十七日乙[illegible]，□[illegible]□一缺數字，不可計。春秋五十有三。粤以一□□廿七日，窆□□東平原，礼一□□呼哀哉，迺爲銘曰：

□我夫人，姿容叐秀，婦德允一備，母儀□就。忽落星花，俄空□□□□芳館風□□□

孫仁德等造象記殘石

殘石高九寸，廣八寸五分。存字六行，行一字至五字不等，正書。出吐魯番。

前缺

金[illegible]下缺

安西大都護下缺

上騎都尉珎下缺

福孫仁德等下缺

戚永息下缺

登下缺

僞周康居士繕經記殘碑

碑裂爲十，計存大石一，小石九。大石高四尺二寸，廣三尺二分，存字二十四行，行自一字至三十字不等。前九行乃經目，後十五行乃記文。九小石存字自二行、行二字至五行、行十二字不等。正書。九小石中五石爲經目，當屬大石前九行。四石爲記文，當屬大石後十五行。然文義不能連貫，兹録大石於前，小石於後，小石中又列經目於前，記文於後。石出吐魯番。

前缺若干行，不可計。

上缺。集傳□□僕□□□缺經四卷法句集□□伽羅缺阿含口解十二因緣經一卷婆缺迦葉結經六卷四十二章經一卷十二遊缺。大般若波羅密多經六百卷分別緣缺菩薩□□□□□羅尼呪經一卷離垢慧菩薩數聞礼佛法經一卷□缺藏經□□□□□經入法界品一卷造塔功德經一卷大炬陁羅尼經缺地□□□□□論□卷唯識廿論一卷辯中邊論一卷品類足論十八卷集異門缺經□卷大般涅槃經後分二卷寶雨經十□

上缺法師撰

上缺滋洽於生品，拯愛河而擬舩栰，汲⿰礻〇茀而等輪轅。祖其術而熏修可以階缺。空非有□□於真空調御資而立功，謂諸佛之師也。法雄伫而成德諒諸佛缺。敷十方⿱〇大應言之不可已已者其在於兹。粤有康居士者，諱德□印缺。而卐滿或勁勇□捷拂龍劍而霜揮揔蕃扞而隆。榮歸漢朝而□寵缺囫即以高昌□□右接葱山，却隣蒲海八城開鎮青樓紫觀□煙霞缺資□義依仁，謙撝是任。居士繫誠，中道滌想外機煩惑稠林心心缺之□□□□私室申試之德逾切於斷機。方期偕老百秊，共卒移天之義缺。頗意欲繕寫尊經奉福　帝主黎元四生三有七缺。倚□□□□存御□之危至莫賀延磧塞野□颱□拂浮雲之轡荒郊苦霧缺壈若斯前[illegible]□除亦宜旋轡孃曰□□□兮□之常道如[illegible]奄缺苦如瘳忽於□□之間□□□□□□□日缺海而退食自公鍾五情[illegible]缺寫經論寔由福履所祐諸缺侶下缺。　以上大石。

上缺魄經缺陁羅缺　小石一，存二行，行二字。

上缺相思缺□卌□解缺　小石二，存二行，行二字。

上缺□□卷。仁王缺雀王陁羅缺經一卷人所缺　小石三，存三行，行三、四字不等。

上缺甚深希有經□卷□缺□行檀波羅密經缺經一卷舍利弗悔缺□十卷大悲分缺　小石四，存四行，行四、五、六字不等。

上缺大乘三缺菩薩十住經缺深大迴向缺□一卷須摩提經一卷□缺羅尼經一卷顯无缺佛臨缺　小石五，存六行，行二字至六字不等。

上缺剛缺五蘊缺　小石六，存二行，行一字至二字。

上缺迷津缺會缺侯缺　小石七存，三行，行存一字至二字。

上缺匡時哲人奕缺丹桂含芬青松缺言旋梓第臨缺疑缺　小石八，存四行，行一字至六字。

皇缺雖是病

上缺都侵麦壠海缺墟五翎侯甸十姓缺山列障爰茲卜宅式表豪缺勤求十善遠乘

而是身終無厭而無足缺　小石九，存五行，行五字至十二字。

校訂和林金石録

光緒丁酉春，予客春申江，于錢塘汪穰卿舍人康年許，見寫本《和林金石録》。舍人曰：「此往歲在都門傳録，惜多誤字，無他本可校，不能付梓人，可惜也。」秋八月，觀會稽章碩卿大令壽康式訓堂藏書，見大令手録和林諸碑，仿劉燕庭方伯《金石苑》，各碑行字均照原式書之，並附録李文誠公文田跋，乃大令欲授梓而未果者。大令言：「此據總署俄人影照本，手自移録，恐譌奪仍不免，安得好古而有力者往和林徧拓諸碑，再爲校正乎？」予乃請于大令，假歸，以校汪舍人本，則譌誤較少。手記其異同於汪本書眉，舍人欲據以付刊。時元和江建霞太史標督學湖南，舍人以刊版事託之，太史乃刊入《靈鶼閣叢書》中，而盡削書眉校語。戊戌秋，江君以刊本見贈，予詰以胡不並刊校語，太史謂此幕賓所爲，異日當别刊，附諸卷後。又未幾而太史暴卒，此事遂輟。

及予備官京師，杭州駐防三六橋都護多適持節朔邊，慨然以拓和林諸碑自任，尋寄墨本至，予乃以退食之暇一一爲之校讐，遂得並章本奪誤亦是正之。擬寫定付梓，乃值辛亥國變而止。去年冬，移家遼海，槀本尚在行篋，而諸碑拓本以轉徙流離，已多散佚。乃命兒子福葆助予寫定，一月而畢。惜墨本不完，不及復校。又悲舍人與大令墓艸已宿，不及見此書之成也。爰書簡首以識之。己巳九月既望，上虞羅振玉書於遼東扶桑町寓居。

目録

校訂和林金石録

順德　李文田　撰
上虞　羅振玉　校定

闕特勤碑〔一〕

十四行，行三十六字，八分書。額「故闕特勤之碑」六字，正書。

故闕特勤碑　御製御書此四字正書。

彼蒼者天，罔不覆燾。天人相合，寰寓大同。以其氣隔陰陽，是用別爲君長。彼君長者，本□□□、一裔也。當自中國，雄飛北荒。來朝甘泉，願保光禄，則恩好之深舊矣。洎　我高祖之肇興皇業，

太宗之遂荒帝載。文教施於八方，武功成於七德。彼或變故相革，榮號迭稱。終能代嗥□□，□一修邊貢。爰逮朕躬，結爲父子。使寇虐不作，弓矢載櫜。爾無我虞，我無爾詐。邊鄙之不□，□

君之一賴歟！君諱闕特勤，骨咄禄可汗之次子，今苾伽可汗之令弟也。孝友聞於遠方，威□懾□□俗一。斯豈由曾祖伊地米施匐積厚德於上，尒身克終之。祖骨咄禄頡斤行深仁於下，尒子□□之一，不然何以生此賢也。故能承順友愛，輔成規略。北燮眩靁之境，西隣處月之郊。尊撲梨之□□一，受屠耆之寵任，以親我有唐也。我是用嘉爾誠績，大開恩信，而遥啚不騫，促景俄盡，永言悼惜一，疚于朕心。且特勤，可汗之弟也；可汗，猶朕之子也。父子之義，既在敦崇；兄弟之親，得無連類。俱一爲子愛，再感深情。是用故製仳豐碑，發揮遐壤，使千古之下，休光日新。詞曰：

沙塞之國，丁零之鄉。雄武鬱起，于爾先王。爾君克長，載赫殊方。爾道克順，謀親我唐。孰謂若人一，罔保延長。高碑山立，垂裕無疆。

大唐開元廿年歲次壬申，十月辛丑朔七日丁未建。此行正書。

案：此碑今校補十五字，補半字一，正誤字四。又，此碑文前有回鶻字二行，並有碑陰，皆回鶻書，前人未見。長白三六橋都護多始訪拓之。

苾伽可汗碑〔二〕

二十四行，下截全泐，行字不可計。八分書。

上闕。散郎、起居舍人、内供奉兼史館修撰、臣李□奉下闕。

此處空一行。

上闕以君萬方。三代道闕失德曜威，漢武馬下闕—上闕中國下闕—上闕畢可汗□勠力昌期，毆除兇□，則雕□□□□□啓行下闕—□□襲闕惟北土允迪人□歸于一德下闕—棄同即闕軼我河下闕—上闕人下闕—上闕上下闕—上闕后下闕—□明以察微闕以□□國莫下闕—父子之道先之闕之以□□　天子嘉其乃誠，□以下闕—國懷惠畏威、願闕可闕運下闕—寓輯寧，咸登福闕典□第□忠守□以義闕而不下闕—及遺表定嗣，以闕大□開元廿有二年闕震悼下闕—服以奉窆，禮也。乃闕制叔父左金吾衛大將□□□持節弔祭□□□□□尼之罘下闕—義賢聖難全，況□異□□地殊中外而能始終若一，生死以之，則我深於仲尼、彼□於顏子、不其下闕—區而崇愛敬□□□□□之國約爲父子禮□削□□□務□□□□□塞□詘之源而布誠，下闕—合詩書之訓□□□□□□□于天□□有□□□□□利可汗虔奉先訓□□譯□欸願修下闕—□命以初寵光□□□□□□□□□則□其子因使佺立象于廟，紀□□石，以昭示子□。無下闕爰命史臣獻其頌曰：

赫赫文命，□絶于商，□□□□，百代其昌。□祉明哲，撫寧遐荒。聿□□□□□□□多下闕—建寢廟，紀功遂良。逖□□□是曰[illegible]鄉。皇天不□，平分其□。□□□□我□□□□率先下闕。

此下尚有銘文一行，但有「卬」字可辨。

上闕行事立此行小字，正書。

右《唐苾伽可汗碑》，可汗名默棘連，突厥骨咄禄可汗之子，默啜可汗之姪也。默啜歲入邊，晚年部落怨叛。開元初年，爲九姓拔野古斬死。其兄子闕特勤，攻殺其子匐及宗族略盡，立其兄默棘連，即此碑之苾伽可汗也。但新書作「毗伽」，文稍異耳。默棘連盡有突厥舊部，用其弟闕特勤爲左賢王，用舊臣暾欲谷謀國，乞和於唐，請父事天子。遣大臣頡利發，從封禪泰山。開元十九年，其弟闕特勤卒。廿二年，爲其下梅録啜毒死。帝爲發哀，遣宗正卿李佺弔祭，因立廟碑。中「使佺立象于廟」，即史所據也。詔史官李融文其碑，即此碑矣。

元耶律鑄《雙溪醉隱集》取和林詩注曰：「和林城，苾伽可汗之故地也。歲乙未，太宗皇帝城此，作萬安宮。城西北七十里，有苾伽可汗宮城遺址」。是此碑所在，即唐突厥宮城。碑東南七十里，即元和林城也。

《舊唐書・突厥傳》：「突騎施蘇禄自立爲可汗，乃召默啜。時衙官暾欲谷爲謀主。初，默啜下衙官盡爲闕特勒所殺，暾欲谷女爲小殺可敦，免死，廢歸。及復用，年已七十餘。」新書之默棘連，即舊書之突騎施蘇禄也。《元史・岳璘帖穆爾傳》云「岳璘帖穆爾，回鶻人，畏兀國相暾欲谷之裔也」云云。案：默棘連之英武，皆得暾欲谷之助。當時唐人比之李靖、李勣，此見之《兩唐書・突厥傳》者。而其子孫乃稱爲回鶻國相，竊疑突厥、回鶻乃其一時之號，本無甚分異。即碑旁之書，亦無突厥、回鶻之分也。

案：此碑校正誤字十五，奪文一，補字六十二，半字七，删原釋未確之字四。

回鶻毗伽可汗聖文神武碑〔三〕

碑前半爲回鶻書，後爲漢文。已破碎，連合之得二十四行，行存字不等，正書。又四小石，不知當在何處，附録於後。

□姓迴鶻愛登里囉汨没蜜施合毗伽可汗聖文神武碑并序　上闕忽合伊難主莫賀下闕

賀□□□紆伽哩伽思□　上空九格紆伽下闕

聞夫乹坤開闢，日月照臨；受命之君，光宅天下；德化昭明，四方輻湊。□□□□，八表歸仁。扣闕二十四字表裏山河，中建都焉。下闕—襲國於北方之隅，建都於嗢崑之野。以明智治國，積有歲年。子　□□□□嗣位，天生英斷，萬姓賓伏。闕十九字汗在位，撫育百姓。若下闕—史舵革命。數歲之間，復　我舊國。于時九姓迴鶻、卌姓拔悉蜜三姓□□諸異姓，僉曰：前代中興可汗並是闕十六字至高祖　闕毗伽可汗下闕—囉没蜜施頡翳德蜜施毗伽可汗嗣位，英智□□□□經營子　□登里囉汨没蜜施頡咄登蜜施合俱録苞□□□□□□□□奇特異常，宇内□□諸邦欽伏。洎　□帝蒙塵，史思明下闕—使幣重言甘，乞師併力，欲滅唐社。　可汗忿彼孤恩，竊弄神器。親□驍雄，與王師犄角，合勢前駈，剋復京洛。　皇帝□□□□爲兄弟之邦，永爲□□□□　可汗乃頓軍東都，因觀風仃。下闕—師將睿息等四僧入國，闡揚二祀，洞徹三際。況法師妙達明門，精通七部；才高海岳，辯

若懸河。故能開正教於迴鶻。□□□□□□爲法立大功績，乃□□傒悉德于時都督刺史内外宰相，
下闕 —□今悔前非，願事正教，奉　旨宣示，此法微妙，難可受持。再三懇□，往者無識，謂鬼爲佛，今
已悞真，不可復事，特望□□□□□曰既有志誠任即持受。應有刻畫魔形，悉令焚爇。祈神拜鬼，並
下闕 —□受明教。薰血異俗，化爲蔬飯之鄉；宰殺邦家，變爲勸善之國。故□□之在人，上行下效。
　法王聞受正教，深讚虔□□□□□德領諸僧尼，入國闡揚。自後□慕闍徒衆東西循環，往來教
化。下闕 —□可汗襲位，雄才勇略，内外脩明。子　登里囉没蜜施俱録毗伽可□嗣位，治化國俗，頗
有次序。、子　汨咄禄毗伽□□□□□姓康樂。肻後，　登里囉羽録没蜜施合汨咄禄胡禄毗伽可汗
繼承下闕 —□合毗伽可汗當龍潛之時，於諸王中最長。都督、刺史、内外宰相、親□官等奏曰：
天可汗垂拱寶位，輔弼須淂賢□□□佐治之才，海岳之量。國家體大，法令湏明。特望　天恩，允
臣等所請。下闕 —□汗宰衡之時，与諸相殊異。爲降誕之際，禎祥奇特。自幼及長，英雄□武。坐籌
帷幄之下，决勝千里之外。温柔惠化，撫□□□□世作則。爲國經營，筭莫能紀。初，北方堅昆之
國，控弦[illegible]餘萬。[illegible]下闕 —□□英雄智勇，神武威力，一發便中，堅昆可汗應弦殂落。牛馬谷量，□
械山積。國業蕩盡，地無居人。復葛禄與吐蕃連□□□□偏師，於匀曷户對敵、智謀弘遠。下闕 —
□□庭半收半圍之次。　天可汗親統大軍，討滅元兇，却復城邑□土。黎庶含氣之類，純善者撫
育，悖戾者屏除。遂□□□□媚磧凡諸行人，及於畜産。下闕 —□□胄遺弃。復吐蕃大軍，攻圍龜

兹。　天可汗領兵救援，吐蕃□□奔入于術。四面合圍，一時撲滅。屍骸臭穢，非人□□□□京觀，敗没餘燼下闕□□□百姓與狂寇合從，有虧職貢。　天可汗躬總師旅，大敗賊，　奔逐至真珠河，俘掠人民萬萬有餘。駞馬畜乘□□□□餘衆来歸，下闕□□□□知罪，各哀請祈訴。　天可汗矜其至誠，赦其罪戾。遂與□王令百姓復業。自兹已降，王自　朝覲進奉。方□□□廂沓實力下闕□□□□軍將供奉官並皆親覲，至於賊境，長駈横入。自將數騎，□號施令。取其必勝，勍敵畢摧。追奔逐北，直至大□□□□□余下闕□□□□□攻伐葛禄、吐蕃，搴旗斬馘，追奔逐北，西至拔賀郍國。剋獲人民及其畜産。　葉護爲不受教，令離其土壤。下闕□□□□□□□黑姓毗伽可汗復與歸順。　葛禄册真珠智惠葉護爲主又十箭三姓□□奇下闕□□□□□□□□寺宇。令僧徒寬泰聽士安樂，自開法來門□闍名未曾降。下闕□□□□□□□□□□中□有□□□□世□□中外國□□□委付□里下闕□□□□□□□□□□□□□□□□武定禍下闕

又殘石

殘石四，前三石漢文之前皆有回鶻書，當在首二行，見拉特禄夫影本。後一石，三都護續訪得，原書皆失録。

內宰相頡于伽思藥下闕。

□莫賀達干□紆下闕。　以上二行爲一石。

羅教

迭億也以上二行又一石。

愛登此行又一石。

紇□□□爲

天□□□少

□□□□狐

□□山以爲

□□進部以上五行爲一石。　此五行前尚有字五六行，不可辨。

《和林九姓回鶻可汗碑》自來金石家皆未著録。光緒中葉，俄人始訪得之。拉特禄夫《蒙古圖誌》中，始揭其影本。光緒十九年，俄使喀西尼以拉氏書送總理各國事務衙門，屬爲考釋。時嘉興沈乙庵先生方在譯署，作《闕特勤碑》《苾伽可汗碑》及此碑三跋，以覆俄使。俄人譯以行世。西人書中屢引其説，所謂「總理衙門書」者也。時志文貞銳方爲烏里雅蘇臺將軍，亦拓《闕特勤碑》，以遺宗室伯羲祭酒盛昱。祭酒跋之，沈先生復書其後。於是世人始知有《闕特勤碑》，尚未知有他碑也。順德李仲約侍郎文田始録拉氏書中各碑之文，爲《和林金石録》。元和江建霞編脩標刊之長沙，由是世知有回鶻碑，然終無由致拓本。光宣之閒，此碑數段爲俄國某大佐竊去，致之聖彼得堡博物館，故近來拓本乃少五六兩段。己未夏日，偶讀法國伯希和教授所撰《摩尼教考》，見所引此碑文三行，與李録殊異。乃假沈先生所藏拉氏原書，以校李録。李録此碑分爲五段，實則此碑共碎爲八段。前三段拉氏書中已聯合爲一，李録從之。其後德人休列額爾、法人沙畹，並攷此碑。德人牟列爾又通碑陰所刊窣利文之讀。伯氏所引，蓋用諸氏釐定之本。余據伯氏所引，聯合四五兩段，則全碑文義皆可貫通。又自以行欵文義定第六段之位置，四五兩段即李録之第三第四兩片，第六段則李録之第五片。又第七第八兩段，一「內宰相」以下兩行十二字，一「羅教迭億」兩行四字。李録失載。以行欵求之，當在首二行。然文字太少，迄不能定其在此二行之第幾格矣。又，新拓本別一段，亦此碑之文，則並其在何行，亦不可知。茲別附於後。余既爲碑圖，以明全碑之形狀及碑文之次序，於是碑文略可通讀。前沈先生跋此碑時，僅據前三段及第七八段，今得通讀全碑，自有前跋所不能盡者。先生因命書其後，凡前跋所已詳者，茲不贅焉。碑題之愛登里囉汨没蜜施合毗伽可汗，此《兩唐書》之保義可汗也。《舊書·憲宗紀》：「元和三年五月丙午，正衙册九姓回紇可汗爲登囉里汨蜜施合毗伽保義可汗。」《回紇傳》作「藹德曷里禄没弭施合蜜毗迦可汗」，《新書·回鶻傳》作「愛登里囉汨蜜施合毗伽保義可汗」。校以此碑，則舊紀奪「愛」字，舊傳奪「汨」字，衍「蜜」字，新傳奪「没」字。此碑無「保義」二字者，中國封號不行於其國中故也。保義可汗立於憲宗元和三年，卒於穆宗長慶元年，在位凡十四年，爲回鶻極盛之世。此碑之立，蓋在其卒後矣。碑題下列「内宰相頡于伽思」等若干人，蓋如漢碑陰側之題名。頡于伽思，新書作「頡干迦斯」。於貞元二年已主兵事，旋執國柄，至是已三十六年。又，武宗會昌時，亦有大臣頡于伽思，首尾五六十年，恐非一人。伊難主，新、舊書均作「伊難珠」。考回鶻内宰相六人，外宰相三人，此二行題名之人，或均宰相矣。碑首云：「□國於北方之隅，建都於嗢昆之野。」此指回鶻開國者言。新、舊書記回鶻事，自時健俟斤始。此碑以下文所記二世事推之，亦指時健。下云，「子□□□□嗣位」，又云，「□□□汗在位」者，此二世蓋指菩薩與吐迷度。《新書・回鶻傳》：「時健俟斤長子曰菩薩，菩薩死，其酋曰胡禄俟利發吐迷度」，知如是者。碑云：「□史郍革命，數歲之間，復我舊國。」案：史郍上所闕當爲「阿」字，阿史那者，突厥姓也。新書言突厥已亡，惟回紇與薛延陀爲最雄彊。及吐迷度與諸部攻薛延陀，殘之，並有其地。攷自突厥之亡至薛延陀之亡，纔十六年。薛延陀建牙鬱督軍山，去嗢昆河不遠，至是爲回紇所并。所謂「阿史郍革命，數歲之間，復我舊國」者也。史稱吐迷度雖歸唐，拜爲懷化大將軍、瀚海都督。然私自號可汗，官吏一似突厥。下云，「九姓回鶻、卌姓拔悉蜜、三姓□□，諸異姓僉曰」云云，當爲上可汗尊號之事。三姓下所闕二字，當是葛禄。《新書》稱葛邏禄有三族：一謀禄，或爲謀剌；二熾俟，或爲婆匐；三踏實力，故其酋亦號三姓葉護。又回鶻於九姓外，兼有拔悉蜜、葛邏禄，總十一姓，並置都督，號十一部落，故知所闕二字爲葛禄也。闕毗伽可汗者，吐迷度之七世孫，名骨力裴羅。天寶三年，自稱骨咄禄毗伽闕可汗。天子以爲奉義王，後拜爲骨咄禄毗伽闕懷仁可汗者也。此下四世，具如沈先生説。汨咄禄毗伽可汗者，《新書》之阿啜，唐册爲奉誠可汗者。登里囉羽録没蜜施合汨咄禄胡禄毗伽可汗者，則《新書》之骨咄禄，唐册爲愛滕里囉羽録没蜜施合胡禄毗伽懷信可汗者也。第十二行之「□合毗伽可汗」，則保義可汗即碑題之愛登里囉汨没蜜施合毗伽可汗。自懷仁可汗以下，至此凡九世，中間惟闕懷信可汗子滕里野合俱禄毗伽可汗一世。此可汗以永貞元年立，元和三年卒，在位僅四年，殆保義可汗兄弟行。豈以享國不久，故闕而不書，抑其名在碑下截斷處，而今亡之歟。保義可汗，史不紀爲何人之子，當懷信時，蓋已爲宰相。碑所謂「當龍潛之時，於諸王中最長」，又所謂「□□汗宰衡之時，與諸相殊異」者也。回鶻可汗多自宰相出，如頓莫賀、達干、骨咄禄皆是也。其記破堅昆事，上有「初」字，蓋猶在懷信之世。堅昆者，即黠戛斯。《新書》：「黠戛斯，古堅昆國也。」保義可汗破黠戛斯，殺其可汗，諸書皆不載，惟見此碑。云「復葛禄與吐蕃連□」者，德宗以後，葛禄時離回鶻而與吐蕃連和。吐蕃之取北庭，陷安西，皆由葛禄爲之掎角。此碑所記匀曷户之戰，史既失記，地亦不詳。至云「□□庭半收半圍之次。天可汗親統大軍，討滅元兇，却復城邑」者，「庭」上所闕當是「北」字。自貞元六年，吐蕃攻陷北庭後，至是始爲回鶻所復。碑云「天可汗親統大軍」，則在保義嗣位以後矣。云「遂□□□□媚磧」者，「磧」名上闕數字。宋初王延德《使高昌記》，謂「高昌納職城在大患鬼魅磧之東南」。此「大患鬼魅磧」，即唐初人所謂莫賀延磧，魅與媚音同，是□□□媚磧，或即大患鬼魅磧矣。蓋吐蕃陷北庭後，此磧實爲吐蕃北庭間之通道。及回鶻既復北庭，磧北無吐蕃蹤跡，此道遂開。故下云「凡諸行人及於畜産□□□□」。蓋回鶻至此得自由往來天山南北路矣。云「復吐蕃大軍攻圍龜茲，天可汗領兵救援，吐蕃□□奔入于術」者，于術，地名。《新書・地理志》：「自焉耆西五十里，過鐵門關又五十里，至于術守捉城。自是西至安西都護府即龜茲。凡五百六十里。」蓋吐蕃之兵自龜茲退至于術，爲回鶻所圍也。云「□□百姓與狂寇合從，有虧職貢」者，百姓亦西北種族，如三姓、九姓、十姓、卅姓、卌姓之比，惜上有闕字，不能知爲何族矣。云「追奔逐北，至真珠河」者，真珠河即今之那林河，其下流爲葉葉河。又一支流爲藥殺水。《新書・地理志》：「度拔達嶺五十里至頓多城，烏孫所治赤山城也。又三十里渡真珠河。」又《西域傳》石國「西南有藥殺水，入中國謂之真珠河」，是皆以此河之上游爲真珠河。《新書・西域傳》：「寧遠在真珠河之北。」杜環《經營行記》：「石國中有二水：一名真珠河，一名質河」，則並其下流亦謂之真珠河也。云「□廂沓實力」者，沓實力者，三姓葛禄之一也。云「攻伐葛禄，吐蕃搴旗斬馘，追奔逐北，西至拔賀郙國」者，《新書》謂「至德後，葛邏禄浸盛，徙十姓可汗故地，盡有碎葉、恒羅斯諸城」。拔賀那國即《新書》之判汗怖悍，及寧遠都真珠河之北，與葛禄爲鄰，故假道於此國。云「葉護爲不受教令，離其土壤」，此葉護即謂拔賀郙王。自突厥西徙以後，西域諸國王多稱葉護者。下云「册真珠智惠葉□□王」，當因前王不受教令，故別立一人。此時回鶻南破吐蕃，北服葛禄，兵力直至葱領以西，而其事史皆不書。異時回鶻西徙之事，惟由此碑始得解之。既釐正其文，復攷釋之如左，因書以質沈先生，庶匡其不逮焉。

此碑舊録分數石録之，吾友王忠慤公始連合其文，但忠慤所録仍有小誤。五行「前代中興可汗並是」之「是」誤作「見」，八行「闡揚二祀」之「二」誤作「三」，十二行「於諸王中」之「於」誤作「在」，「内外宰相親□官」失録「親」字，十六行「四面合圍」之「四」誤作「回」，十八行失書「廂沓實力」四字，而將十九行之「唋」字誤列十八行，茲一一爲之補正。

三皇廟殘碑

碑上截斷損，存字十行，行存二十九字。正書。

上闕徹徹都協力施俸，經之營之，遂卜日度地，命工掄材，因其故址，廣而大之。爲—上闕新規模，視昔逈然不同矣。經始於至順元年之春，落成於至順二年之夏。厥—上闕知之。惟賢者能敬之。何也？人知伏羲畫八卦而已，而不知造書契以代結繩—，播百穀、立交易以通百貨，亦神農爲之也。知黄帝述陰陽製醫方而已，而不—上闕□不通爲杵臼以利萬民，造弧矢以威天下之類，何莫非三皇之所爲邪？由—越三行，上闕。已設像有廟主祭，有官尊崇，其道不爲不重。而領其事，主其祭者，又能不失—上闕仰俯咸中儀式，俾朔方之民，觀感興起，皆知報本，豈曰小補之哉！將見下闕

上闕郎捏古栢立石　路吏李仲宗督工　和寧路醫學教授　賈福董役

儒學録蘇仁、兵馬司吏目陶元璟模鐫　醫學正李叔亮、宋郁、高侃

惠民良醫楊仲文　省醫胡景勗、武舜謙、李貴　陰陽學　正劉進　張光

右廟碑詳其文似《三皇廟碑》也。三皇廟而題名於碑者，有惠民局官、有省醫、有醫學教授、醫學正者。此主醫之神，而廟亦爲醫藥而建也。《輟耕録》：「歷代醫師託始於三皇，有僦貸、季岐、伯鬼、臾區、少師、少俞、伯高、桐君、太乙、處公、馬師皇。」此元代醫家崇三皇之義。

碑陰

存字二列，十二行，行字不等，正書。

和寧路

達魯花赤别速堅嘉議

達魯花赤歡赤昭武

同知都怜奉訓

治中紐隣中順

判官蠻子奉訓
經歷侯瑞承直
知事眭民澤從仕
提控案牘李守正從仕
司獄劉文質從仕
司吏侯松　陶元璟　石懷宝　張思賢
馮[口睪]　張保直　宋　侯徐道　張恒道
右第一列。

和林倉

都提舉咬難奉議
同提舉尚桂斑奉訓
付提舉彭別帖木兒承直
付提舉夆不花承直
司倉張天祐　范德詡

司吏張翥　馬飛卿

提控斗子賈成　侯文秀　馮君祥

此處原空一行。

平準庫

提領王古大奉訓

大　杜師魯

右第二列。

右《和林倉碑》。案：和林之倉，當置於世祖之時。以《世祖本紀》攷之，至元十一年，從生券軍八十一人屯田和林。十七年，命沿途廩食和林回軍。十八年，遣兀良合帶運沙城等糧六千石入和林。蓋既田廩食運糧，則必有倉以儲可知矣。是和林倉之設在世祖時，則和林路未改和寧以前蚤有倉，而和寧路則仁宗皇慶以後，以和林路改稱耳。《元史》延祐七年紀：命儲糧於宣德、開平、和林諸倉。又《鐵木兒塔識傳》：「請別輸京倉米百萬斛，儲於和林。」

予篋中無此碑，據章氏寫本，碑陽增四字，補脱字一。碑陰改三字，增二字。又章本碑陰稱和林倉題名，不云「三皇廟碑陰」，茲姑仍江本之舊，待異日考焉。

和林兵馬劉公去思碑

碑二十行，行三十九字，擡寫處多一字。正書。額題「和林兵馬劉公去思碑」九字，篆書。

和林兵馬劉公去思碑

和林兵馬司儒學正張思明撰

和寧路儒學正彭詣書丹并篆蓋

《易》之爲書也，廣大□備：有天道焉，有人道焉，有地道焉。是故立天之道曰陰與陽，立地之道曰柔與剛一，立人之道曰仁與義。參三才而贊化育，所以親父子而正君臣。惟和林乃　皇元興隆之地，因河□制曰和林，猶夏后氏之安邑，殷之亳，周之岐、酆，凡官治與京畿同。嶺北等處行中書□和寧路捴管府、和林兵馬司由是立焉。朝廷垂創無疆之計，□哉美矣，于茲有年。兵馬劉公天錫，字受之，汴梁人，孝友純篤，親闈具慶。天曆中，膺上命來任是職，三載□成。父老請曰：「前兵馬劉公歷政於是也，存乎德行，不言而信，擬勒石紀其功德。」徵一予文，予□非名筆□獲已，遂諗之，而識其槩。公之聽訟也，片言折之無留。日東而作，晡而退。
先皇帝大駕北還，行□駐蹕，百萬供需一所給。公謨謀方略，不集力而辦，貸於民而償於官，奉命弗失，公—之忠勤若是邪！獄□商人致命莽萊，兇徒逃竄無尋跡。輿疑其同行，公雄追繫囹圄，不一鞫，驗庸人貫—籍，遣部立求。遠數□里，詣地獲之。得情坐罪，前所繫咸釋。公之明果若是耶！歲大旱，苗槁。公沐浴齊戒—，禱于神祇。未移時，□雨交作。越明日沾足，百穀用成，公之誠感若是邪。社稷壇壝未建，公闢而新之—；三□廊廡未備，公葺而完之。聽斯言也，觀其行也，公之德政可書也。天道其順乎，人道其昭乎，地道其—敏乎，君臣之義其□乎！昔召伯之教，明於南國，民詩歌之曰：「蔽芾甘棠，勿翦勿伐，召伯所茇。」思其人而—愛其樹。斯碑也，蔽芾甘棠也。後之人思公之德政也，如周人之思召公云。

至□二年，歲在辛□，十月甲子，父老張山　周元　婁温　陳貴　張天禄　常仲興　李温　趙融—　周亨　馬君勝　王俊　曹政　裴全　宋懷德　楊德　白良　楊德　趙誠

楊潤立石

首領趙仲實、李伯顔、普華

右《劉天錫去思碑》，篆額九字，爲番僧鑱梵文六字於其上，有缺字。年號「至」下泐「順」字，是年

太歲辛未也。《元史·本紀》：大德七年，始立和林兵馬司。是此官建於成宗以後，非太祖皇弟斡赤斤即有之也。張思明，《元史》卷六十四有傳。

碑陰

文二列，上列十二行，下列十一行，正書。碑上加刻梵字。

司官

朝列大夫兵馬張積

進義校尉付兵馬馬奴

前吏目梅只子温

⿰口刂□喻

司吏

朱良弼　喬秉中

王思温　王敬

張允　堅

席大川

譯史

□唯□此行爲梵文所掩。

右上列

首領

崔仲和　張順

任全　張福

王德戊

機察

□都剌　吉仲實　奴剌丁　阿老丁

此處原空一行。

祇候

彭仲福　侯德霖

吳國瑞　趙禎

此處原空四行。

右下列

石匠王潤　馮四劉四

馮二魏二

按《元史·宰相年表》：張思明以仁宗延祐七年三月官中書左丞。明年爲英宗至治元年，又一年如故。三年正月速速爲左丞，八月以後爲善僧。至治二年至至順二年，先後凡十年，而張思明至是爲和林兵馬司儒學正。此元制之當攷者。

案：此碑補脱字四，正誤字九，增釋字三十一，補半字十二。章本有而拓本不可辨之字十一，皆側書以别之。碑陰正誤字三，增釋字二十六，補半字五。

題名殘碑

題名三列，存十三行，行字不等，正書左行。

資德大夫、嶺北等處行中書省右丞塔郎吉

資善大夫、嶺北等處行中書省左丞馬某

中奉大夫、嶺北等處行中書省叅知政事阽陳

中奉大夫、嶺北等處行中書省叅知政事李塔剌海

奉議大夫、嶺北省左右司員外郎暗都剌
奉議大夫、嶺北省左右司都事亦速福
奉議大夫、嶺北省撿校官蕭守信　書吏王克弘
承直郎、嶺北省照磨韓守益　高斌
承直郎、嶺北省管勾張察罕不花
掾史　景元利　丁壁　連克明　褚世衡　馬禎　朱邦寧　艾恭默　趙從玉　王從善　張寬
梁延義　張汝健
譯史趙仲明　尚杜班　脱歡　安□不花　□□□　吴沛孟
右第一列。
朝列大夫、和寧路達魯花赤兀都蠻
太中大夫、和寧路總管賽甫丁
進義校尉、和寧路同知也失哥
承务郎、和寧路判官忽都帖木兒
奉訓大夫、和寧路推官完顔榮祖
奉訓大夫、和寧路經歷王□羅帖木九

承务郎、和寧路　知事訖澤

將仕郎、和寧路提控案牘王克義

劉弘遠　張革　侯從道　張渲　許恭祖

司吏李霆　周郁　張從礼　張居仁

譯史吴友直　□□　閔也先　孫士元　魏思賢

通事法忽虎□

右第二列。

承直郎、和林兵馬達魯花赤脱速

承直郎、和林省付兵馬伯顔

吏目郭崇節

司吏滎繼明　劉德　賀美　牛恭祖

譯史毛朶里别歹

承务郎、和林倉提舉扎馬魯丁

奉訓大夫、和林倉同提舉馬澤

昭信校尉、和林倉付提舉成塔海

承务郎、和林倉付提舉蔡汝霖

司倉衛□荣　温荣

倉司吏李忠　王輔　張者

忠翊校尉、嶺北下闕

忠顯校尉、嶺北下闕

右第三列。

又

題名三列，存十二行，第十一行漫泐，行字不等，正書左行。

宣□馬□　辛德　姚閏　賀伯川　(明)中闕楊文益

回回李也先　哈散　也先剌剌　王伯令　忽都伯　耿嘉　李徵　典吏武行本　王伯亨　趙守

中　張国英　房志　書寫楊也先　張玉

朝列大夫、嶺北省　理問　札忽見□

亞中大夫、嶺北省理問愛薛

武略將軍、嶺北省付理問禿兒迷失

中順大夫、嶺北省付理問劉謙

承直郎、理問所知事李説　譯史□也先

提控案牘邢文通　令史孫友□　李明□□敬

省□□□□行素　武順謙　李下闕

此處一行漫漶。

前建功官、中奉大夫、嶺北等處□□書下闕

右第一列。

敦武□□□寧路司獄燕伯顔不花

勑授儒夅教授顔忒　□夅正劉枌　夅□教子長

勑授蒙古字教授郝完澤　夅正吴不花

宣武將軍、省都鎮撫忽剌真

武德將軍、省都鎮撫揑古列思

忠顯校尉、付都鎮撫亦□□

承事郎、付都□撫脱下闕

案牘下闕

右第二列

進義付尉、嶺北下闕

庫子　皇甫下闕

忠翊校尉、平準庫提領□剌思不下闕

承德郎、平準庫大使尚下闕

忠翊校尉、平準庫付使下闕

庫子韓欽甫下闕

承事郎和寧务下闕

右第三列。

右《嶺北省和寧路題名碑》二通。案《元史·仁宗本紀》：「皇慶元年，改和林省爲嶺北省，和林路爲和寧路。」

和寧路達魯花赤之兀都蠻，即《元史·泰定帝本紀》「泰定三年，遣指揮使兀都蠻，鐫西番呪語于居庸關崖石」者也。

明人《朔漠圖》：旺吉河東北流逕和林南，豬爲一湖。河之南有秃忽思，即涼樓之謂也。秃忽思亦曰圖蘇，故《太宗紀》作圖蘇湖城，迎駕殿也。又南有臺，又西南有札古剌倉，此不知即和林倉否。但和林之有倉，决在太宗以後，世祖以前。阿里不哥及海都叛命，正事屯田之際，不始於中葉也。

案：此題名二石，章本作「嶺北省和林路題名」。前一石校録增釋字三十六，補半字九，補脱字九，正誤字三。後一石增釋字四十七，補半字六，正誤字三。

三靈侯廟碑

碑十五行，行三十九字，正書。額題「三靈侯廟之記」六字，篆書。額下横列蒙古國書六字。

勑建三靈侯廟記

亞中大夫、和寧路達魯花赤暗都瑓　助緣

和寧路儒學學正金陵余良輔撰

奉政大夫、嶺北行省左右司郎中丁元書

中憲大夫、嶺北行省左右司都事李塔失鐵穆耳篆

□聞陰陽不測之謂神，變化無窮之謂聖。夫人能禦大菑捍大患，忠於國□於民，□妖孽致休禎，生當封侯，死當廟食。昔欒巴噀酒以救火，吴猛畫扇以渡江。御史呂晦爲司一□，□相萊公作閻王，信斯言也。伏審

□□王朝諫議大夫唐文明、葛文鼎、周文功，時爲主上失政，荒淫酒色，力諫弗從，激怒被謫。忠義升聞一上□格玉篆靈丹金簡劍戟，神授兵符，英勇無敵。南寓吳邦，禮隆有德。敗楚匡吳，不煩一卒。擒李孫□一□□□將馘，封爵固辭，玉帛反璧。厲王既崩，宣王登極。榮旋鎬京，以藩王室。癘鬼猛獸，興妖作慝。王命掃一□，厲降獸匿。非災横禍，二豎潛跡。東鎮兖州，生民休息。噫，周封靈侯，陰運神兵。宋贈真君，醫□天庭。赫一□厥聲，濯濯厥靈。升天入地，變化無垠。顧兹龍沙，城闕之東。街分二道，宫地居中。民侵復業，議建神宫一。□八哈失，首倡成功。里中善士，集梓鳩工。丙寅肇始，辛未告終。繪塑丹堊，靡不具供。原夫立神，惟人福一□。惟神香火，萬年順撫。五辰禱雨，而雨祈晴。而晴體　皇極，而□□永致。

君而澤民，衆嘉成績，訖記堅珉。

滕陽陶宜士刊　　石匠周元

至元己卯仲夏吉日古并楊達侯克誠立石　　蘭慶甫　錢國宝督工

碑陰

陰十一行，行三列，正書。額書「立石題名」四字，正書。

耆老　北京王成甫　張顯之　孟君祥

高八哈失　曹伯通　王義
舉録錢國宝　沈子玉　郭彦祥
社司劉善甫　陳仲良　陳仲仁
庫子蘭慶甫　蘭和甫　楊和卿
崔亮　秦才甫　常慶祥
曹仲和　孫弘道　梁德誠
劉大川　常仁卿
程国英　李文義　鐵匠姚信甫
魏良卿　梁德成
[illegible]塔赤帖木兒

按《三靈侯廟碑攷》亦有蘭慶甫，彼立於至元五年，則此亦順帝時物也。

此碑碑陰，章本題《三靈侯廟耆老等題名》，李文誠《跋》亦認爲二碑。今案《廟記》與此似爲一碑，故仍其舊。碑陽校録增釋字六十八，補半字八，補奪文四，正誤字三，倒植字二。碑陰增釋字十，又碑本不可辨而章本有之字仍側書以示别。

四世同居立石

四行，行二十三字，正書。

昔於至正癸未冬，赴省幕任，問聞而知公之□□，以故家爲河南之洛陽縣人，四世同居，蒙以義表其門者是。

大元至正四年歲次甲申，春二月二十有八日己未之吉。

和林耆老賈成、趙國寶等立石。

碑陰

存字三行，正書。

和林耆老

塔木丁　姚秀實　陳下闕

李文□　□下闕

案：此碑碑陽補半字六，正誤字二，據章本補字三。碑陰據章本補字二。

勑建興元閣記

存字九行，上截斷泐，行存字不等，正書。

上闕專督□□□□方□完□□□□□□□□□□—上闕楮幣□□□十六萬五千有□□視昔半而□□□□丙戌十一□□日□—上闕翰林學士承　旨臣有壬文□石臣有壬承

上闕之散動潤煊發生萬物者，皆自上而施于下。源泉陂澤之流通，抒泄灌溉，大—上闕引該閡孳萌，紐牙開闢而後蓄而未發之氣，以資始品彙，自上而施于下。由—上闕下莫我儗也。定都和林，造邦之基立矣。此下原空一行，乃因「太宗」二字挑行。

上闕示尊崇則無以爲感觸之地，而大聖人礐空四海，撮土—上闕夸質諸嘗行陝、蜀、江、廣、閩、浙，且仕嶺北之—上闕締構之峻偉傑峙與下闕

案：文載許文忠公《至正集》卷四十五。取此碑與集本校，無甚異同。惟集本「臣有壬拜首稽首而言曰」，碑本存「臣有壬承」四字，「承」下挑行，殆是「臣有壬承命拜首稽首而言曰」。視集本多「承命」二字，「命」字另行頂格書也。又，集本「引閡孳萌，紐牙開(門)〔闢〕」，碑本「引」下尚有「該」字，殆衍文也。此碑校録，增釋字二，補半字五，正誤字三。

三皇廟殘碑

上截斷損，存字十一行，行存二十九字，正書。

上闕制誥兼國史院編修官、國子監丞張益撰

上闕省叅知政事劉塔失帖木耳篆

上闕省左右司都事李塔失帖木耳書

上闕百王道統之傳，開萬世生民之利者，惟三皇聖祖歟！故古之聖人有功者，莫一上闕尼繫《周易》而後三皇之功著。自安國序《尚書》而後三皇之道彰。蓋功因《易》而一上闕自十三卦之象立，而制器不可勝用矣。此功因《易》而見也。《書序》云：「伏羲神農」一上闕尼與安國表而著之，則其功其道雖曰大，後世何自而知之乎！既曰知之，曷一上闕天地立人極，利生民，傳道統者乎！其得廟貌徧天下，血食綿萬世也宜矣！我下空二行一。上闕管曹從革始建廟四楹於省治之南，而繪像以祭之。然其規模庳冗，制度隘一上闕□政於兹者，莫克念之。泰定末，其省叅政左恭欲以官帑易而新之，屢請于下闕

右《殘廟碑》佚去上半，碑亦《三皇廟碑》也。此與《三靈侯廟碑》皆有嶺北行省左右司都事李塔失帖木兒結銜，彼碑立於至元己卯，此碑亦當在順帝至元中也。

碑陰

文三列，存字十三行，行字不等，正書。

上闕石光下闕

上闕略　上闕楊壽春下闕

上闕顯　蒙古□學教授裴祐

上闕誠　毉學教授劉明　學正賈福

陰陽學正張允恭　太毉李貴

上闕且　兵馬司

上闕武　達魯花赤亦思馬因中順

上闕仕　兵馬劉天錫奉議

上闕兒　副兵馬馬奴進義

吏目胡宗瀚　儒學正張思明

司吏堅童　許繼先　王儀　李守德　張震

馮邦彦　張從義

祇應司提領席大川　大使郭思亨

右第一、第二列。

上闕子成犯初扎下闕

上闕嘉納承務　付使時弼從仕

税使　提領章元澤奉直

大使完者秃忠翊付使趙也先不花將仕

豊盈庫付使吕復

醫人周中信　張翼　劉潤甫　常士宴　王仲賢

陰陽人朱誠翁　王明見　劉進　王節　高下闕

耆老周兄　婁温　曹政　常宍　楊德

裴全　周亨　魏義　宋懷德　鄭雲卿

侯思温　魏信　李覔福　王实

右第三列。

右題名其中周元、婁温、曹政皆已見於《劉天錫去思碑》，張思明即撰《天錫碑》之人。然則，此石亦當刻於至順間，是時天錫尚居官未去和林，則在至順二年以前矣。碑有兵馬劉天錫名。

此碑校録補半字三，正誤字二，補脱字一。碑陰增釋字四，補半字五，正誤字二。案：章本稱碑陰爲兵馬司達魯花赤亦思馬因等題名，兹姑仍江本之舊。

大司農保釐朔方記

存字九行，下截斷裂，行字不等，正書。額存「石記」二字，篆書。

制統馭邊將、折衝禦侮之風，威外安内下闕
以康。丙戌秋，光禄大夫、大司農别下闕
爲平章政事，躬行儉約，保釐朔方。下闕
聖誕　元正有司斂繒綵爲下闕
九重之飾，風雪變色，吏卒重科民下闕
公迺誡有司，繪板以易之，節用愛人，下闕
推化若此者，寔自公始。惜乎立省以下闕
名未著，遍攷前脩，泯不可得。伯述下闕
而無傳，謹敘同協名氏，刻之於石下闕

右元《大司農平章政事别兒怯不花》刻石，名字殘缺，以《元史》攷之，則别兒怯不花也。丙戌秋者，至正六年，歲在丙戌也。以表核之，别兒怯不花於至正三年癸未十二月拜左丞相，至明年爲至正七年正月拜右丞相，計其位較平章政事爲尊。是年平章政事見表者五人：曰鐵木兒塔識、曰鞏卜班、曰納麟、曰教化、曰帖木哥。蓋别兒怯不花以順帝至正年拜嶺北行省平章政事，故與《宰相表》不符，《表》所列乃大都之中書省也。

别兒怯不花，順帝至正七年拜太保，見《元史·三公表》碑中伯述者，李伯述也，官嶺北行省參知政事。

此碑校録增釋字二。案：章本作《别兒怯不華德政刻石記》，茲姑仍江本之舊。

嶺北省右丞郎中總管收糧記

碑二十二行，下截漫漶，行字不等，正書。額題「嶺北省右丞郎中總管收糧記」十二字，篆書。

河東古陶進士霍有孚撰　滕陽陶士宜刊　劉沙的監工

河東大鹵段起祖書　石工韓德

和寧路司李褫瓛篆　都社長　張仲澤　賈仲□　高彦温　助□

伏以

國之和糴以從權，民之中糧以應募，此經濟之嘉猷，致治之急務也。夫欲上不蠹國，下不厲民者，則惟在于委任得其人，收受恒闕我一嶺北省治在藩垣，朔漠不毛，例設和中五十餘年。洎至正丁亥，咨准糧數一十五萬石。於是監省上相、光禄大夫、平章政事闕剌沙━，中奉大夫、參知政事鑾子，亞相承直郎、左右司員外伯加奴，奉政大夫、左右司都事郭氏從道等推選，資政大夫、右丞怙木闕吉掾━史趙氏景文，嘉議大夫、和寧路總管木薛飛兒等董正其事。秋毫無犯，億石之糧月餘而畢，可謂神矣。矧我數君子者，皆闕不剛不━柔之才，居有爲有守之地，則其風彩閑雅，外圓内方，望之如霜之潔，就之如日之春。無虐煢獨而畏高明，不屈威武而闕□不蠹━國而厲民，惟奉公而愛物。使豪强寢，鉏鋙之形而不敢輕；姦猾息，跳梁之狀而不敢侮。下逮百執事之人，亦皆有闕而━價高下侖合無偏，毫釐不繆。《書》之臣爲上爲德，爲下爲民。《詩》之「憲憲令德，宜民宜人」，而不惟默契於心，則又發揮闕亦不━吐。《周官》所謂「以公滅私，民其允懷」，豈不信哉！吁，和中之名不見於經，則其創制立法自我

元始。然一代之興，必有一代之制。昔唐、虞、夏、商治不過九州，而有納總、納銍、納秸、納粟、納米之例。周人地廣，列爲下闕━　寢廣郡縣天下而有常平義倉之目。彼魏、晉之淆亂，金、宋之苟簡，誠不足法也。由是觀之，歷代之天下，未有如我

元之天下也。歷代之制度，未有如我

元之制度也。以我

元之天下，論我

元之制度極難者，和中爾。和者，上之所節以訹民；中者，下之所精以報國。苟得其人，天雨海流而不息，神運鬼輪而不竭。不得其人，反是。以今無爲之治，得可用之人，當纂之於經，編之於史，以幸萬世，傳之不朽可也。愚因北京道糧官

禅□等允志于

國之忠，澤民之願也哉！時至正戊子秋八月朔日記。　同立石人吕仲寬　劉良甫　劉孝先

曹彦亨　□□□

右元《嶺北省右丞郎中總管收糧記》，後有蒙古字五行，別有一幅作西番字，似刻於此碑之陰。然揆其文意，似不相屬，蓋明代蒙古喇嘛鑱佛呪於此耳。

《元史·鐵木兒塔識傳》：「舊法細民糴於官倉，出印券。月給之者，其直三百文，謂之紅帖米。賦籌而給之，盡三月止者，其直五百文，謂之散籌米。貪民買其籌帖以爲利。」

此碑校録增釋字二十，補半字七，正誤字二，去衍文一。

殘碑

文存十八行，行存五字，正書。

□當大用年

此間原空一行。

淵潛勝槩

其四方來集

以供軍需政

裡院事

曰吾受牧守

活者萬計有

限者必繩督

曷其善與[illegible]

毋使壅滯[illegible]

敢違越者□

所公之德也

其所以然而

率而告曰我

不忘噫承□

此間原空一行。

政刑備全戕

于石用鐫□

此間原空一行。

石工韓德

案：《元史·孛术魯翀傳》：「文宗親祀天地、社稷、宗廟，翀爲禮儀使。」「竣事，上天歷大慶詩。會立太禧院，除僉太禧宗禋院兼祗承神御殿事」云云，則此碑「禋院」上乃「宗」字無疑。

此碑校録增釋字十，補半字五，正誤字二。

題名殘碑

文七列，每列行字不等，正書。

左右　北省左右司　行省管勾

趙温　都事郭擇善　魯渾沙

李絨　承務郎雷維翰　從仕郎嶺

郎中　承務郎陳□□　北行省管

文林郎買住　勾周彬
郎中　奉□大夫郝世□　從仕郎嶺
承德郎成剛　行省管勾
員外　承直郎亦　八剌沙
奉議大夫都事　承事郎嶺
兒　和錫檀迪奴思　省管勾劉
字仲明　都帖木兒
徵事郎都事□
伯要兀台字彦
暉

右第一、第二、第三列。

上闕賴
上闕出　政事咬哥
榮祿大夫嶺
上闕焉　北行省平章

上闕理　　政事倉赤
上闕題　　銀青榮禄大
上闕久　　夫嶺北行省平
上闕孰　　章政事蠻子
上闕至　　光禄大夫嶺
上闕北　　北省平章政
上闕記　　事蛮子
上闕月二十八日建

右第四、第五列。

北行省左丞　　北行省叅知
木八剌沙　　政事李伯述
榮禄大夫嶺　　中奉大夫丁元
北行省左丞　　中奉大夫□□
塔海鐵穆爾　　中奉大夫□□
資善大夫左　　中奉大夫叅知

丞阿忽刺　　　　政事白守忠

右第六、第七列。

右題名佚去年月，以《元史・宰相年表》考之，蠻子以元順帝至正十五年拜中書右丞，至二十六年二十七年均官平章政事。其官嶺北平章，不知在何年，然必順帝中葉也。　木八剌沙嘗爲南臺監察御史，許有壬父熙載仕長沙，既殁，諸生思之，爲立東岡書院。木八剌沙以睚眦怨，言書院不當立，有壬兄弟遂稱病歸。見《元史・有壬傳》。

此碑文七列，前三列章本別爲一碑。今據以校録，增釋字十二，補半字二，正誤字二。後四列章本作咬哥等題名，據拓本校録，增釋字十一，補半字三，正誤字二。

漢冢石

碑上截斷泐，存字八行，行存二十四字。額題「漢塚」二字，均正書。

上闕塚□□□□□□□□□□—上闕□□□以□亂者直與□□□而和林□□之嚴□迄亢多□—上闕居於漢地。其親之死，棺椁衣衾，卜其宅兆。若見聞遊□□□□—上闕焉。以和林去漢地之遠，其親之死，不能□□□者，其孝□人仁—上闕是以徐君與其衆言之，于和林□人□□習里罕處以□其葬—上闕和林之東北三十里小山之外，爲衆人塚墓之所，使得衎□漢—上闕

□□□□□□□□□□□□□□訁□葬之地□□□□□□上闕□□□□□□□□□□□□□□□

□□□先塋之所在則□—下—闕

右《義塚碑》，碑有額二字，塚上似漢字蓋。碑文云：「和林去漢地之遠」，知其葬漢人於此，故曰漢塚也。《輟耕録》：「漢人八種： 契丹、高麗、女直、竹因、術里闊歹、竹温、竹亦歹、渤海，而南宋人稱南人，不與焉。然則云漢者，對蒙古、色目而言也。」

此碑校録，增釋字八，補半字五，正誤字一，刪釋而不確字一，據章本增字十一。

〔校記〕

闕特勤碑

〔一〕此碑於一八八九年在蒙古鄂爾渾河流域上游呼舒（或作「和碩」）柴達木湖畔喀拉和林遺址附近發現。碑正面、左右兩側是突厥文，背面是漢文。《增補校碑隨筆》謂漢文碑文係唐玄宗李隆基撰並書。

此碑末所書建碑時間，芬蘭本作「大唐開元廿年歲次壬申十二月辛丑朔七日丁未書」，鈴木本作「大唐開元廿年歲次壬申七月辛丑朔七日丁未建」。

苾伽可汗碑

〔二〕此碑與闕特勤碑同時同地發現，二碑型制雷同。

回鶻毗伽可汗聖文神武碑

〔三〕此碑發現于蒙古前杭愛省的哈拉巴勒嘎斯城址。碑文用漢文、突厥文和粟特文刻成，三種文字中漢文部份保存最好。

高昌磚録

往在海東，於住吉之二樂莊，觀大谷氏光瑞所得吐魯番古専誌，審定爲高昌麴氏時遺物。既據以作《高昌麴氏年表》並手録誌文入《西陲石刻後録》，藉知高昌年號有延昌、延和、延壽。嗣又於《麴斌造寺碑》得建昌，於《高昌寫經》得甘露，均爲麴氏有國時元號，爲諸史高昌傳所不載。顧尚惜所見専誌才十餘品，頗意他日當有續出者，乃閱歲十有九，果續出専誌百餘。黄氏文弼編印爲《高昌専集》，復於此得章和、永平、和平、義和、重光五號，爲之驚喜，如得瓌寶。乃合前後所見諸誌之屬麴氏有國時者，百有五品，手寫其文，據所記年、干支、朔閏一一依長術校覈，以定當中土時代。此百有五品中，在海東手録者十，據影本録入者七十有一，他二十四品則文字黯澹，不可寫影，黄氏據専録出，予復據黄氏傳寫。其不能無亥豕之譌可知，故一一注記文末，以示之别。既成，顔之曰《高昌専録》。復將年表補正付影印以傳之，俾言高昌史事者考焉。壬申首夏，歲寒退叟書。

目録

高昌磚録

張歸宗夫人索氏墓表

章和七年，丁巳歲，十一月壬戌丨朔，十五日乙亥，平遠府禄事參丨軍張歸宗夫人索氏墓表。

右磚墨書三行。此後尚有字三行，似刻字。首行章和七年，次行丁巳□□廿一日，均可辨，餘不可識。「丁巳」當梁大同三年。是年十一月正是壬戌朔，與磚合。惟十五日值丙子，此作「乙亥」，誤差一日。

畫承章及夫人張氏墓表〔一〕

章和十六年，歲次析木之津，冬丨十二月己巳朔，三日辛未，高昌兵部丨主薄，轉交河郡户曹參軍、壓丨中中郎將，領三門子弟諱承章丨□□春秋七十有八。畫氏之墓表。

夫人張氏，永平二年歲在鶉丨火，二月辛巳朔，廿五日乙巳，合葬丨。上天愍善，享年七十有九。

右前五行刻字填朱，後三行朱書。「章和十六年」當梁中大同元年。是年十二月正是己巳朔，與磚合。「永平二年」當梁大寶元年，是年二月正是辛巳朔。

汜靈岳墓表[二]

章和十八年，歲次壽星，夏—六月朔辛酉，九日己巳，田地郡虎牙將軍、內幹將，轉—交河郡宣威將軍、殿中中—郎領三門□□將，字靈岳，春秋六十有七，卒。汜氏之墓表。

右磚刻字填朱。「章和十八年」當梁太清二年。是年六月正是辛酉朔。

田元初墓表

永平元年，歲在鶉—尾，三月朔丙辰，廿—四日己卯，交河郡—鎮西府兵曹參軍—，但旻天不弔，享年—六十有四，字元初。田氏之墓表。

右磚刻字填朱。「永平元年」當梁太清三年。是年三月正是丙辰朔。

汜紹和及夫人張氏墓表

和平二年，壬申歲，八月朔—丙申，鎮西府虎牙將軍，領—內幹將汜紹和，七月廿七日—卒，春秋五十有八也。以八—月一日申時，葬於墓也。

夫人燉煌張氏，享年六十二。

右磚前五行朱書，後一行墨書。「壬申」當梁承聖元年。是年八月正是丙申朔。

孟宣宗墓表〔三〕

和平四年，甲戌歲，九月|朔甲申，五日戊子，鎮西|府□事，遷功曹吏，但昊|天不弔，享年五十有二|，寢疾卒，字宣宗。孟氏之墓表。

右朱書。「甲戌」當梁承聖三年。是年九月正是甲申朔。

趙榮宗夫人韓氏墓表〔四〕

建昌元年，乙亥歲，正月|朔壬午，十二日水巳，鎮|西府侍內幹將趙榮宗|夫人韓氏，春秋六十有|七，寢疾卒。趙氏妻墓|表。

右磚墨書。「乙亥」當梁紹泰元年。是年正月正是壬午朔。

任叔達妻袁氏墓表

建昌二年，丙子歲，十月朔壬|申，廿八日己未，鎮西府客|曹參軍、録事參軍任𣏟|達妻，張掖

赤氏之墓|表。

右磚刻字填朱。「丙子」當梁太平元年。是年十月正是壬申朔。惟廿八日值己亥，此誤作己未。

任□□墓表

建昌三年，歲次星|記，六月朔戊辰，十|五日壬午，但旻天不|弔，享年五十有一。任□|□之墓表。

右磚墨書。「建昌三年」當梁太平二年。是年六月正是戊辰朔。

麴那妻墓表〔五〕

建昌四年，戊寅歲，二月甲子|朔，十六日戊寅，兵曹|司馬麴鄁妻喪於|交河城西。白字阿皮女|。麴氏之墓表。

右磚朱書。「戊寅」當陳永定二年。是年二月正是甲子朔。惟十六日值己卯，此誤差一日。

田紹賢墓表

建昌五年，己卯歲，四月—朔戊午，廿九日丁亥，鎮—西府兵曹參軍紹賢，但旻—天不弔，春秋卌有九，寢疾—卒。田氏之墓表。

右磚墨書。「己卯」當陳永定三年。是年四月正是戊午朔。

任夫人袁氏墓表〔六〕

延昌元年，辛巳歲，十一月—朔辛卯，廿五日乙卯，交河郡—客曹參軍，春秋八十—有九，任氏之墓表。—夫人張掖袁氏。

右磚墨書，據寫本入録。「辛巳」當陳天嘉二年。是年十一月乃癸卯朔，二十五日丁卯，此誤。

張氏墓表

延昌□年，壬午歲，四月朔—庚子，十一日庚戌，鎮西府—省事後□功曹寢疾—卒，春秋□□八有。塟—於西陵。張氏□□表。

右磚朱書。「壬午」當陳天嘉三年。延昌元年爲辛巳，此稱「壬午歲」，知「延昌」下乃「二」字。是年四月，正是庚子朔。

索演孫妻張氏墓表〔七〕

延昌三年，水未歲，十月朔—辛卯，廿八日戊午，記諠叅—軍妻張氏之墓表。

客曹𠂔令兵□索演孫

右磚刻字填朱。「水未」即癸未，當陳天嘉四年。是年十月壬辰朔，此作辛卯，誤差一日。

孟宣住墓表〔八〕

延昌三年，水未歲—，十二月廿五日。孟—宣住之墓表。

右磚朱書，據寫本入録。

徐寧周妻張氏墓表

延昌四年，甲申歲—，三月己未朔，十七日—乙亥，虎牙將軍，後遷明威將軍，遥遥郡徐—寧周妻，金城張氏之—墓表。

右磚朱書，日本大谷氏藏。「甲申」當陳天嘉五年。是年三月正是己未朔。

王阿和墓表

延昌五年，歲在乙酉，□｜月朔水丑，廿日壬申平｜廿二日甲戌，薨｜。王阿和之墓表。

右磚墨書。「乙酉」當陳天嘉六年。是年四月癸丑朔，「乙酉」下乃「四」字。

史祐孝墓表〔九〕

延昌五年，乙酉歲，十｜二月己酉朔，十一日｜己未，初鎮西府省事｜，遷交河郡□曹史，轉｜交河田曹司馬，追贈｜高昌司馬，建康史祐｜孝之墓表。

右磚朱書。「乙酉」當陳天嘉六年。是年十二月正是己酉朔。

曹孟祐墓表〔十〕

延昌七年，歲卯聚呰｜，望舒建于隆婁，上旬｜五日，日維析木，户曹｜參軍曹孟祐，春秋六｜十有一，於丁酉日戌｜時，寢疾卒，文表於｜墓也。

右磚朱書。「延昌七年」當陳天康元年。

索守猪妻賈氏墓表〔十二〕

延昌七年，歲卯聚呰|，望舒建于實沇，下旬|二日，日維辛卯，兵曹|參軍索守猪妻賈氏|，春秋六十有五靈□□|，文表於墓。

右磚朱書。

袁穆寅妻和氏墓表

延昌九年，己|丑歲，十一月|丙戌朔，廿日乙|卯，袁穆寅妻和|氏之墓表。

右磚墨書。「己丑」當陳太建元年。是年十一月正是丙戌朔。

令狐天恩墓表

延昌十一年，辛卯歲|，四月朔戊寅，六日水|未，前爲交河郡内幹|將，後轉遷户曹參軍|，字天恩。春秋六十有|八。令狐氏之墓表也。

右磚墨書。「辛卯」當陳太建三年。是年四月正是戊寅朔。

張阿□墓表

延昌十二年，歲御壽星丨，望舒建於星記，下旬九丨日，日維丙辰，新除鎮西丨府散望將□□省事，又丨轉□□兵叅軍，復遷爲丨户曹司馬，字阿□，春秋丨七十咸一。原出敦煌功丨曹後也。靈柩葬，題文於丨墓。張氏之墓表者也。

右磚朱書。「延昌十二年」當陳太建四年。

索守猪墓表

延昌十二年，壬辰歲丨，十一月朔己亥，十五丨日辛亥，新除兵曹主丨薄，後遷爲兵曹叅軍丨索守猪，敦煌北府人丨也，春秋九十咸二，寢丨疾卒於交河岸上。靈丨柩葬之墓表。

右磚朱書，據寫本入録。「壬辰」當陳太建四年。是年十一月正是己亥朔。

□忠賢妻高氏墓表〔十二〕

延昌十三年，水巳歲丨，□月□丁酉破，上旬丨□日□亥，□□爲交丨□□小門散望將，□丨□於交河岸上。□□丨七十□□，字忠賢□丨妻高氏之墓表。

右磚朱書。「癸巳」當陳太建五年。是年二月爲丁酉朔，「月」上乃「二」字，丁酉三日爲己亥，「上旬」下當是「三日己亥」。

任□慎妻墓表

延昌十三年水巳〓歲，二月十四日，任〓□慎妻墓。

右磚朱書。「癸巳」當陳太建五年。

趙榮宗墓表

延昌十三年，水巳歲〓，二月朔丁酉，十六日〓壬子，今補撫軍府主〓薄，復爲内幹將，更遷〓爲内行衆軍，痡疾於〓交河堓上，春秋八十〓，字榮宗。趙氏之墓表。

右磚刻字塡朱。「水巳」當陳太建五年。是年二月正是丁酉朔。

索顯忠妻曹氏墓表

延昌十三年，水巳歲〓，三月朔丙寅，廿六日〓辛卯，虎牙將軍索顯〓忠妻曹氏寢疾，卒。靈柩葬，文表於墓也。此五字格一行寫。

右磚朱書。「水巳」當陳太建五年。是年三月爲丁卯朔，此誤差一日。

王鼠奴墓表〔十三〕

延昌十三年，水巳歲一，四月廿七日，客曹叅一軍，春秋七十四咸一，王鼠奴卒于一西崖。

右磚朱書。

毛弘弘墓表〔十四〕

延昌十三年，水巳歲，十一月水巳朔，廿六日戊午一，户曹主薄毛弘一弘之墓表。

右磚墨書。「水巳」當陳太建五年。是年十月正是癸巳朔。

張買得墓表

延昌十五季，乙未歲，七月一癸丑朔，九日辛酉，鎮西府一散望將，追贈功曹吏，昊一天不弔，春秋五十有六，字買一得。張氏之墓表。

右磚墨書。「乙未」當陳太建七年。是年七月正是癸丑朔。

麴謙友墓表

延昌十七年，丁酉歲—，正月甲戌朔，廿三日—丙申，故處仕麴謙友—，追贈交河郡鎮西府—功曹吏麴君之墓表。

右磚刻字。「丁酉」當陳太建九年。是年正月爲乙亥朔，誤差一日。

麴彈那墓表〔十五〕

延昌十七季，丁酉歲，七月壬申朔—，鎮西府帶閣主薄，遷兵曹司馬—，追贈高昌兵部司馬，字彈那，—春秋六十九，寢疾，卒。夫人燉煌張氏—。麴氏之墓表。

右磚墨書。「丁酉」當陳太建九年。是歲七月正是壬申朔。

張神忠墓表

延昌十九年，己亥—歲，三月朔壬辰，二—日□巳，客曹主薄—張神忠，春秋五十—有五，寢疾，卒於□—內。張氏之墓表。

右磚朱書，據寫本入録。「己亥」當陳太建十一年。是年三月正是壬辰朔。

□儒子墓表〔十六〕

延昌十九秊，己亥歲，八月一己未朔，十七日，寢疾，卒一。昊天不弔，享秊廿有一七。友朋悼懆，鄉閭悲悛。廿日一瘞於墓。字儒子。

右磚墨書。「己亥」當陳太建十一年。是歲八月爲庚申朔，此誤差一日。

郭恩子妻解氏墓表

延昌廿年，庚子一歲，九月朔癸未一，廿五日丙午開一，郭恩子妻解氏一之墓表。

右磚大谷氏藏，朱書。「庚子」當陳太建十二年。是年九月正是癸未朔。

孟氏妻墓表

□□二十年，庚一□□□七日，孟氏妻一□□□□之墓。

右磚朱書，據寫本入録。案，延昌二十年爲庚子，此「二十年」上當是「延昌」，「庚」下當是「子」字。

阿卷馬氏墓表〔十七〕

延昌廿一年，辛丑歲｜，五月己酉朔，廿七日｜乙亥，鎮西府虎牙將｜軍，更遷明威將軍，復｜□宣威將軍，追贈殿｜中中郎將，春秋六十｜□，阿卷馬氏之墓表。

右磚朱書。「辛丑」當太建十三年。是歲五月正是己酉朔。

王理和妻董氏墓表

延昌廿一年，辛丑歲｜，十二月十九日，虎牙將｜軍王理和妻，年七十有七。董氏｜之墓表。

右磚朱書。

蘇玄勝妻賈氏墓表〔十八〕

延昌廿二年，壬寅｜歲，正月朔乙巳，九｜日水丑，户曹參軍｜黨内事蘇玄勝妻｜賈氏，春秋六十有｜六。

右磚朱書。「壬寅」當陳太建十四年。是歲正月正是乙巳朔。

賈買苟妻索氏墓表

延昌廿二年，壬寅歲，二月—朔乙亥，廿一日乙未，虎牙—將軍、相上將賈買苟—妻索氏謙儀之墓表。

右塼大谷氏藏，朱書。「壬寅」當隋開皇二年。是年二月正是乙亥朔。

畫神邕妻周氏墓表〔十九〕

延昌廿二年，壬—寅歲，四月甲戌—朔，三日丙子，鎮—西府田曹參軍—畫神邕妻，建康—周氏之墓表也。

右塼朱書。「壬寅」當陳太建十四年。是年四月正是甲戌朔。

麴顯穆墓表

延昌廿四年，甲辰—歲，二月朔水巳，二—日甲午，新除兵曹—參軍麴顯穆，春秋—七十有七。麴氏之—墓表。

右塼朱書。「甲辰」當隋開皇三年。是歲二月正是癸巳朔。

索氏夫人墓表〔二十〕

延昌廿五年，乙巳━歲，八月朔乙酉，廿━二日丙午，户曹叅━軍妻遇患殞喪，春━秋七十有七。索氏━夫人之墓表。

右磚朱書。「乙巳」當隋開皇五年。是歲八月朔正是乙酉。

賈買苟墓表

延昌廿六年，丙午歲━，四月朔辛巳，十一日━辛卯，虎牙將軍，後遷━相上將，追贈宣威將━軍賈買苟之墓表。

右磚大谷氏藏，朱書。「丙午」當隋開皇六年。是年四月正是辛巳朔。

張氏墓表〔二十一〕

延昌廿七年，丁未歲━，五月朔甲戌，十七日━庚寅，衲爲虎□將軍━，後轉内幹將，□遷追━贈明威將軍，於交河━郡薨亡於位，春秋八━十。張氏之墓表。

右磚朱書。「丁未」當陳禎明元年。是年五月正是甲戌朔。

劉氏墓表〔二十二〕

延昌廿七年，丁未|歲，□□□壬申，十|三日甲申，新除追|贈虎牙將軍，於交|河岸上遇患殞喪|，春秋卌有二。劉氏|之墓表。

右磚朱書。是年十一月爲壬申朔，「壬申」上不可辨之字當是「十一月」三字。

田孝養妻蘇氏墓表〔二十三〕

延昌廿七年，丁|未歲，九月朔□|□開十二日□|□，虎牙將軍田|孝養妻，武公蘇|氏之墓表。

右磚朱書。是年九月爲癸酉朔，「朔」下當是「癸酉」，「十二日」下當是「甲申」，而書迹似「九月朔壬申，開十二日水未」，均誤差一日。

周氏墓表〔二十四〕

延昌廿八年，戊申|歲，正月□□□，廿|二日□□□□|妻遇□□□□□|位□□□十有二|。周氏□□之墓表。

右磚朱書。「戊申」當陳禎明二年。是年正月辛未朔，「正月」下當是「朔辛未」。

□買得妻王夫人墓表〔二十五〕

延昌廿八年，戊申歲|，五月朔己巳，十四日壬午|，功曹買得妻遇患殞喪|，春秋五十有五。王氏|夫人之墓表。

右磚朱書。是年五月朔正是己巳。

麴懷粲妻王氏墓表〔二十六〕

延昌廿九□□□歲|，十月朔庚□，五|日甲子，倉部司馬|麴懷粲妻遇患殞|喪，春秋六十有六|。王氏夫人之墓表。

右磚刻字填朱。是年當陳禎明三年，「歲」上二格當是「己酉」二字。是年十月庚申朔，「庚」下乃「申」字。

郭恩子墓表

延昌廿九年，己|酉歲，十一月朔|庚寅，十八日丁|未，虎牙將軍郭|恩子之墓表。

右磚大谷氏藏，朱書。「己酉」當隋開皇九年，是年十一月正是庚寅朔。

任顯文墓表

延昌廿年，庚戌歲，四月丁▬巳朔，交河郡賊曹叅軍▬，追贈田曹録事叅軍顯文▬，廿六日壬午喪於墓，春▬秋七十有二。任氏之墓表。

右磚刻字填朱，據寫本入録。「庚戌」當隋開皇十年。是年四月爲戊午朔，此誤差一日。

麴懷粲墓表〔二十七〕

延昌廿一年，辛亥歲，三▬月朔壬午，九日庚寅，新除▬交河中兵叅軍，轉遷客曹▬司馬，更遷倉部司馬，追▬贈倉部長史，金城▬麴懷祭之墓表。

右磚朱書。「辛亥」當隋開皇十一年。是年三月爲癸未朔，此作「壬午」誤差一日。

畫伯演墓表

君字伯演，田曹叅軍畫纂之▬孟子。便弓馬，好馳射，侵疾卒▬，春秋卌有五。延昌廿一季辛亥歲，十月十四日喪於廟。畫氏之墓表。

右磚墨書。

孟孝□墓表〔二十八〕

延昌卅一年，辛亥歲，十｜二月朔□戌，⿱瓦皿日辛酉｜□□□交河城中鎮西府｜□□□將，春秋七十□｜□，□□郡人也，字｜孝□。孟氏之墓｜表也。

右磚朱書，據寫本入録。「辛亥」當隋開皇十一年。是年十二月乃戊申朔，十四日值辛酉，此作「十二月朔□戌」，又「戌」下「⿱瓦皿」字亦不可識，殆傳寫有譌。

汜崇慶墓表

延昌廿二年，壬子歲｜，閏正月丁未朔，十七｜日癸亥，新除內直主｜薄，後遷內直參軍，追｜贈殿中將軍汜崇慶｜之墓表之焉也。

右磚大谷氏藏，朱書。「壬子」當隋開皇十二年。是年正月丁未朔，前一年閏十二月戊寅朔，《通鑑目録》作「正月戊寅朔」「二月丁未朔」，有閏二月。此又作「閏正月丁未朔」並誤。

田賢文墓表

延昌廿二年，壬子｜歲，五月朔乙亥，十｜日甲申，春秋七十｜有□，□於交河堓｜上，户□□軍賢｜文田氏之墓表。

右磚朱書。「壬子」當隋開皇十二年。是歲五月爲丙午朔，此作「乙亥」，誤。

衛孝恭妻袁氏墓表

延昌廿三年，水丑歲，十一｜月朔丁酉，上旬七日□惟｜癸卯，交河内散望將衛孝｜恭妻，源州武威袁氏，春秋｜六十有七，□□此十月晦｜日，奄背殯喪。靈柩⿱死土，表文。

右磚朱書，據寫本入録。「癸丑」當隋開皇十三年。是年十一月正是丁酉朔。

索妻張孝英墓表

延昌廿□年，乙卯歲，十一｜月朔乙卯，四日丁巳，鎮｜西府虎牙將軍、三門將｜索氏妻孝英，春秋八十｜有一。張氏夫人之墓表。

右磚朱書。「乙卯」爲延昌三十五年，「年」上乃「五」字，當隋開皇十五年。是年十一月正是乙卯朔。惟四日值戊午，此誤差一日。

户曹□□墓表

延昌廿六年，丙辰歲｜，正月朔甲寅，十一日｜甲子，鎮西府户曹□｜□□□□□□□□｜□□□□□□□□□□□

右磚朱書，據寫本入録。「丙辰」當隋開皇十六年。是年正月正是甲寅朔。

曹智茂墓表〔二十九〕

延昌廿七年，丁巳歲｜，八月朔乙巳，廿日甲午｜，兵曹參軍曹智茂，春｜秋七十有九，寢疾□□｜，靈柩葬□□□□□。曹氏之墓表。

右磚墨書。「丁巳」當隋開皇十七年。是年八月正是乙巳朔。

殿中□□墓表

延昌廿八年，戊｜午歲，二月壬寅｜朔，二日癸卯，新｜除虎牙□□，追贈｜殿中□□□□伯□之下泐二三字，不明。

右磚大谷氏藏，朱書。「戊午」當隋開皇十八年。是年二月正是壬寅朔。

任□□墓表〔三十〕

延昌廿九年，己未一歲，正月朔丁丑，廿五一日庚寅，□□□□□兵曹叅軍□□□，春一秋六十有□。任□□□表。

右磚墨地朱書，據寫本入録。「己未」當隋開皇十九年。是年正月爲丁卯朔，二十五日值辛卯，此作「丁丑朔廿五日庚寅」，丑乃「卯」之誤，五乃「四」之誤。

麴孝嵩妻張氏墓表

延昌卌年，庚申歲，閏一三月辛酉朔，十九日一己卯，新除萡上將，後一遷爲曲尺將，後遷爲一巷中將，金城麴麴孝一嵩妻張氏之墓表。

右磚朱書。「庚申」當隋開皇二十年。是年閏正月辛卯朔，二月庚申朔，三月庚寅朔，四月己未朔，此作「閏三月辛酉朔」誤四月爲閏三月，又差二日。

馬氏墓表

延昌卌一年，辛酉｜歲，四月朔甲寅｜，十一日甲子，追｜贈明威將軍，春｜秋六十有二。馬｜氏之墓表。

右磚朱書。「辛酉」當隋仁壽元年。是年四月正是甲寅朔。

索顯忠墓表

延昌卌一，辛酉歲｜，十月朔辛亥，九日｜己未，新除虎牙將｜軍，轉遷爲内將索｜顯忠，昊天不弔｜，□便殞喪，春秋｜七十有七。索氏之墓表。

右磚朱書。是年十月正是辛亥朔。

鞏氏妻楊氏墓表

延和元年，壬□歲，□｜月丙子朔，八日癸未，新｜除王國侍郎，轉爲交｜河户曹司馬，張掖鞏｜氏妻，弥猴楊氏｜□□之墓表焉。

右磚朱書。「延和元年」當隋仁壽二年壬戌。「壬」下乃「戌」字，是年九月爲丙子朔，「月」上乃

「九」字。

唐元護妻令狐氏墓表

延和二年，癸亥歲，三一月朔壬寅，廿九日庚□一，內將唐元護妻令狐一氏，寢疾薨亡，春秋卌一有五。令狐氏夫人之墓表。

右磚朱書。「癸亥」當隋仁壽三年。是年三月朔爲癸卯，此作壬寅，誤差一日。

趙榮宗妻□氏墓表〔三十一〕

延和三年，□□歲一，九月朔甲□，□□乙未，鎮西府□□一叅軍趙榮宗□□一氏，春秋八十有□一。趙氏之墓表。

右磚朱書。是年當隋仁壽四年甲子。「歲」上乃「甲子」二字。九月爲甲午朔，二日爲乙未，「甲」下乃「午二日」三字。

□□墓表〔三十二〕

延和四年，□丑歲，潤七一月朔己未，□九日□□，鎮一西府追贈□□□□□一□□遇□□□，春秋一卌有四。□□之墓表。

右磚朱書。「延和四年」當隋大業元年乙丑。「丑」上乃「乙」字。是年閏七月正是己未朔。

賈羊皮墓表〔三十三〕

延和七年，戊辰歲，二月一朔甲戌，廿一日甲一午，鎮西府田曹主薄一賈羊皮，今皇天不憖一，奄□命終，春秋六十一有四。賈氏之墓表。

右磚朱書。「戊辰」當隋大業四年，是年二月正是甲戌朔。

張時受墓表

延和八年，己巳歲，二月一朔戊戌，卅日丁卯，新除一張時受，今於二月廿三一日，遇患殞喪，終於位。春一秋卅有八。以到車靈柩，一殯喪於墓。張氏之墓表。

右磚朱書。「己巳」當隋大業五年，是年二月正是戊戌朔。

孟氏墓表

延和八年，己巳歲，八月一朔乙未，十二日丙午一，鎮西府録事參軍孟一子，今於此月遇患殞一喪，春秋七十。以軌車靈柩一，殯埏於墓。孟氏之墓表。

右磚朱書。是年八月正是乙未朔。

麴孝嵩墓表

延和九年，庚午歲，正一月十一日，新除鹿門一子弟將，遷殿中中郎將，追贈殿中將一軍麴孝嵩之墓表。

右磚大谷氏藏，粉書。「庚午」當隋大業六年。

唐仲謙墓表

延和十年，辛未歲一，五月朔乙酉，十日甲午一，鎮西府將唐仲謙遇一患殞喪，春秋六十有一七。以到車靈柩埏一於墓。唐氏之墓表。

右磚據寫本入録，朱書。「辛未」當隋大業七年。是年五月正是乙酉朔。

王皮苟墓表〔三十四〕

延和十一年，壬申歲，□一月朔庚辰，六日乙□一，鎮西府王皮苟遇□一殞喪，春秋五十有

□一。以軌車靈柩殯喪□一墓。王氏之墓表。

右磚朱書。「壬申」當隋大業八年。是年二月庚辰朔，六日值乙酉。此磚「月」上乃「二」字，「乙」下乃「酉」字。

任謙墓表〔三十五〕

延和十一年，壬申歲一，五月己卯，廿三日辛一丑，鎮西府内將任謙遇患一殞喪，春秋七十有三。以一軔車靈柩，殯喪於一墓。任氏之墓表。

右磚朱書。「壬申」當隋大業八年。是年五月正是己卯朔。

張伯□妻王氏墓表〔三十六〕

延和□□年，癸酉歲一，正月朔丙子，十六日辛一卯，鎮西府張伯□妻王一氏遇患殞喪，春秋五十一有二。以軌車靈柩，殯塟一於墓。王氏夫人之墓表。

右磚朱書。「癸酉」乃延和十二年，當隋大業九年。「延和」下乃「十二」二字。是年正月正是丙子朔。

唐幼謙妻麴氏墓表〔三十七〕

義和二年，乙亥歲—，六月朔辛酉，卅日—庚寅，新除唐幼謙—妻□氏身患殞喪，春秋五十有七。以到—車靈柩，殯巠於墓。麴氏夫人之墓表。

右磚朱書。「乙亥」當隋大業十一年。是年六月壬戌朔，此誤差一日。

趙僧胤墓表

義和三年，丙子歲，十二—月癸未朔，六日□□，新—除趙僧胤今於此月—遇患殞喪，春秋七十—有一。以到車靈柩殯巠於墓。趙氏之墓表。

右磚朱書。「丙子」當隋大業十二年。是年十二月正是癸未朔。

唐舒墓表〔三十八〕

義和四年，丁丑歲，□□朔壬—子，八日己未，鎮西府□□户—曹參軍，轉遷□□□□，後更轉遷辶□□□□—唐舒卒。遇□□□□薨亡—，春秋七十□□。以到車靈—柩，殯巠於墓。唐氏□□□□。

右磚墨書。「丁丑」當隋義寧元年。是年正月壬子朔，此磚歲下乃「正月」二字。

□□墓表

義和四年，丁丑歲，以下字不明。

右磚朱書，據寫本入録。

王遵妻史氏墓表〔三十九〕

義和五年，□寅歲，五月朔乙—巳，十五日丁巳，新王遵妻—史氏□□□遇患薨□，春—秋□□□□□□□□□□。

右磚朱書，據寫本入録。「義和五年」當唐武德元年戊寅，此磚「年」下乃「戊」字。是年五月正是乙巳朔，十三日值丁巳，此作「十五日丁巳」，「五」乃「三」字傳寫之誤。

劉保歡墓表

重光元年，庚—辰歲，十一月廿—三日。劉保歡—之墓表焉。

右磚朱書。「庚辰」當唐武德三年。

張保守墓表

重光二年，辛巳歲，十—二月甲寅朔，十四日—丁卯，鎮西府客曹叅—軍張保守，春秋五—十有五。以剄車靈柩—，殯堊於暮。張氏之墓表。

右磚朱書。「辛巳」當唐武德四年。是年十二月爲癸丑朔，此作「甲寅」，誤差一日。

麴慶瑜墓表〔四十〕

重光三年，壬午歲，□—月辛未朔，七日丁丑—，新除鎮西府省事麴—慶瑜，遷功曹，更遷—帶閣主薄，轉遷田—□司馬，□□□□□—卒於交河□□，春秋—六十有五。麴氏之塋。

右磚朱書，據寫本入録。案：武德五年十二月中皆無辛未朔，三月五月均壬午朔，此作「辛未」誤差一日。磚文「月」上一字不知是「三」字抑「五」字。

范法子墓表

重光三年，壬午歲—，六月朔辛亥，廿八—日戊寅，故范法—子，追贈宣威將—軍，春秋五十六—，殯堊斯墓也。

右磚朱書，據寫本入録。「壬午」當唐武德五年。是年六月正得辛亥朔。

張氏墓表

延壽四年，丁亥歲，五月|壬子朔，十四日乙丑，鎮|西府□□□□□□□|□□□□□□□□|四□□車靈柩殯□□|□□。張氏墓表。

右磚朱書，據寫本入録。「丁亥」當唐貞觀元年。是年五月正是壬子朔。

趙悦子妻馬氏墓表

延壽七年，庚寅歲，七|月□□朔，十六日己卯|，□□府領兵將趙悦|子妻馬，春秋五十|有六，以到車靈柩□□|於墓。馬氏□□□。

右磚朱書。「庚寅」當唐貞觀四年。是年七月甲子朔，故十六日得己卯。此磚「朔」上乃「甲子」二字。

曹妻蘇氏墓表

延壽八年，辛卯歲|，正月辛酉朔，十三日癸|酉，鎮西府曲尺將|曹妻，春秋六十有|四，以到

車靈柩殯瘞一於墓。蘇氏之墓表。

右磚朱書。「辛卯」當唐貞觀五年，是年正月正是辛酉朔。

唐耀謙墓表〔四十二〕

延壽八年，辛卯歲一，十月丁亥朔，廿一一丙午，鎮西府門一散望將唐耀謙，春一秋七十有七，以到一車靈柩殯斯於墓一。唐氏之墓表。

右磚朱書。是年十月正是丁亥朔，惟廿一值丁未，此誤差一日。

史伯悦墓表

延壽八年，辛卯歲，十二一月朔乙巳，廿七日辛亥一，鎮西府新除省事□□一□主薄史伯悦，春秋六十一□八，以到車靈柩一□□暮。史氏之墓表。

右磚朱書，據寫本入録。「辛卯」當貞觀五年。是年十二月爲丙戌朔，此誤差一日。又，「乙巳」當是「乙酉」乃與廿七日辛亥合。

麴延紹墓表〔四十二〕

延壽九年，壬辰歲，三一月朔甲寅，卅日癸亥，鎮西府〻門散□□一麴延紹，春秋五十□一六，以剄車靈柩殯斯於一墓。麴氏之墓表。

右磚朱書。「壬辰」當貞觀六年。是年三月正是甲寅朔，但三十日值「癸未」，此作「癸亥」，誤。

趙悦子墓表

延壽九年，壬辰歲一，四月甲辰朔，廿七日一庚戌，鎮西府領兵一將趙悦子，春秋六十一有六，以剄車靈柩殯一□於墓。趙氏之墓表。

右磚朱書。壬辰四月乃甲申朔，故廿七日得庚戌，此作「甲辰朔」，誤。

趙充賢墓表

延壽九年，壬辰歲一，□月朔水丑，十一日□一□，鎮西府田曹叅一軍趙充賢，春秋七十一有五，以剄車靈柩殯一塟於墓。趙氏之墓表。

右磚墨書，據寫本入録。是年七月癸丑朔十一日值癸亥，此磚「月」上乃「七」字，「日」下乃「癸亥」二字。

麴悦子墓表

延壽九年，壬辰歲，十—月辛酉朔，十九日水—卯，鎮西府□□□□—將麴悦子，□□□□十有五，□□□□□殯埊□□□□。

右磚墨書，據寫本入録。是年十月爲辛亥朔，十九日值己巳，此作「辛酉朔，十九日水卯」，誤。

任阿慶墓表

延壽十年，癸巳—歲，二月己酉朔，十—九日丁卯，鎮西府官—左右有親侍任阿慶—，春秋六有九，以到車靈—柩殯斯於墓。

右磚墨地朱書，據寫本入録。「癸巳」當唐貞觀七年。是年二月正是己酉朔。

任法悦墓表

延壽十一年，歲次甲午—，正月朔甲戌，下旬四日—，西府交河郡民任法—悦，新除虎牙將軍，追—贈明威將軍，春秋五—十咸三，卒於辰時。以—到車靈柩，殯埊斯—墓。任氏之墓表也。

右磚朱書。「甲午」當唐貞觀八年。是年正月正是甲戌朔。

侯慶伯墓表

延壽十一年，歲次｜甲午，五月壬申朔｜，廿九日庚子，新除｜領兵將，遷兵部叅｜軍侯慶伯，春秋五｜十有八，殯葬斯墓。

右磚大谷氏藏，朱書。是年五月爲辛未朔，此誤差一日。

唐阿朋墓表〔四十三〕

延壽十一年，甲午歲｜，九月朔庚午，廿六日｜乙未，鎮西府交河郡｜□爲交河堺上博士｜、田曹叅軍唐阿朋，春｜秋六十有六，以剄車｜□□殯斯於墓。

右磚朱書。是年九月正是庚午朔。

王闍桂墓表

延壽十三年，丙申歲，二月｜朔辛酉，四日薪除甲子｜，交河郡民、鎮西府兵將｜王闍桂遇患殞廅，春秋｜七十有二。以剄車靈殯｜塟於墓。王氏之墓表。

右磚朱書。「丙申」當唐貞觀十年。是年二月乃壬戌朔，此誤差一日。文中「薪除甲子」當作「甲子新除」。

□□羅妻太景墓表

延壽十三年，丙申歲，十二━月十□，□西府交河郡民━、叅軍□□羅妻太景━，春秋五十有二，遇患□━喪。卒於辰時。以剅□━靈柩殯於墓。

右磚朱書，據寫本入録。

蘇□相墓表

延壽十五年，戊戌歲，十━一月朔丙午，十六日辛酉，新━田曹主薄，轉遷兵將，更━遷雜曹叅軍蘇□相━遇患殞喪，春秋六十━有一。以剅車霝殯塟斯墓。蘇氏之墓表。

右磚朱書，據寫本入録。「戊戌」當貞觀十二年。是年十一月爲乙巳朔，此誤差一日。

劉□□墓表〔四十四〕

鎮西府内主薄劉━□□□□□□□━歲御鶉尾，望舒建━平壽星，十月乙卯朔━，以申時卒於墓。

右磚朱書，無紀年附此。

〔校記〕

在標點時曾將此磚録與黄文弼先生《高昌塼集》（增訂本，中國科學院1951年12月版）互校，兹列其所異于下。

〔一〕畫承章及夫人張氏墓表：黄集作「畫承」無「章」字。磚文「諱承章□□」黄集作「諱承，字全安」。

〔二〕汜靈岳墓表：磚文「領三門□□將」，黄集作「領三門散望將」。

〔三〕孟宣宗墓表：磚文「鎮西府□事」，黄集作「鎮西府省事」，「但昊天不弔」黄集作「但旻天不弔」。

〔四〕趙榮宗夫人韓氏墓表：黄集作「趙榮宗妻韓氏墓表」。

〔五〕鞠那妻墓表：黄集作「鞠舥妻阿度墓表」。磚文「白字阿皮女」黄集作「白字阿度女」。

〔六〕任夫人袁氏墓表：黄集作「任氏及夫人袁氏墓表」從磚文内容看以黄集爲確。又黄集磚文在「客曹叅軍」後尚有「録事叅軍」四字。

〔七〕索演孫妻張氏墓表：磚文「客曹叅令兵□索演孫」之「□」處，黄集爲「将」字。

〔八〕孟宣住墓表：黄集磚文作「孟宣住之墓」，無「表」字。

〔九〕史祐孝墓表：磚文「遷交河郡□曹史」之「□」處，黄集作「功」字。

〔十〕曹孟祐墓表：磚文「歲卯聚呰」，黄集作「歲次浠聚呰」多一「次」字。

〔十一〕索守猪妻賈氏墓表：磚文「文表於墓」黄集作「文表於暮□」。其按謂「暮當作墓，下爲『也』字。

〔十二〕□忠賢妻高氏墓表：黄集作「唐忠賢……」。磚文黄集作「二月朔……三日己亥，□□爲交河縣……□疾於交河堓上，春秋七十有四，字忠賢，唐妻高氏之墓表」。

〔十三〕王鼠奴墓表：「鼠」字黄集寫作「𦥺」。

〔十四〕毛弘弘墓表：「弘弘」黄集寫作「𢎗𢎗」。

〔十五〕鞠彈那墓表：黄集作「鞠彈郍及妻張氏墓表」。

〔十六〕□儒子墓表：黄集作「儒子墓表」上未加「□」。磚文「友用悼懔，鄉閭悲悛」黄集作「友用悼暢，鄉閭悲悵」。

〔十七〕阿卷馬氏墓表：黄集作「馬阿卷墓表」。磚文「復□宣威將軍」、「□阿卷」，黄集作「復轉宣威將軍」、「字阿卷」。

〔十八〕蘇玄勝妻賈氏墓表：　黄集磚文在「六十有六」之後，尚有「□□於墓」。

〔十九〕畫神邕妻周氏墓表：　磚文「四月甲戌朔」之「戌」黄集作「辰」，原按謂「此誤作甲辰」。

〔二十〕索氏夫人墓表：　黄集作「户曹条軍妻索氏墓表」。

〔二十一〕張氏墓表：　黄集按「《馬阿卷墓表》有『虎牙將軍』，故虎下當爲『牙』字，此塼初出土時，牙字尚可辨也。遷上爲『更』字，亦見初出土時記載」。

〔二十二〕劉氏墓表：　黄集按謂壬申上泐字，「審其書迹，似『九月朔』三字」。

〔二十三〕田孝養妻蘇氏墓表：　磚文「九月朔□□」、「十二日□□」黄集作「九月朔壬申」、「十二日水未」。

〔二十四〕周氏墓表：　磚文「廿二日□□□」、「□位，□□□十有二」，黄集作「廿五日□□□」、「□位、春□□十有三」。

〔二十五〕□買得妻王夫人墓表：　黄集作「買得妻王氏墓表」。原按謂「……有《張買得墓表》，與此墓表同出於溝西張塋，則買得當姓張……」

〔二十六〕鞠懷粲妻王氏墓表：　黄集作「鞠懷祭妻王氏墓表」。磚文「鞠懷粲」，黄集作「鞠懷祭」。

〔二十七〕鞠懷粲墓表：　黄集作「鞠懷祭墓表」。黄集作「鞠懷祭」，此磚文亦作「祭」，且視其所附圖版，似以「祭」爲確。

〔二十八〕孟孝□墓表：磚文「延昌卅一年」黃集作「延昌廿一年」。其按謂「此處應云：『延昌卅一年辛亥歲，十二月朔戊申十四日辛酉塟於交河城中。』但原記録磚文如此。故仍次于延昌廿一年」。

〔二十九〕曹智茂墓表：磚文「廿日甲午」黃集作「廿日甲子」。「寢疾□□靈柩塟□□□□□」。黃集作「寢疾卒，靈柩塟」，無泐字空格，以所附圖版看，似以黃集爲確。

〔三十〕任□□墓表：磚文「正月朔丁丑」黃集作「正月朔丁卯」。

〔三十一〕趙榮宗妻□氏墓表：黃集作「趙榮宗妻趙氏墓表」。磚文「九月朔甲□□□乙未」，「趙榮宗□□氏」，黃集作「九月朔甲午，□日乙未」，「趙榮宗妻□氏」。

〔三十二〕□□墓表：黃集按謂「此塼初出土時，『九』上『十』字，尚可辨識」。

〔三十三〕賈羊皮墓表：磚文「奄□命終」，黃集作「奄便命終」。

〔三十四〕王皮苟墓表：黃集按，「據劉義叟《長曆》三月朔庚辰則月上爲『三』字，推至六日爲乙酉，則乙下爲『酉』字。此塼初出土時，酉字尚可辨也。」

〔三十五〕任謙墓表：磚文「五月己卯」，黃集作「五月朔己卯」，視所附圖版，似黃集爲確。

〔三十六〕張伯□妻王氏墓表：黃集作「張伯㕓妻王氏墓表」，磚文中之「張伯□」亦作

「張伯廋」。

〔三十七〕唐幼謙妻麴氏墓表： 磚文中之「唐幼謙妻□氏」，黄集作「唐幼謙妻麴氏」。

〔三十八〕唐舒墓表： 磚文「後更轉遷辶□□□」，黄集作「後更轉遷追□事□軍」。其按謂：「追下落『贈』字，事上爲『録』字，事下爲『叅』字，『録事叅軍』高昌官名」。

〔三十九〕王遵妻史氏墓表： 磚文黄集「春秋」下泐字九個。

〔四十〕麴慶瑜墓表： 磚文「遷功曹，更遷……」，黄集作「遷功曹吏更遷……」。

〔四十一〕唐耀謙墓表： 磚文「鎮西府門散望將」黄集作「鎮西府府門散望將」。

〔四十二〕麴延紹墓表： 黄集按，「散下爲『望將』二字，……又『六』上爲『有』字」。

〔四十三〕唐阿朋墓表： 黄集按，「春下爲『秋』字，剄車下當爲『窋柩』字」。

〔四十四〕劉□□墓表： 磚文「壽星十月乙卯朔」黄集作「壽星十日乙卯朔」。

海外吉金録

往在海東，既輯我國古石刻之流出各國者，爲《海外貞珉録》，欲並録我國古吉金之流出者，别爲一録。顧以古器之入歐美者，不能詳悉其名，因是中輟。比返國逾年，見古器之入市舶者日益衆，合以往日所記，其數且逾二百。因以三日之力，寫定爲《海外吉金録》。録中所載大率流出海東者，其歐美各國所得百才一、二而已，尚冀好事者爲我續焉。庚申六月二十六日，上虞羅振玉記於津沽集賢村舍。

鐘十　鐸一

己侯鐘六字。　簠齋舊藏，今歸日本住友氏。

楚公鐘十四字。　同上。

又十四字。　同上。

又十六字。　同上。

虘秉編鐘二十四字，可辨者十一字。　同上。

叡鐘二十五字。　同上。

又三十五字。　同上。

虢叔編鐘二十六字。　同上。

兮中鐘二十七字。　同上。

井人鐘四十二字。　同上。

谷𣪘鐸五字。《攈古録》作「析子孫鐸」。　上虞羅氏雪堂舊藏，今藏日本某氏。

鼎十三

手執干鼎一字。　端忠敏公匋齋舊藏，今藏日本某氏。

亞形辛字方鼎二字。　同上。

亞形中召夫足跡鼎二字。　利津李氏舊藏，今藏日本住友氏。

田父辛鼎三字。　近年山左出土，藏日本某氏。

子鼎□字。　簠齋舊藏，今藏日本小川氏。

內公鼎□字。　日本住友氏。

杏白鼎十六字，蓋無字。　簠齋舊藏，今藏小川氏。

中義父鼎十七字。　匋齋舊藏，今藏日本某氏。

匽侯旨鼎二十二字。　日本住友氏。

天君鼎二十五字。　簠齋舊藏，今藏小川氏。

旂鼎二十七字。　雪堂舊藏，今藏日本上野氏。

克鼎七十二字。　匋齋舊藏，今藏日本黑川氏。

鬲攸从鼎百字。　同上。

鬲六

作父丁鬲六字。　雪堂舊藏，今藏日本某氏。

中姞鬲六字。　日本住友氏藏。

王白姜鬲九字。　匋齋舊藏，今藏日本某氏。

艾白鬲十一字。　簠齋舊藏，今藏日本小川氏。

戱白鬲十五字。　日本住友氏藏。

召中鬲十五字。　諸城劉氏舊藏，今藏日本太田氏。

甗五

命甗四字。　雪堂舊藏，今藏日本某氏。

作父庚寶彝甗五字，中隔上一字。　日本住友氏藏。

西弗生甗六字。　匋齋舊藏，今藏日本某氏。

諸女甗七字。　匋齋舊藏，今藏日本黑川氏。

遇甗三十七字。　山左丁氏舊藏，今藏日本住友氏。

敦十四

中作寶尊彝敦十字。　簠齋舊藏，今藏日本小川氏。

周叔敦器、蓋各十五字。　匋齋舊藏，今藏日本某氏。

彔作文考乙公敦十七字，疑。　歸安陸氏舊藏，今藏日本小川氏。

白田父敦十八字。　匋齋舊藏，今藏日本某氏。

宗婦敦二十五字。　同上。

太保敦三十四字。　南海李氏舊藏，今入美國。

函皇父敦器、蓋各三十六字。　簠齋舊藏，今藏日本小川氏。

追敦蓋六十字。　雪堂舊藏，今藏日本某氏。

大豐敦七十七字，或作「聃敦」。　簠齋舊藏，今入歐洲。

伊敦百四字。　日本小川氏藏。

師寰𣪘百十七字。　匋齋舊藏，今藏日本某氏。
番生𣪘蓋百四十字。　同上。
頌𣪘器蓋各百五十二字。　同上。
頌𣪘蓋百五十二字。　雪堂舊藏，今藏日本某氏。

彝九

作彝二字，陽識。
田父甲彝三字。　近出山左，藏日本某氏。
木父丙彝三字。　日本住友氏藏。
⿰丮凡父辛彝三字。　同上。
白作寶尊彝五字。　同上。
尹作寶尊彝五字。　同上。
雝⿰晏寸彝六字。　匋齋舊藏，今藏日本某氏。
作且癸尊彝七字。　日本住友氏。
⿰豕欠彝十一字。《匋齋吉金録》作「□彝」。　匋齋舊藏，今藏日本某氏。

簠六

𡨦侯簠十七字。　雪堂舊藏，今藏日本某氏。

商邱叔簠十七字。　匋齋舊藏，今藏日本某氏。

又十七字。　同上。

楚子簠十九字。　同上。

又十九字。　同上。

鑄公簠二十一字。　雪堂舊藏，今藏日本某氏。

簋一

白大師簋器、蓋各十二字。　匋齋舊藏，今藏日本某氏。

尊十一

立戈尊一字，陽識。　匋齋舊藏，今藏日本某氏。

父戊尊二字。　日本住友氏藏。

鼎父已尊三字。　同上。

作寶尊彝尊四字。　同上。

□作父丁尊五字。　匋齋舊藏，今藏日本某氏。

父癸告田尊五字。　日本住友氏藏。

能阝季尊六字。　簠齋舊藏，今藏日本小川氏。

歐作父辛方尊器、蓋各八字。　日本住友氏藏。

文旁作父丁尊九字。　簠齋舊藏，今藏日本小川氏。

傳作父戊尊九字。　簠齋舊藏，今藏日本某氏。

父癸尊十二字。　日本麑岩氏藏。

壺三

作寶彝壺器、蓋各四字。　日本住友氏藏。

玄鳥壺四字。　匋齋舊藏，今藏日本黑川氏。

王白姜壺十二字。　匋齋舊藏，今藏日本某氏。

卣十七

日卣器、蓋各一字。　潘文勤公舊藏，今藏日本某氏。

申卣一字。　匋齋舊藏，今藏日本某氏。

子壬卣器、蓋各二字。　同上。

析木卣二字，無蓋。　同上。

田父甲卣三字，文逆讀。　近出山左，藏日本某氏。

且戊卣器、蓋各三字。　日本某氏藏。

丁冈卣三字。　日本住友氏藏。

作寶尊彝卣器、蓋各四字。　歸安丁氏舊藏，今藏日本住友氏。

子立父丁卣器、蓋各四字。　匋齋舊藏，今藏日本某氏。

立旂且乙卣器、蓋各四字。　同上。

䖒卣器、蓋各五字。　日本住友氏。

井季夐卣器、蓋各六字。　歸安丁氏舊藏，今藏日本住友氏。

白矩卣六字。　今入歐洲。

父乙卣器、蓋各七字。　簠齋舊藏，今藏日本小川氏。

𢼸作父辛卣器、蓋各七字。　日本住友氏。

析子孫父已卣器、蓋各九字。　匋齋舊藏，今藏日本某氏。

婦闟卣器、蓋各十二字。　日本住友氏藏。

觚二

子形觚一字。　匋齋舊藏，今藏日本某氏。

且壬觚二字。　日本住友氏藏。

觶二

癸觶一字。　日本住友氏藏。

重屋父已觶三字。　匋齋舊藏，今藏日本黑川氏。

斝三

子形斝一字。　諸城王氏舊藏，今入歐洲。

乙斝器、蓋各二字。　日本某氏藏。

田父甲斝器、蓋各三字。　近出山左，藏日本某氏。

角二

口丁且乙角四字。　雪堂舊藏，今藏日本某氏。

父乙爻角五字。　簠齋舊藏，今藏日本小川氏。

爵十九

鳥形爵一字，陽識。　匋齋舊藏，今藏日本某氏。

子爵一字，陽識。

父壬爵二字。　日本住友氏藏。

甲爵二字。　同上。

豕爵二字。　同上。

子爵二字。　簠齋舊藏，今藏日本小川氏。

爵形爵三字。

父戊爵三字。

田父甲爵三字。　近出山左，今藏日本某氏。

文父丁爵三字。　簠齋舊藏，今藏日本小川氏。

目形父癸爵四字。　匋齋舊藏，今藏日本黑川氏。

豆父癸爵四字。　同上。

子孫妣已爵四字。　同上。

子孫父癸爵四字。　日本某氏藏。

析子孫父已爵五字。　簠齋舊藏，今藏日本小川氏。

父乙爵七字。　匋齋舊藏，今藏日本某氏。

美爵八字。　簠齋舊藏，今藏日本小川氏。

盟爵十一字。　日本某氏。

盂爵二十一字。　簠齋舊藏，今藏日本小川氏。

盤三

重屋形盤一字。　匋齋舊藏，今藏日本某氏。

䏌侯作叔妊盤二十字。　同上。

歸父盤二十四字。　同上。

匜一

穌甫人匜十字。　簠齋舊藏，今藏日本小川氏。

盉二

父乙盉器、蓋各三字。　日本住友氏藏。

井侯盉三十字。　歸安丁氏藏，今藏日本住友氏。

符二

齊虎符半字六，填金書在脊上。　日本住友氏藏。

秦新郪虎符四十字，填金書在左側。　日本某氏藏。

古兵一

左矛四字。　日本某氏藏。

無文字古器五

銅鼓高二尺七寸五分，鈕爲兩鳥形，下有四足，鼓面紋如鼉甲，兩側人首形各一。　日本住友氏藏。

鴞尊高七寸五分，以首爲蓋，二足一尾。　日本住友氏。

饕餮卣二足一尾，並蓋爲饕餮形，口銜人頭，饕餮之首立一小夔。　盛伯羲祭酒舊藏，今藏住友氏。

旂鈴二鳥首，左右向上各有一鈴，乃鸞旂之鸞。　同上。

銅俎高六寸二分，長一尺四寸，濶四寸六分，花紋爲聯蟬，此殆安於鼎口者。　日本鳥尾氏藏。

秦器十五

永里鼎四字。　匋齋舊藏，今藏日本某氏。

右𦙶鼎五字，蓋無字。　同上。

不甘里鼎六字，在蓋。　匋齋舊藏，今藏日本黑川氏。

上官鼎十七字。　匋齋舊藏，今藏日本某氏。

衙鼎十九字，文在蓋。　匋齋舊藏，今藏日本黑川氏。

秦權四十字，十六斤。　匋齋舊藏，今藏日本黑川氏。

又四十字，八斤。　同上。

又四十字，八斤。　同上。

又四十字，八斤。　同上。

又四十字。　同上。

又四十字。　同上。

又四十字。　同上。

又四十字。　同上。

又已書未刻。　同上。

鄭武軍劍五字。　匋齋舊藏，今藏日本某氏。

漢器四十四　蜀漢器一

建平二年鐘三十六字。　雪堂舊藏，今藏日本某氏。

西鼎蓋、器各一字。　匋齋舊藏，今藏日本黑川氏。
長楊鼎七字。　匋齋舊藏，今藏日本某氏。
櫟厨鼎十字。　同上。
贊鼎十一字。　雪堂舊藏，今藏日本某氏。
中水鼎十二字，蓋無字。　匋齋舊藏，今藏日本某氏。
平陽鼎十二字，文在蓋上。　同上。
濕成鼎器十一字，蓋八字。　同上。
荀少夫鼎器十二字，蓋八字。　匋齋舊藏，今藏日本黑川氏。
犛車宫鼎器十四字，蓋十字。　匋齋舊藏，今藏日本某氏。
盩厔鼎器十字，蓋二十一字。　同上。
又器十七字，蓋可識者七八字。　同上。
汝陰鼎二十六字。　同上。
隃麋定陶鼎三十二字。　匋齋舊藏，今藏日本黑川氏。
壽成鼎器三十六字，蓋六字。　匋齋舊藏，今藏日本某氏。
平陽子家壺十四字。　同上。

義陽鍾三字。　匋齋舊藏，今藏日本黑川氏。
大監千万鍾四字，陽識。　匋齋舊藏，今藏日本某氏。
一石鍾八字。　匋齋舊藏，今藏日本黑川氏。
延熹元年鍾　匋齋舊藏，今藏日本某氏。
中和府鍾三十三字。　同上。
西鄉鈁四字，陽識。　匋齋舊藏，今藏日本黑川氏。
元始四年鈁三十六字。　雪堂舊藏，今藏日本某氏。
陽信家銅鉅鏤器八字，蓋十六字。　匋齋舊藏，今藏日本某氏。
塗金盤七字。　同上。
曲成錠十三字。　同上。
建始二年熨斗二十四字。　同上。
大泉五十熨斗《匋齋吉金録》誤作「鐎斗」。　同上。
又大泉五十泉。　匋齋舊藏，今藏日本黑川氏。
五鳳熨斗四十字。　匋齋舊藏，今藏日本某氏。
章和二年洗七字。　匋齋舊藏，今藏日本黑川氏。

永元三年洗七字。　同上。

中平三年洗五字。　日本説田氏。

建安二年洗十字。　匋齋舊藏，今藏日本黑川氏。

陽遂洗七字。　同上。

三公洗六字。　同上。

長宜子孫洗四字。　同上。

又四字。　同上。

吉字洗一字。　同上。

大吉宜王洗五字。　匋齋舊藏，今藏日本某氏。

宜牛犢鐸十字。　同上。

官律所平小銅器四字。　此器傳世甚多，然四字間皆有界格，此器無之。　日本富岡氏藏。

市官所平小銅器四字，陰款。　同上。

永和二年弩機二十七字。　同上。

章武二年弩機二十字。　同上。

晉以後器七

晉大康三年釜二十三字。　匋齋舊藏，今藏日本某氏。

隋范波若造象七十四字。　匋齋舊藏，今歸美國。

大合羅鐸三字。　匋齋舊藏，今藏日本某氏。

小合羅鐸三字。　同上。

聲震邊庭鐸八字。　同。

吳越金塗塔　日本金胎寺。

千佛銅牌皇統戊辰平陽府李稀造。　日本某氏。

共二百有五器。

補遺

此書成於庚申六月，再越歲，得日本住友氏藏器印本，知住友氏所藏又有續得者。爰補録於後。壬戌九月振玉記。

鐘

□□之孫鐘鉦上字二行，右銑字八字，每行三字，可辨者十餘字。

鼎

嫣日辛鼎十四字。

甗

井白甗五字。

大史友甗九字。

𣪕

彔作文祖辛公𣪕器、蓋各三十二字。

彝

父乙矢彝三字。

尊

鴞尊器、蓋各一「戈」字。

癸隹尊二字。

重屋形父已尊三字。

[illegible]作父辛尊七字。

卣

作寶彝卣三字。

[illegible]作父乙卣器、蓋各十七字。

競作父乙卣器、蓋各五十一字。

觚

耎觚一字。

角

宰椃作父丁角三十字，又鋬内二字。

爵

册爵一字。

魚爵一字。

丙爵二字。

析子孫父癸爵五字。

盉

戈𠬝作父丁盉器、蓋各六字。

漢以後雜器

宜侯王洗三字。

富昌宜侯王子孫洗七字。

吳晏印鉤二字。

魏比丘普貴爲父母造彌勒象太和二十二年。　背文六行，行字不等。

右共補二十四品

海外貞珉録

漢　石三十八　專四

孝堂左石室畫象弟一石有字九榜。　由萊州丁氏售歸歐洲。

鉤騎四人畫象字三榜。　同上。

東部督郵畫象字九榜。　同上。

君車畫象有字五榜。　陰畫龍虎，無字。法人物爾西氏藏。

偃師邢渠畫象有字十六榜。　近年出開封之白沙鎮，歐人馬龍氏攜回法京，今在美國。

泗水縣東五十里卞故城畫象無字，畫重屋形，樓上二人，樓下四人。　歐人瓦尼克氏攜歸法京。

嘉祥縣郊外畫象畫重屋形，樓中人正坐。　瓦尼克氏藏。

嘉祥縣南山中畫象畫二列，上列車馬，下列一人射兔，二人持畢逐兩獸。　同上。

又畫三列，中一列有舞者。　同上。

畫象三列，上列二車相逐，中列七人立，下列一龍。　同上。

嘉祥縣吕村畫象二列，上列二鳥相向，下列雲中二龍。　同上。

嘉祥縣南畫象二列，上列車馬，下列重屋。　同上。

畫象三列，上六人作樂，中列四人舞，下列治饌。　同上。

又畫數人曳網形。　同上。

又二列，上列一人中坐，四人侍，下有蟾蜍及二兔。下列車馬及導者二人。　同上。

又畫屋宇及鳥獸。　同上。

又三列，上列一人中坐，左右四人旁跽，末一人雞首人身。　德人斐賽爾氏藏。

又二列，上列爲重屋，樓上中間有二扉，扉上有鋪首。　同上。

石柱殘畫象畫二列，中間横列字一行，曰建和元年五月庚辰□□□日造。　案，字乃僞刻。　同上。

畫象三列，上列一人中坐，左右各二人相向跽，末一人雞首。中列六人，下列車一，人其前，一人導，一人騎。　日本東京博物館藏。

又三列，上列一人中坐左，右各二人侍，其三人作樂，一人傾聽。　同上。

又畫燕集及治饌，筵旁有舞者。　即山東金石保存所畫象庚石之左半。　同上。

又有字二榜，乃後刻，後半一羊首甚巨。　同上。

又三列，上列二人擊鼓，中三人舞，下五人，其一持樂器。　日本東京工科大學藏。

又四列，上列有機婦坐織，下三列皆治饌。　同上。

又即晉陽山慈雲寺畫象弟一石。　同上。

孝堂山小祠中畫象三列，陽刻，上二列車馬各二。　同上。

又四列，陽刻。弟一列四人相向立，弟二列一屋，屋上有二禽。　同上。
又三列，上列七人，中六人，下七人。　同上。
又三列，上列六人，中列諸人就食，下列治饌。　同上。
又三列，上列一人，中、下列各二人。　以上五石日本織田萬吉訪得。　同上。
又二列，上爲重屋，樓上六人，樓下七人，一人坐，二人跪，四人立。　日本東京文科大學藏。
又四列，上列一人中坐，左右各三人相向跽，末二人雞首。　日本内掘維文氏藏。
又五列，弟四列持畢者四人。　同上。
又三列，弟三列二獸，其一虎已殘前半，但存腹以後。　同上。
又二列，弟二列有車馬，末一列有乘馳者。　石裂爲二。　同上。
又爲畫石之上緣，緣外有車馬。　石裂爲二。　同上。
又二列，上列有五人，二孔雀。下列中一人伏，一人跽而向之，二人立而俯，三人侍立。　石裂爲三。　以上六石得之山東濟南左近。　同上。
四神畫象方専無文字。　日本太田氏藏。
車馬畫象専無文字，出河南新鄭縣。　同上。
富貴昌　意氣揚　宜宫堂　宜兄弟　長相思　爵禄尊　毋相忘　壽萬年　二十四字専古隸書。

日本大西氏藏。

單于咊親　千秋萬歲　安樂未央　十二字專古隸書。　日本内藤氏藏。

晉　專一

夜國君專太康九年。　日本太田氏藏。

北涼　石二

大且渠安周功德記夏侯粲撰，正書。　承平三年，當魏太平真君六年。石出吐魯番東四十里明火州故城。　德國柏林博物館藏。

佛説十二因緣經幢正書，無年月。　幢三列，上下二列刻佛象，中列刻經文三十五行。　字迹與《大且渠安周功德記》正同，殆爲同時作石，亦出新疆。　同上。

魏　石十四　專三

合邑義道繼等造象正書。　太平真君元年三月十七日。　美國克利夫蘭特美術博物館藏。

石定姬專誌正書。　太和十九年。　日本太田氏藏。

常文遠造象。正書。永平□年。同上。
故息婦路專誌正書。永平□年。同上。
元颺妻王夫人墓誌正書。石出洛陽。延昌二年十二月。日本大倉喜八郎氏藏。
燕州刺史元颺墓誌正書。石出洛陽。延昌三年十一月。同上。
太陽縣令焦采造象正書。字殆後刻。延昌四年四月初吉。美國波士敦博物館藏。
假節征虜將軍安西宋雲同比丘慧生造象正書。神龜元年十月。石歸歐洲。
道君象正書。正光二年四月戊□朔。日本黑田氏藏。
齊郡王妃常氏墓誌正書。石出洛陽。正光四年二月。日本大倉喜八郎氏藏。
曹望憘造象正書。正光六年三月。簠齋舊藏，今歸法國。
焦承祖等造象正書。孝昌二年□□□朔八日癸酉。日本某氏藏。
寧遠將軍前好時令高神婆等造象正書。永安元年十一月。不知藏何國。
建明二年造象正書。日本京都文科大學藏。
楊阿真爲世叔父母造象正書。普泰二年三月十五日。石歸歐洲。
韓顯祖造象正書。永熙三年六月廿八日。日本太田氏藏。
中山盧奴劉懿專誌正書。普泰二年三月十五日。同上。

西魏　石六

比丘法休造玉象正書。　大統元年七月。　日本京都文科大學藏。
范洪□爲亡父母造象正書。　大統六年。　日本中村作次郎氏藏。
□□□造象正書。　大統八年二月十八日。　美國波士敦博物館藏。
陽如同造象正書。　大統十六年九月十七日。　同上。
安次縣開國男艾殷造象正書。　大統十七年歲次辛未三月乙巳朔□五日己未。　日本京都文科大學藏。
薛□慎爲亡父薛盛造象正書。　大魏元年歲次甲戌四月□巳朔十二日□辰。　美國波士敦博物館藏。

東魏　石八　專一

佛弟子□方集諸邑子廿人造象正書。　天平二年歲次乙卯四月廿七日。　日本益田英作氏藏。
佛弟子韓赤頭造象。　正書。　天平二年八月十八日。　同上。
天平二年造觀音象正書。　直隸磁州出土。　日本京都文科大學藏。
釋迦象正書。　石出曲阜。　天平四年正月。　日本東京文科大學藏。
駱子寬等造釋迦象正書。　武定元年歲次癸亥五月庚寅朔十五日甲辰。　法人高魯卜氏藏。

比丘尼僧志等造象正書。　武定元年五月十五日。　美人卡得拉氏藏。
臨漳縣殘專誌正書。　武定四年二月。　日本太田氏藏。
懷州棲賢寺比丘道顥僧東等造象正書。　武定四年□月八日。　石藏美國紐約。
王光爲亡父母造象正書。　武定七年四月四日。　日本京都文科大學藏。

齊　石六

王氏造象正書，字疑後刻。　天保五年八月廿六日。　美國波士敦博物館藏。
比丘惠祖等造象正書。　天保十年歲次己卯二月十五日。　日本東京博物館藏。
陳海榮爲亡父現在母造象正書。　河清元年七月廿三日。　日本黑田氏藏。
韓山剛造碑象記並陰正書。　甲申十月即河清三年。　石歸歐洲。
張仲連造象正書。　天統十年。　日本京都文科大學藏。
武平三年造象正書。　同上。

周　石七　專一　附石四　專一

董道生造官世音象正書。　保定二年。　日本京都文科大學藏。

姚道珍造老君象正書。　保定四年六月六日。　美國波士敦博物館藏。
姚元標造象正書。　保定五年六月八日。　日本京都文科大學藏。
基城縣開國男劉顯國造象正書。　天和元年。　美國波士敦博物館藏。
道民杜崇□造老君象正書。　天和三年三月丙申□四日庚子。　日本東京美術學校藏。
褚合性造象正書。　建德元年八月。　美國波士敦博物館藏。
任延智造象正書。　建德三年三月。
石難陁專誌正書。　大象二年。　日本太田氏藏。
中正杜陸醜等殘造象正書，年月闕。　以下四石皆六朝造象，無年月，姑附此。　京都文科大學藏。
上官始仁等殘造象正書，失年月，有側。　同上。
成靈軀造象正書，無年月。　日本黑田氏藏。
□穆造象正書，無年月。　日本原氏藏。
任榮祖妻宋愛姿專誌正書。　無年月，姑附此。　日本太田氏藏。

隋　石十　專三

天尊象正書。　開皇二年。　美國波士敦博物館藏。

張文爲父造象正書。　開皇三年六月辛卯。　日本早崎氏藏。

道民蘇遵造象正書。　開皇七年六月廿九日。　美國波士敦博物館藏。

管妃爲亡夫郭遵道造象正書。　開元九年三月。　碑陰有張僧哲等造象，無年月。以字迹觀之，當在隋前。管妃乃就舊造象雕琢者。　不知歸何國。

道民□宗造象正書。　開皇九年四月十五日。　同上。

□□□造象正書。　開皇九年六月二日。　同上。

趙洪專誌正書，朱書未刻。　開皇九年。　日本大西氏藏。

賈子□造象正書。　開皇廿年歲次庚申二月八日。　日本早崎氏藏。

楊紀道造象正書。　仁壽二年二月。　美國波士敦博物館藏。

同州王明野造象正書，字殆後刻。　仁壽二年十二月之吉。　美國波士敦博物館藏。

張智明等造墓專正書。　大業元年四月十日。　日本大西氏藏。

黄仕儁造象正書。　大業五年二月十五日。　石歸歐洲。

劉玄暢專誌正書。　大業十二年閏五月。　日本太田氏藏。

高昌高昌諸刻皆出吐魯番。　**專十**

徐寧周妻張氏墓表正書，朱書塼上。　延昌四年。　此下十專並日本大谷氏藏。

郭恩子妻解氏墓表正書，朱書塼上。　延昌廿年。

賈買苟妻索氏墓表正書，朱書塼上。　延昌廿二年。

賈買苟墓表正書，朱書塼上。　延昌廿六年四月。

郭恩子墓表正書，朱書塼上。　延昌廿九年十一月。　以上五專當陳代。

汜崇慶墓表正書，朱書塼上。　延昌卌二年閏正月。

殘墓表正書，朱書塼上。　延昌卌八年二月。

麴孝嵩妻張氏墓表正書，朱書塼上。　延昌卌年閏三月。

麴孝嵩墓表正書，粉書塼上。　延和九年正月。　以上四專當隋代。

侯慶伯墓表正書，朱書塼上。　延壽十一年五月。　當唐貞觀八年。

唐　石六十三　專一

道民李君武造象正書。　武德六年四月八日。　美國波士敦博物館藏。

李武就造象正書。　貞觀四年六月廿日。　同上。

房山刻經殘石正書。　貞觀八年□月乙卯十五日己□。　日本大谷氏藏。

□□□造象正書。　貞觀九年六月。　美國波士敦博物館藏。

馬周造象正書。　貞觀十三年五月。　日本鈴木直三郎藏。

吕買墓誌並蓋正書。　永徽元年十月。　日本京都文科大學藏。

蕭勝墓誌正書。　永徽二年八月。　日本某氏藏。

司馬恩養造浮圖正書。　永徽三年歲次壬子六月丁亥朔十五日辛丑。　日本黑田氏藏。

段會墓誌正書。　永徽三年十一月。　日本京都文科大學藏。

斛斯夫人索氏墓誌正書。　永徽三年十一月。　同上。

楊道綱墓誌正書。　顯慶三年九月。　日本大倉喜八郎氏藏。

李威子造天尊象正書。　顯慶六年三月十二日。　美國波士敦博物館藏。

楊士墓誌並蓋正書。　顯慶四年三月。　日本大倉氏藏。

斛斯師德墓誌正書。　龍朔元年八月。　日本京都文科大學藏。

斛斯祥墓誌並蓋正書。　龍朔二年七月。　同上。

張君夫人毛氏墓誌正書，朱書塼上。　出高昌故墟。龍朔二年十一月。　日本大谷氏藏。

尼法撤造阿彌陀象正書。　麟德元年七月。　日本今村繁三氏藏。

道民田客奴造象正書。　麟德二年正月三日。　美國波士敦博物館藏。

智洪造象正書。　麟德二年二月。　同上。

劉阿進造阿彌陀象正書。　麟德二年五月廿九日。　日本黑川氏藏。

焦弘慶兄弟造象正書。　麟德二年十二月。　美國波士敦博物館藏。

李威造彌勒象正書。　乾封元年四月十日。　日本益田英作氏藏。

清信弟子君□造道君象正書。　乾封三年歲在己卯二月乙卯朔十一日乙丑。　日本早崎氏藏。

佛弟子静信女□造象正書。　咸亨元年八月二日。　日本京都文科大學藏。

崔善德造象正書。　咸亨元年九月。　不知歸何國。

比丘尼德道造阿彌碑象正書。　咸亨元年十二月。　日本益田氏藏。

□君才造阿彌陀象正書。　咸亨三年二月□四日。　日本早崎氏藏。

故人王恒舉妻榆造象正書。　咸亨四年歲次癸丑八月癸未朔廿五日丁未。　日本黑田氏藏。

白鶴觀殘碑行書。　出濟木薩北四十里，存殘石十六。　日本大谷氏藏。

黄行基造彌勒象正書。　儀鳳三年三月廿一日。　日本黑田氏藏。

張迴生等造象正書。　儀鳳四年二月八日。　美國波士敦博物館藏。

張□成爲亡父母造象正書。　儀鳳四年六月廿日。　日本益田氏藏。
侯君夫人張氏墓誌正書，朱書塼上，出吐魯番。　儀鳳□年十二月甲辰朔十七日乙□。　日本大谷氏藏。
□文若造天尊象正書。　永淳二年九月二日。　美國波士敦博物館藏。
但懷幹造象記正書。　弘道二年正月四日。　日本早崎氏藏。
孫仁德等殘造象正書，年月缺，出吐魯番。　日本大谷氏藏。
□□□造象正書。　永昌元年七月十五日。　美國波士敦博物館藏。
褚承恩墓誌正書。　久視元年十月。　日本中村襄氏藏。
觀世音菩薩象銘正書。　天授二年九月。　石歸歐洲。
尼韓靜造象正書，疑字僞。　長安二年正月朔日。
高延高造龕象正書。　長安三年七月十五日。　日本早崎氏藏。
韋均造象正書。　長安三年九月三日。　同上。
蕭元昚造象正書。　長安三年九月十五日。　同上。
李承嗣造象正書。　長安三年九月十五日。　同上。
僧德威造十一面觀音象正書。　長安三年九月十五日。　同上。
道民姚玄端造象正書。　長安三年十二月廿四日。　美國波士敦博物館藏。

姚元景造象正書。　長安四年九月十八日。　日本早崎氏藏。

康居士繕經記殘石正書，出吐魯番，中有「武后製」字。　年月泐。　日本大谷氏藏。

楊文愕造象正書。　神龍元年十一月廿八日。　日本早崎氏藏。

□珍寶造彌勒象正書。　景龍二年四月。　日本和田幹男氏藏。

青州脩獄得石菩薩記正書。　景龍二年十月。　日本京都文科大學藏。

吕希行造象正書。　景龍二年臘月廿七日。　日本東京博物館藏。

宣勞鞢鞨使崔忻井記正書。　開元二年五月。　日本宫内省藏。

虢國公楊花臺銘申屠液撰，正書。　開元十二年十月八日。　日本早崎氏藏。

楊將軍新莊象銘正書。　此與前銘共二石，一刻序，一刻銘。　開元十二年十月。　日本原富太郎藏。

李玄毅造象正書。　開元十三年三月乙酉朔二日景戌。　日本黑田氏藏。

楊元一妻王造象正書。　開元十六年三月十日。　日本京都文科大學藏。

蔡知什爲亡考造象正書。　開元十九年五月八日。　同上。

梁義深等題名正書。　年月失。　日本早崎氏藏。

何簡墓誌並蓋正書。　天寶元年六月十九日。　日本大倉氏藏。

姚教生造天尊象正書。　天寶九載十一月。　日本東京博物館藏。

崔君夫人鄭氏墓誌。正書。元和十二年七月。日本京都文科大學藏。

寶樓閣隨心陁羅尼寶樓閣心陁羅尼正書。大中五年十二月二十日。日本早崎氏藏。

天尊象正書。大中六年三月。美國波士敦博物館藏。

晉　石一

張明墓誌正書。天福八年正月。日本京都文科大學藏。

西夏　石一

居庸關刻經殘字四行，存全字八，半字三。日本大谷氏藏。

整理後記

《羅振玉學術論著集》第六集共收書十五種，其整理分工情況如下：《漢兩京以來鏡銘集録》、《鏡話》、《璽印姓氏徵》及《補正》四種爲叢文俊君整理；《海外吉金録》、《海外貞珉録》亦叢文俊君整理，由余校訂。其餘《四朝鈔幣圖録附考》、《楚州金石録附存目》、《楚州城磚録》、《唐代海東藩閥志存》、《遼帝后哀册文録》、《西陲石刻録》、《西陲石刻後録》、《校訂和林金石録》、《高昌磚録》九種，均爲張中澍君整理。

此次付梓，雖經再度校訂，舛訛誤漏之處，想難盡免。敬希讀者諸君惠予指正。

王同策二〇一〇年四月十八日。